Franz Josef Wetz

Rebellion der Selbstachtung

Franz Josef Wetz

Rebellion der Selbstachtung

Gegen Demütigung

Alibri Verlag
Aschaffenburg

2014

Franz Josef Wetz, geboren 1958, Professor für Philosophie und Ethik in Schwäbisch Gmünd; Mitglied im Wissenschaftlichen Beirat der *Giordano-Bruno-Stiftung*. Zahlreiche Publikationen, u.a. *Illusion Menschenwürde* (2005), *Baustelle Körper* (2009), *Lob der Untreue* (2011).

Alibri Verlag
www.alibri.de
Aschaffenburg
Mitglied in der Assoziation Linker Verlage (aLiVe)

Erste Auflage 2014

Copyright 2014 by Alibri Verlag, Postfach 100 361, 63703 Aschaffenburg

Umschlaggestaltung: Claus Sterneck
Druck und Verarbeitung: Interpress, Budapest

ISBN 978-3-86569-177-4

Inhalt

Es ist gegen die Natur, dass wir uns selbst verachten und für wertlos halten. Sich abzulehnen und zu hassen stellt eine absonderliche Krankheit dar, die sich bei keinem anderen Geschöpf findet.
Michel de Montaigne

Achte dich!
Pierre-Joseph Proudhon

Ich wollte, man finge an, sich selbst zu achten, alles andere folgt daraus.
Friedrich Nietzsche

Wer mich beleidigt, entscheide ich!
Oscar Wilde

Ich kann die Achtung aller Menschen entbehren, nur meine eigene nicht.
Otto von Bismarck

Es ist wirklich schwer, die Menschen zu kennen und sie nicht zu verachten.
Konrad Adenauer

Einführung

Es gibt eine Gewalt, die tiefe Wunden schlägt, ohne Blutspuren zu hinterlassen: die Verachtung. Doch obwohl sich die Worte Verachtung, Achtung und Selbstachtung im Alltag durchgesetzt haben, werden sie in der heutigen Philosophie der Lebenskunst stark vernachlässigt. Die populäre Frage nach „Sinn" und „Glück" hat die „Selbstachtung" in den Hintergrund gedrängt. Dabei ist Selbstachtung keineswegs nur intellektuelles Naschwerk. Sie ist eine existenzielle Notwendigkeit, um in der modernen Gesellschaft als Individuum überleben zu können. Selbstachtung gibt dem Einzelnen das Gefühl: Du zählst. Schon an kleinsten Dingen ist ihr Fehlen zu bemerken: Kranken und Alten ist es peinlich, wenn etwa Pfleger ihnen auf unbedachte Weise körperlich zu nahe kommen. Ein verächtlicher Blick auf der Straße, die herablassende Geste des Mitleids oder ein dümmlich belehrender Tonfall kann unsere Selbstachtung beschädigen. Und das setzt sich im Großen fort: Menschen sind empört, wenn sie ihr Leben nicht nach eigenen Vorstellungen führen können, Arbeitslose beschämt ohne gesichertes Grundeinkommen, Frauen erniedrigt, wenn sie Opfer häuslicher Gewalt geworden sind. Nicht erst Folter, Schändung, Ausgrenzung, Diskriminierung und Entrechtung werden als demütigend empfunden. So verschieden die seelischen Sabotagen sind, die wir erleiden, sie alle berühren unsere Selbstachtung. Diese ist ganz wesentlich für ein zufriedenes Leben.

Aber Achtung ist ein vieldeutiges Wort. Außer Hochschätzung und Respekt drückt sie Warnungen („Achtung: Hochspannung!") oder die Aufforderung zum Aufpassen („Achtung: Vorfahrt") aus. Alle Verwendungsweisen möchten Aufmerksamkeit erwecken und die Konzentration auf etwas oder jemanden lenken. Demnach bedeutet Achtung soviel wie Achtsamkeit. Allerdings bedeutet, jemanden zu achten, mehr als nur, ihn zu beachten; umgekehrt bedeutet, jemanden zu verachten, auch mehr als nur, ihm Aufmerksamkeit zu entziehen. In diesem Falle würde man ihn lediglich missachten.

Im Alltag werden die Begriffe Selbstachtung, Selbstwertgefühl und Selbstbewusstsein für gewöhnlich synonym gebraucht. In der Fachliteratur hingegen wird oftmals zwischen Selbstachtung (self-respect) und Selbstwertschätzung oder Selbstwertgefühl (self-esteem) unterschieden. Diese Unterscheidung wird hier kritisch hinterfragt.

Nur wer über eine starke Selbstachtung verfügt, kann schlecht behandelt werden, ohne sich deshalb gleich erniedrigt fühlen zu müssen. Nicht zwingend beschädigen Elend und Unglück die menschliche Standhaftigkeit. Wie ein intaktes Immunsystem stärkt Selbstachtung die Widerstandskraft im Umgang mit den Widrigkeiten des Lebens. Sie macht weniger anfällig für seelische Verletzungen. Die Überzeugung vom eigenen Wert ist also eine elementare Lebenskraft. Sie befähigt den Einzelnen, mehr Verantwortung für sein Dasein zu übernehmen, Neues anzupacken, am Reichtum des Lebens zu wachsen. Bis heute wird gerne unterschätzt, wie bedeutsam die Selbstachtung sowohl für das psychische Überleben als auch für das Gelingen des Lebens ist. Aber von allen Meinungen, die man hat, ist keine so wichtig wie die über einen selbst. Nur wer einen guten Ruf bei sich selbst genießt, bleibt lebensfähig. Selbstachtung ist ein wichtiger existenzieller Stützpfeiler unseres Daseins.

Die Selbstachtung ist die Titelheldin dieses Buches. Dessen Ausgangspunkt bilden vier Zeitkrankheiten, die sich bei aller Differenz unter einen Hut bringen lassen, weil sie sich innerhalb des Radars der Selbstachtung bewegen: der islamistische Terror, die globalen Aufstände gegen Entmündigung und Staatswillkür, der überreizte Individualismus der westlichen Kultur und die hierzulande vielfach beklagte Gleichgewichtsstörung der Work-Life Balance. Ausgehend von diesen vier Leiden der Gegenwart werden auf der Grundlage anschaulicher Beispiele folgende Hauptfragen näher behandelt:

- Das Buch klärt die Bedeutung des Wortes Selbstachtung und damit verwandter Begriffe wie Selbstwertgefühl, Stolz, Hochmut, Demütigung, Kränkung, Beleidigung, Scham.

- Es macht die menschliche Natur als Ursprungsort der Selbstachtung ausfindig. Sie ist Teil des menschlichen Selbsterhaltungsstrebens und somit eine für das Überleben des Einzelnen als Person unverzichtbare Kraft. Infolge dessen ist die wichtigste Bezugsdisziplin für die Frage nach der Selbstachtung weder die Theologie noch die Soziologie, sondern die Biophilosophie oder Soziobiologie, neuerdings auch Verhaltensökologie genannt.

- Es befasst sich mit der Frage, wozu Selbstachtung überhaupt da und gut ist.

- Es legt die gesellschaftlichen und natürlichen Voraussetzungen frei, unter denen sich Selbstachtung am besten entfalten kann: Welche Formen der Anerkennung sind hierfür wichtig?

- Es befasst sich eingehend mit den stärksten Gefährdungen der Selbstachtung heute, die Gefühle der Scham, Demütigung, Kränkung und Beleidigung hervorrufen.

- Es thematisiert die persönlichen Verfehlungen der Selbstachtung nach zwei Seiten hin: einesteils zu Arroganz, Überheblichkeit und Hochmut, andernteils zu Selbstzweifel, Selbstverachtung und Gefühlen der Nichtswürdigkeit.

- Es beantwortet die Frage, wann Selbstachtung moralisch gerechtfertigt ist und wann sich der Einzelne – statt sich zu achten – eher schämen, beleidigt oder erniedrigt fühlen sollte. Damit zusammenhängend wird untersucht, wann der Einzelne ethisch gesehen guten Grund hat, sich gedemütigt zu fühlen, und wann nicht.

- Es setzt sich mit der Frage auseinander, wie Selbstachtung unter extremen Belastungen möglich ist.

Das Buch löst ein Bildungsversprechen ein, indem es zentrale Zusammenhänge unseres Wertalltags klärt und die Idee der Selbstachtung ebenso historisch wie systematisch entfaltet. Zugleich hat es einen lebensweltlichen Gebrauchswert. Es richtet sich an alle, die sich hin und wieder fragen: Muss ich mir das gefallen lassen? Tritt mir hier jemand zu nahe? Ich habe doch auch meinen Stolz!

Selbstachtung besitzt die Eigenschaft, sich selbst so zu imponieren, dass sie aufbegehrt, wenn sie angegriffen wird. Jedoch sind die Kräfte seit jeher und heute in speziellem Sinne vielfältig und groß, die sie theoretisch in Frage stellen oder praktisch zu zerstören versuchen. Daher ist Selbstachtung niemals nur Vorgabe, sondern immer auch Aufgabe.

Wie wichtig Selbstachtung für unser Leben ist und wie viele Voraussetzungen sie hat, spüren wir oft erst dann, wenn sie bedroht oder schon beschädigt ist. Nur, was ist Selbstachtung überhaupt?

Kampf um Respekt

„Sollte man mir sagen: Krieche! Und ich müsste kriechen? Der Wurm kriecht wohl, ich auch, und wir wandern beide so fort, wenn man uns gehen lässt; aber wir bäumen uns auf, wenn man uns auf den Schwanz tritt. Man hat mir auf den Schwanz getreten, und ich werde mich aufbäumen",[1] schreibt der französische Aufklärungsphilosoph Denis Diderot, überzeugt davon, dass willkürliche Gängeleien – weil sie den menschlichen Stolz verletzen – zwangsläufig Wut und Widerstand provozieren. Dann wird aus einem erniedrigten Wurm ein aufsässiger Rebell. Doch wer sich nicht wehrt, lebt verkehrt. Nur wer sich mit der Demütigung nicht abfindet, kann seinen Frieden finden. Seit jeher besteht die größte Herausforderung des Menschen darin, sich mit seinem Dasein auszusöhnen und auf der Erde heimisch zu werden.

Terror und Protest

Wie sich die Bilder gleichen: Mitte des Jahres 2013 gingen Tausende Bürger in Brasilien und der Türkei auf die Straße. Massive Protestwellen brachen in beiden Ländern los. Kurioserweise erhob sich der zivilgesellschaftliche Widerstand ausgerechnet in solchen Staaten, die in den letzten Jahren einen bemerkenswerten Wirtschaftsboom hinter sich gebracht hatten. Allerdings leiteten die Personen, die an den Hebeln der Macht sitzen, nicht genug erwirtschaftete Erträge in die Taschen der ärmeren Bevölkerungsschichten. Jedoch selbst wenn die Produktionszuwächse bislang nicht bei allen Teilen der Bevölkerung ankamen, profitiert doch eine wachsende Mittelschicht vom enormen ökonomischen Aufschwung.

Darum hat das Ausmaß der Proteste im Ausland viele überrascht. Aufruhr in der Hölle ist normal, aber „Ärger im Paradies",[2] wie Slavoj Žižek die Proteste nannte, nur schwer verständlich. Hatte man vielleicht von der süßen Verführungsdroge Wohlstand und Komfort schon so viel gekostet, dass man süchtig danach geworden war und höhere Dosen brauchte? Wohlstand gleicht doch salzigem Wasser: Je mehr man davon trinkt, umso durstiger wird man – und das heißt: Je besser es den Menschen geht, desto mehr benötigen sie, damit sie sich auch besser fühlen. An erreichte Entlastungen gewöhnt man sich schnell. Darum führt die Verbesserung der Lebensverhältnisse, des objektiven Wohlergehens, nicht automatisch zu einer Verbesserung des Lebensgefühls, des subjektiven Wohlbefindens. Dieses Problem kennt man hierzulande nur zu gut. Es ist aber mehr als zweifelhaft, ob dieser Aspekt bei den sozialen Unruhen eine große Rolle spielte.

Die aufgebrachte Menge kämpfte weder gegen alles noch gegen nichts. In zahlreichen Aktionen und Demonstrationen forderte sie selbstbewusst von den Machthabern, die Sümpfe grassierender Korruption trocken zu legen, mehr politische Partizipation und Bürgerrechte zuzulassen, bessere staatliche Schulen einzurichten und eine umfassende Gesundheitsversorgung zu gewährleisten, um nur einige Punkte zu nennen. Es waren also handfeste Gründe, welche die Menschen zu Massenprotesten zusammenführten.

Zugleich jedoch wurde hinter den verschiedenartigen Forderungen auch ein ideeller Anspruch im Schattenriss sichtbar. Auslöser und Motor der Massenkundgebungen war weniger persönlich erlittenes Elend, obwohl es in Brasilien wie andernorts auf der Welt an materieller Not und sozialer Ungerechtigkeit keineswegs mangelt, als vielmehr die Erfahrung, von den Repräsentanten der Staatsmacht nicht für voll angesehen zu werden. Deshalb kann man sagen: Weltweit begehrten gedemütigte Bürger gegen hochmütige Machtapparate auf. Viele hatten den Eindruck, von oben herab behandelt zu werden. Sie fühlten sich nicht als mündige Bürger ernst genommen. In kollektiven Aktionen, häufig über soziale Netzwerke im Internet organisiert, protestierten sie vor allem gegen Geringschätzung, Unterdrückung und Bevormundung.

Die Aufständischen wiesen in verschlüsselter Form auf ihr verletztes Selbstwertgefühl hin. Wir wurden Augenzeugen einer Rebellion der Selbstachtung.

„Ich empöre mich, also sind wir", heißt es in Albert Camus' *Der Mensch in der Revolte*.[3] Denn von Entrüstung geht eine Ansteckungsgefahr aus. Das gilt besonders im digitalen Zeitalter. Social Media können solche Revolten wie in Brasilien oder der Türkei schnell entfachen und die Selbstachtung in den Mittelpunkt der weltweiten Aufmerksamkeit rücken.

Mal richten sich derlei Aufstände gegen autoritäre Staatsführer, mal gegen machtbesessene Diktatoren, mal gegen transnationale Konzerne. Sie sind keineswegs bloße Spaßunternehmungen, weder politische Freizeitgestaltung noch übermütiger Zivilisationsgenuss. Die Demonstranten sind keine dekadenten Dandys, die, von romantischem Heimweh gepackt, ihren Orientierungsschwund mit buntfarbigen Feuerwerken zu betäuben suchen. Viele Menschen sind einfach empört, wenn sie ihr Leben nicht mal halbwegs nach eigenen Vorstellungen führen können. Die mangelnde Aussicht auf ein freies und gutes Leben möchten sie nicht weiter widerspruchs- und widerstandslos hinnehmen. Irgendwann lässt man sich nicht mehr alles gefallen. Die Idee der Selbstachtung hilft, sich einen Reim auf diese sozialen Unruhen zu machen.

Wie sich die Bilder unterscheiden: Weltweit kämpfen junge Muslime gegen die westlichen Glücksversprechen im Namen eines Gottes, der ihnen Tapferkeit, Gehorsam und Opfermut bis zum Tode abverlangt. Die Hingabe an eine übergeordnete Idee zieht kampfbereite Muslime in einen heiligen Krieg. Für ihren Glauben, der dem eigenen Dasein einen tieferen Sinn und eine höhere Bedeutung gibt, sind sie bereit zu sterben. Wie schon unsere Dichterfürsten Goethe und Schiller wussten, fühlt man das Leben nie intensiver als in der Nähe des Todes. „Und so du das nicht hast, dieses: Stirb und Werde, bist du nur ein trüber Gast auf der dunklen Erde", schreibt Goethe in *Selige Sehnsucht*,[4] und Schiller fügt im *Wallenstein* hinzu: „Setzt ihr nicht das Leben ein, nie wird euch das Leben gewonnen sein."[5] In diesem Sinne dienen arabische Gotteskrieger einer überindividuellen Aufgabe, einer Wahrheit, für die es sich lohne, sein Leben einzusetzen. Sie möchten ihr Dasein nicht bloß in sinnlichem Wohlbehagen und gottlosen Vergnügungen zubringen.

In einer ansonsten unerträglichen Abhandlung unterscheidet Werner Sombart 1915 auf überzeugende Weise zwischen Händlern und Helden, Krämern und Kriegern. Charakteristisch für erstere ist es zu fragen: Was kannst du Leben mir an Annehmlichkeiten, Komfort und Glück bieten? Händler möchten für möglichst wenig Gegenleistung viel nehmen dürfen. Dagegen tritt ein Held ans Leben mit der Frage heran: „Was kann ich dir Leben geben? Er will schenken, will sich verschwenden, will sich opfern."[6] Die ebenso stolzen wie kampfbereiten Gotteskrieger von heute gleichen Sombarts Helden.

Aufruhr ohne Hunger

So verschiedenartig, ja gegensätzlich die protestierenden Aktivisten gegen Korruption, Entmündigung und Staatswillkür auf der einen Seite und die muslimischen Gotteskrieger auf der anderen Seite sind: Beide Gruppierungen verbindet, dass sie nicht aus purer materieller Not handeln. Die Tatsache, dass viele Demonstranten arm sind, bedeutet nicht automatisch, dass ihr Protest materieller Not entspringt. Es sind nicht die dürftigen Lebensverhältnisse, die Hunger, Armut und Obdachlosigkeit über sie gebracht hätten, welche sie auf die Straße und in den Kampf treiben. Fast alle Aufrührer sind gut ernährt. In vielen Ländern mit sozialen Unruhen geht es sogar, wie dargelegt, seit Jahren wirtschaftlich aufwärts. Dennoch sind die verheerenden Folgen einer ungebremsten Wettbewerbswirtschaft unübersehbar: Verelendung und Ausbeutung der strukturschwachen Regionen, Verbreiterung der Gräben zwischen den sozialen Schichten, Zerstörung von Umweltressourcen. Trotzdem kommen die meisten Rebellen und Terroristen nachweislich nicht aus Milieus, wo es an Nahrungsmitteln fehlt.[7] Es ist also kein Aufstand der Hungernden und Analphabeten. Im Gegenteil sind auffällig viele Störenfriede und Hasskrieger sogar verhältnismäßig gut gebildet. Dies trifft auf eine Reihe islamistischer Prediger und Attentäter in besonderem Maße zu.

Wären sie entkräftet, könnten sie vielleicht auch gar nicht die Kraft aufbringen, die zur Rebellion erforderlich ist. Da liegt der Schluss nahe: Je mehr sich die soziale Lage in einem Land verschlechtert, umso weniger menschliche Ressourcen stehen zur Verfügung, um noch gesellschaftliche Veränderungen herbeizuführen. Große Demonstrationen und Aktionen müssten dann ausbleiben. Denn der Überlebenskampf würde die verbliebene Vitalität fast gänzlich verbrauchen. In diesem Falle wären nur kleine, spontane Aufstände vorstellbar.

Jedoch sprechen bereits zahlreiche geschichtliche Erfahrungen gegen eine solche Vermutung. Im 19. Jahrhundert, als die sogenannte soziale Frage die politischen Debatten in Europa beherrschte, kämpfte die ausgebeutete Arbeiterschaft wie etwa die schlesischen Weber und die Lohnempfänger der Lyoner Textilfabriken für die Behebung ihrer materiellen Not. Sie forderte sowohl ausreichend materielle Versorgung als auch geistige Bildung, weil beides unabdingbare Voraussetzungen für ein „wahrhaft menschenwürdiges Dasein" sind, wie Ferdinand Lassalle in seinem *Arbeiterprogramm* schreibt.[8]

Armut und Ausbeutung sind durchaus Zündstoffe, die soziale Unruhen zum Brennen bringen können. Nicht selten aber werden die Flammen des Protests mit Schlagstöcken fortgeknüppelt oder mit aggressiven Tränengasgeschossen und willkürlichen Verhaftungen erstickt. Gewalttätiges Vorgehen gegen Demonstranten, Räumungen eingeschlossen, stehen in solchen Konflikten regelmäßig auf der Tagesordnung. Manche Aufstände gleichen einem Wirbelsturm, der wie Hauch verweht.

Häufig jedoch erlahmt der Impuls zum Aufruhr aus viel banaleren Gründen. Niemand kann sich unbegrenzt aufregen. Jede Empörung verpufft, wenn die Medien mit großem Kanonendonner gehäuft Skandale an die Öffentlichkeit ziehen. Skandale besitzen zwar einen morbiden Charme, der die allgemeine Aufmerksamkeit zu fesseln vermag. Sie können Beachtungsepidemien auslösen, weil sich Schlagzeilen wie virale Infektionen verbreiten. Doch ist niemand dafür ausgelegt, dauernd Aufstand zu proben. Wer schon gegen eine Reihe von Missständen rebelliert, ist für weitere Revolten praktisch verloren. Es fehlen ihm einfach die Kräfte, die für zusätzliche Proteste aufzubringen wären, wenn nicht die erdrückende Vielzahl der Skandale und Demütigungen schon längst zu seiner Erschöpfung führte. Auf einmal fühlt man keine Empörung mehr, nicht einmal Verzweiflung, sondern nur noch Gleichgültigkeit.

Hinzu kommt, dass man sich am ehesten über Unerwartetes, Überraschendes, Schockierendes empört, aber nicht über Gewohntes, Vertrautes, Alltägliches. Dieses ermüdet eher. Außerdem muss es Fotos und Bilder geben, auf denen die demütigenden Missstände zu sehen sind, um sich wirklich aufregen zu können. Nicht zuletzt ruft ein Skandal oft erst dann Empörung hervor, wenn er sich auch personalisieren lässt. So fragwürdig solches Verlangen ist, viele benötigen ein Feindbild. Sie müssen mit dem Übel ein Gesicht verbinden und den Übeltäter beim Namen nennen können.

Diese Voraussetzungen scheinen bei den heutigen Rebellen und Terroristen, die weder an Nahrungsmangel noch an Analphabetentum leiden, alle erfüllt zu sein. Nur wofür kämpfen sie überhaupt, wenn nicht um ihr täglich Brot?

Testosteron und Tapferkeit

Die Ziele könnten kaum unterschiedlicher sein: Setzen sich die einen ganz konkret für mehr Freiheit, Demokratie und Bürgerrechte ein, so verfolgen die anderen eher vage religiöse Absichten, zu denen unter anderem ein Sieg über die gottlose Westkultur gehört. Offenbar fällt außer der Zielsetzung auch deren Präzisionsgrad völlig gegensätzlich aus: Bestimmtheit hier, unscharfe Konturen dort.

Wie ist es jedoch möglich, dass sich insbesondere so viele islamische Jugendliche für diffuse religiöse Ziele fanatisieren lassen, deren wichtigste Gemeinsamkeit ihr Antijudaismus und Antiamerikanismus ist? Woher kommt der Opfermut dieser Revolutionäre bis zum Tode? Was drängt sie, solche riskanten Pfade einzuschlagen? Sind es wirklich religiöse oder religiös-politische Ideale, die so vage ausfallen, dass sie sich nur schwer fassen lassen? Freilich entspricht der Unterscheidung zwischen Gläubigen und Ungläubigen seit jeher die Differenz zwischen Freund und Feind. Unter religiösem Einfluss verwandeln sich bis heute Unschuldslämmer plötzlich in reißende Wölfe wie früher kreuzbrave Christen in teuflische Kreuzritter. Aber spielen in den heutigen Kämpfen, die von archaischem Gehorsam und Opfermut getragen werden, tatsächlich religiöse Weltanschauungen die wichtigste Rolle?

Niemand bestreitet die Mittäterschaft weltanschaulicher Motive religiöser oder politischer Art an den blutigen Erhebungen, wie sie täglich von den Medien gezeigt werden. Die Kämpfer entstammen einem

Milieu, in dem die Verachtung unserer sozialen und politischen Ordnung schon seit langem den Ton angibt. Doch die Fokussierung auf die
ideologischen Gründe, welche die archaisch religiösen Krieger zu nahezu willenlosen Agenten fanatischer Demagogen zu machen scheinen,
schließt vorschnell aus, dass der große Zweck des Kampfes – Allah und
andere antiwestliche Ziele – nur eine Hintergrundkulisse sein könnte.
Selbst die härteste Schulung und geschickteste Propaganda können
nur wirken, wenn sie auf bereits vorhandene Begierden, Fantasien und
Wünsche treffen. Menschen berauschen sich nicht nur an nebulösen
Ideologien, sondern benutzen diese auch, um ihre persönlichen Bedürfnisse befriedigen und ihr Verlangen nach bisweilen sozialunverträgli-
chen Delirien rechtfertigen zu können. In solchen Fällen erfahren religiöse Anschauungen oder politische Lehren weniger eine existenzielle
Beglaubigung durch ihre Anhänger als vielmehr umgekehrt größen-
wahnsinnige und martialische Leidenschaften eine religiöse Rechtfertigung. Angestachelt von kriegerisch-romantischen Gefühlen und Gesten
sind sie bereit für nichts, das heißt für einen abstrakten Ehrbegriff und
ein diffuses Jenseitsversprechen, zu sterben. Gewaltbereiter Hass ist ein
Barometer nicht nur für gelebte Werte, Sehnsüchte und Ideale, sondern
ebenso für unersättliche Abenteuerlust und ungezähmte Wildheit.

Gunnar Heinsohn[9] weist auf die demografische Tatsache hin, dass
es in der islamischen Welt einen überdurchschnittlich hohen Anteil an
jungen Männern gibt. Im Durchschnitt bringen die gebärfähigen Frauen
dort sechs bis acht Kinder zur Welt. Beispielsweise hat sich die Bevölkerung im Iran zwischen den Jahren 1980 und 2002 praktisch verdop-
pelt; das Gleiche gilt für Ägypten zwischen 1967 und 2002; in Pakistan
hat sich die Einwohnerzahl zwischen 1960 und 2003 sogar verdreifacht.
Überall in der islamischen Welt wachsen Männer heran, die ein großes
Gewaltpotenzial besitzen und damit für islamistische Ideologien anfällig sind: Ausreichend ernährt wachsen sie in patriarchalischen Strukturen auf, in denen Tapferkeit und Opfermut maßgebliche Tugenden
darstellen, bei deren Befolgung ihnen das körpereigene Testosteron und
andere Botenstoffe einen großen Hilfsdienst erweisen.

Zweifellos überlebte die menschliche Gattung in der Naturgeschichte nicht allein durch Friedfertigkeit. Aggressivität und Gewaltfähigkeit
waren zum Überleben genauso notwendig. Sie waren unverzichtbar bei

der Selbstbehauptung gegen Nahrungs-, Territoriums- oder Reproduktionskonkurrenten, die auf ihren Vorteil nicht weniger aus waren als alle anderen auch. In feindlicher Umgebung allein oder gemeinsam erfolgreich Beute zu machen, materiell und sexuell, sowie Macht zu etablieren oder aufrechtzuerhalten, erforderte eine starke Gewaltbereitschaft. Bei solchen Kämpfen werden ganz unterschiedliche Lustzentren im Hirn aktiviert und die entsprechenden Botenstoffe in Schüben freigesetzt. Darum bleiben wir alle in gewissem Maße gewaltanfällig, selbst wenn wir die düstere Seite unserer Existenz gerne hinter den Fassaden bürgerlicher Behaglichkeit zu verstecken suchen. Im Menschen steckt eben alles – auch jedes Laster! In diesem Sinne verbinden uns nicht nur Logik und Vernunft miteinander, sondern ebenfalls Irrationalität und Irrsinn. Der zivilisierte Bürger möchte zwar glauben, für Gewalt unempfänglich zu sein, um sich so die irritierende Erkenntnis der Normalität sozialunverträglicher Impulse ersparen zu können. Doch ist es ein Irrtum anzunehmen, solche wilden Temperamente ließen sich gänzlich ausrotten.

In dieser prekären Lage vertrauen Optimisten auf humanistische Erziehung, die Bändigung des Menschen durch gelehrte Bücher, während Pessimisten auf die abschreckende Wirkung hoher Strafrisiken, also die Zähmung des Menschen durch strenge Zucht setzen. Dagegen empfehlen Skeptiker zusätzlich, das dunkle Begehren sozialverträglich durch üppige Feste, guten Sex und leidenschaftlichen Sport ausleben zu lassen.

Die Sprengkraft der islamischen Welt mit ihren riesigen Überhängen an Männern liegt darin, dass dort andere Wertvorstellungen als in der westlichen Wohlstandsgesellschaft gepflegt werden. Genug Nahrungsmittel, ein hoher Testosteronspiegel sowie Tapferkeit, Ehrgefühl und Opfermut lassen Männer ihren gottgefälligen Dienst kampfeslustig und siegessicher versehen, zumal sie mit Brief und Siegel das Versprechen bekommen, bei tödlichem Ausgang ihrer Aktionen direkt im Paradies zu landen.

Es geht um Anerkennung

Trotzdem ist das alles erst die halbe Wahrheit, wie Gunnar Heinsohn betont. Der Jugend- und Männerboom in der islamischen Welt ist nicht nur deshalb ein Gefahrenpotenzial ersten Ranges, weil sich das Testosteron dort leicht in den Dienst heroischer Tugenden stellen und gegen die angeblich gottlose Westkultur ausspielen lässt. Hinzu kommt etwas ganz Anderes: das Bedürfnis nach gesellschaftlicher Achtung und Anerkennung. Viele treibt ein diffuses Unbehagen um, jene nagende Langeweile, die gerade Jugendliche an Sonntagnachmittagen mit Unruhe erfüllt. Obwohl keine besonderen Fähigkeiten die Männer auszeichnen, suchen sie Herausforderungen, um sich durch deren Bewältigung mehr Respekt zu verschaffen. Allerdings kann die arabische Gesellschaft ihren Söhnen nicht genügend Positionen in Aussicht stellen, welche ihnen die gewünschte Achtung und Anerkennung einbringen würden. Es gibt schlicht zu viele Bewerber hierfür. Für deren ehrgeizige Bestrebungen stehen einfach nicht genug Aufstiegsmöglichkeiten zur Verfügung. So produzieren diese Gesellschaften ein chronisches Defizit an Anerkennung – dem Gefühl, nicht genug von außen in seinem Selbstwertgefühl bestärkt zu werden. Viele leiden unter mangelnder Selbstwertschätzung.

Dazu tut die Privilegierung der Erstgeborenen noch ein Übriges, weshalb hauptsächlich die Dritt-, Viert- und Fünftgeborenen eine große Gefahr darstellen. Denn sie möchten keineswegs nur als die wohlgenährten Brüder der Erbsöhne gelten und ausgehalten werden, sondern selbst gesellschaftliches Ansehen genießen dürfen. Wo immer sich überzählige Männer finden, und in muslimischen Gesellschaften gibt es sie in überreicher Zahl, sind auf diese Weise blutige Konflikte vorprogrammiert, wie Heinsohn aufzeigt. Zwischen den Jahren 1900 und 2000 hat die islamische Bevölkerung von 150 auf 1200 Millionen Menschen zugenommen. Wenn nun zu der angedeuteten Perspektivlosigkeit noch Arbeitslosigkeit und Armut hinzukommen, entstehen leicht Spannungen zwischen den verschiedenen Volks- und Religionsgruppen, die schnell zu Bürgerkriegen, Völkerwanderungen und dem bekannten Hass auf Israel oder die westliche Wohlstandswelt führen. Natürlich möchte eine solche Bemerkung am liebsten falsch sein, Tatsache aber ist, dass in der Geschichte bis heute Jugend- und Männerüberhänge regelmäßig durch interne Konflikte und Kriege abgebaut wurden.

Da liegt die Vermutung nahe, dass vielleicht die beste Friedenspolitik – so merkwürdig es klingt – die Kleinfamilie ist. Wir sind nicht gleich ein Volk von Feig- und Schwächlingen, nur weil wir uns weigern, den wichtigsten Urinstinkt, den Überlebenstrieb, für eine Idee oder einen Glauben zu opfern. Denn wo es nur ein oder zwei statt fünf oder sechs Söhne in einer Familie gibt, ist die Angst um deren Überleben wie die Sorge um ihre Zukunft größer als im anderen Falle. Die Bereitschaft der Eltern, ihre Einzelkinder patriotisch in Kriege ziehen zu lassen, ist nachweislich gering. Hinzu kommt, dass wir mit Begriffen wie Martyrium, Ehre und Heldentod nichts Gutes mehr verbinden, sondern lieber über Selbstverwirklichung, Komfort und Glück reden.

Genau hierin liegt aber die spezifische Überlegenheit der islamischen, insbesondere der arabischen Welt, wo gesteigerte Opferbereitschaft mit großer gesellschaftlicher Ehre verknüpft wird. Dagegen werden im Westen die häufig gut gehüteten Einzelkinder mit großem erzieherischen Aufwand zu Gewaltverzicht, Dialogbereitschaft und Friedfertigkeit erzogen. Wenn diese auf jene Masse überzähliger Söhne mit teilweise hoher Gewalt- und Opferbereitschaft stoßen, können sie die Herausforderung nur mit einer effektiveren Kriegstechnologie bestehen, wie es sie im Westen derzeit gibt.[10] Bis auf weiteres vermag die westliche Kriegstechnik die fehlende Opferbereitschaft auszugleichen. Siegreiche Kämpfe sind ohne größere Verluste an Menschenleben durchführbar. Man braucht keine todesmutigen Selbstmordattentäter und Kamikazeflieger, wenn man satellitengesteuerte Marschflugkörper und Drohnen besitzt!

Hinzu kommt, dass in der westlichen Welt dem Wert des Einzellebens ein ganz anderer Stellenwert eingeräumt wird als anderswo auf der Erde. Selbst wenn im Westen die entsprechenden Menschenrechte bisweilen kritisch hinterfragt und wie beispielsweise im Falle Guantanamo hintergangen werden, so besteht doch alles in allem Konsens, dass Leben nicht gegen Leben abgewogen werden darf, niemand wertvoller sei als ein anderer.

Wo es dagegen viele, ja zu viele Männer gibt, die als vierte oder fünfte Nachkommen nicht wirklich gebraucht werden, hat das Leben des

Einzelnen weniger Gewicht. Dessen Achtung gebietender Eigenwert ist hier von vornherein in Frage gestellt. Damit steigt nahezu zwangsläufig die gesellschaftliche Bereitschaft, sie risikoreich für eine große Sache einzusetzen. Mag der anschließende Verlust der gottgefälligen Söhne auch schmerzen, da es noch genug andere gibt, weint man ihnen doch nicht allzu lang viele Tränen nach.

Allgemein verfolgt die Natur zur Erfolgssteigerung zwei Strategien: Sogenannte R-Strategen (R = Reproduktionsrate) produzieren zahlreiche Nachkommen, ohne sich hierum ausgiebig und länger zu kümmern, so dass die meisten hiervon schon früh verenden; Beispiele hierfür sind verschiedene Frosch- und Fischarten. Im Gegensatz dazu zeugen sogenannte K-Strategen (K = Kapazitätsgrenze) relativ wenig Nachwuchs, den sie dafür lange und umfassend versorgen, so dass verhältnismäßig viele Individuen durchkommen. Wir Menschen sind K-Strategen. Dennoch scheint diese Zweiteilung in abgemilderter Form auf das skizzierte Ungleichgewicht zwischen wenigen Söhnen hier und vielen Söhnen dort übertragbar zu sein. Wo es viel gibt, kann man leichter einiges verloren geben, ohne dass irgendetwas fehlt.

Dieser hässliche Zynismus verbindet sich mit dem Interesse der überzähligen Söhne, Tapferkeit und Opfermut im Kampf für eine höhere Aufgabe unter Beweis stellen zu können. Im Gegensatz zum lauen Behagen der religiös erkalteten Westkultur, deren Begeisterungsfähigkeit für höhere Ideen in wohltemperiertem Stand-by-Modus verharrt, erglühen die Gotteskrieger geradezu für ihre heilige Sache. Erst sie verleiht ihrem Dasein eine höhere Weihe. Seit jeher bieten sich religiöse und politische Ideologien für derartige Sinngebungen an. Sie geben unzufriedenen Heißspornen eine Chance, endlich die Position zu erlangen, die ihnen Achtung und Anerkennung einbringt. Mit anderen Worten: Sie ermöglicht ihnen Selbstachtung.

Damit schließt sich der Kreis. Wie die Dinge liegen, zeigt die weltweite Rebellion der Selbstachtung ganz unterschiedliche Gesichter: Während die einen auf die Straßen gehen, um für mehr Freiheit, Demokratie und Bürgerrechte zu demonstrieren, lassen sich die anderen als tapfere Helden in einem heiligen Krieg feiern. Die Ziele könnten kaum gegensätzlicher sein. Dennoch gibt es eine wesentliche Übereinstimmung: Hier wie dort ist der Motor des jeweiligen Engagements verletzte Selbstachtung. Sie lässt die einen auf die Straße und die anderen in den Kampf ziehen. Überall auf der Welt spielen sich tagtäglich Dramen der Selbstachtung ab. Nur, was ist Selbstachtung überhaupt, dass sie in völlig heterogenen Zusammenhängen eine tragende Rolle zu spielen vermag?

Der überforderte Bürger

Selbstachtung ist ein zerbrechliches Gut, das eines achtsamen Umgangs bedarf. Zu allen Zeiten gibt es in jedem Land spezifische Anforderungen, welche die Selbstachtung erleichtern oder erschweren. Speziell für unsere liberale Westkultur ist ein starker Individualismus charakteristisch, der ebenfalls eine große Herausforderung für die Selbstachtung darstellt. Selbstverantwortung, Eigeninitiative und Selbstverwirklichung machen hierzulande den Einzelnen zum Unternehmer seines Daseins, das er selbst in die Hand nehmen und auf hohe Leistungen ausrichten muss, wenn er nicht untergehen möchte. Nur wer vom Wert der eigenen Existenz überzeugt ist, zeigt sich den Herausforderungen der modernen Welt gewachsen. Es herrscht eine fragile Wechselbeziehung zwischen Selbstachtung und einem geglückten Berufs- und Privatleben in der westlichen Kultur.

Ruheloser Individualismus

Die Bürger von heute scheinen stärker als früher auf sich allein gestellt zu sein. Sie stehen unter der Anforderung, ihr Leben selbst in die Hand zu nehmen. Es gibt fast nichts, das ihnen vorschreibt, was sie zu tun haben, außer der Forderung, ihr Dasein selbst zu gestalten. Nahezu jeder ist ein Selbstständiger, der sich ständig selbst um sich kümmern muss. Doch der Zwang zur Eigenverantwortung setzt große Spielräume der Daseinsgestaltung voraus. Erst diese ermöglichen, das Leben nach eigenen Neigungen, Wünschen und Interessen führen zu können, was im Allgemeinen der Selbstachtung förderlich ist.

In der früheren Disziplinargesellschaft kollidierten viele Bedürfnisse und Wünsche mit Verboten und Geboten. Das Leben des Einzelnen
wurde durch ein Korsett von Vorschriften diszipliniert. Es herrschte
eine strenge Hierarchie, die den Alltag rigiden Kontrollen unterwarf.
Hiervon hat sich die heutige Gesellschaft weitgehend verabschiedet.
Mit den neuen Freiheiten sind die alten Verhältnisse größtenteils verschwunden. Der Einzelne gilt als Autor seines persönlichen Erfolgs und
Glücks, die jedoch nur erreicht, wer auf der Höhe der Zeit bleibt.

Allerdings hat die grandiose Aufwertung des von alten Bindungen
befreiten Individuums wieder zu neuen Zwängen geführt, die nur nicht
mehr direkt, sondern eher indirekt ausgeübt werden. So lebt der Einzelne zwar nach eigenen Vorstellungen. Dennoch ist sein Verhalten
oftmals weniger Ausdruck selbstbestimmter Innenlenkung als vielmehr
fremdbestimmter Außensteuerung. Seine erstrebten Ideale werden häufig von Massenmedien, Werbung, Mode und anderen Kräften geprägt.
Auf diese Weise bleibt selbst der liberale Individualismus unserer Zeit
von unverfügbaren Mächten beherrscht. Hierfür stehen bereits die Ansprüche, die der Einzelne an sein Leben stellt, und die Hoffnungen,
die er an seine Zukunft knüpft. Denn mit dem eigenen Lebensentwurf
erfüllt man Erwartungen, deren Urheber man doch nur teilweise selbst
ist.

Dennoch gibt es einen wesentlichen Unterschied zwischen den alten
Fremdzwängen und den neuen Selbstzwängen: Anstatt eine überlieferte
Existenzform übernehmen zu müssen, an die man dauerhaft gebunden
bleibt, trifft man heute seine Wahl zwischen vielen Lebensmöglichkeiten, die auch anders ausfallen könnte. Jeder muss seinen Weg in einer
Welt finden, in der das Ausmaß individueller Gestaltungsfreiheit stetig
wächst. Wir treiben auf einem Meer von Wahlmöglichkeiten umher, auf
dem wir das, was für uns wichtig ist, selbst festlegen müssen. Nach der
Schrumpfung traditioneller Gemeinschaftswerte lässt sich die Frage,
wie man leben möchte, nur noch an sich selbst stellen. Der Einzelne,
der aus tradierten Lebensmustern herausgetreten ist, hat – trotz aller un-
merklichen Beeinflussungen – sein Leben selbst zu verantworten. Die
Lebensform, in der sie oder er sich tagtäglich bewegt, ist nicht mehr
einfach vorgegeben. Da die Routinen in einen Horizont alternativer
Lebensmöglichkeiten eingebettet bleiben, lassen sie sich meist ver-

flüssigen, grundsätzlich revidieren, neu kombinieren. Hierdurch kann eine Dauerunruhe selbst bei jenen entstehen, die sich einmal festgelegt haben auf einen Wohnort, Beruf, Partner oder eine Automarke, Partei, Bank und Krankenkasse. Die Angst ist groß, sich für das Falsche entschieden zu haben und das Richtige zu versäumen.

Es gehört zur Eigenart dieses ruhelosen Individualismus, dass der Sinn des Lebens weniger in religiösen Deutungen als vielmehr in der Qualität sinnlicher Erlebnisse gesucht wird. Hierdurch wird die bereits angekurbelte Rastlosigkeit weiter angeheizt. Denn keine Markierung legt jemals fest, dass genug Amüsement zu einem bestimmten Zeitpunkt erreicht wäre. Im Gegenteil scheint eine Steigerung zu immer stärkeren Reizen und größerer Abwechslung im Lustgenuss angelegt zu sein. Das Verlangen nach der vollen Intensität des Lebens tendiert zur Grenzenlosigkeit. Viele sind auf der ständigen Suche nach mehr Genuss, Party oder Konsum. Der Trieb zum Abenteuer ist unersättlich. Stillstand bedeutet Leere und Langeweile. Ein Behagen an den Alltagsroutinen ist kaum noch vorstellbar ohne die Lust, hin und wieder daraus auszubrechen. Zwar wäre es falsch zu sagen, dass wir Menschen die Gefahr lieben, doch lieben viele das gewagte Leben.

Bei alldem ist gutes Aussehen von großem Vorteil. Es erhöht die Chancen und damit einhergehend das Selbstwertgefühl. Da es aber den marktgerechten Körper der Handelsklasse A nur selten von Natur aus gibt, hat sich die Amüsiergesellschaft mit der Welt des Sports verbunden. Zahllose Menschen treiben intensiv Fitness, türmen Muskelberge auf, schuften für markante Waschbrettbäuche, enge Taillen und straffe Pobacken, um sich erfolgreicher auf dem Markt der Möglichkeiten behaupten und sich im Spiegel ertragen zu können. Andere legen sich auf den Operationstisch, wo Chirurgen – wie Friseure nach Schnittmustern – an Brüsten und Gesichtern schnippeln oder an Bäuchen und Hüften ungeliebtes Fett absaugen. Denn alles Begehren haftet an attraktiven Oberflächen. Der dekorative Körper ist Inbegriff einer lustbetonten Konsum- und Spaßgesellschaft geworden, in der eine exquisite Erscheinung ein hohes Gut darstellt und der Wert des Daseins fast deckungsgleich mit seiner äußeren Schönheit ist. Je nachdem, wirkt sich das körperliche Aussehen mal positiv, mal negativ auf das persönliche Selbstwertgefühl aus.

In den körperbezogenen Aktivitäten zur Hebung des eigenen Selbstbewusstseins sind Jung und Alt eng miteinander verbunden. Sich noch
im Besitz aller Lebenskräfte fühlend, tun Ältere manchmal so, als ob sie
ihr fast abgelaufenes Leben erst noch vor sich hätten. Zwar kommt mit
den Wechseljahren meist auch die Midlifecrisis, hervorgerufen durch
hohe Arbeitsbelastung, allmählichen Auszug der Kinder, langweilige
Zweisamkeit oder schwere Krankheiten im Freundeskreis. Vor der Ku-
lisse zahlloser Lebensmöglichkeiten sind aber viele nicht bereit, den
hormonellen Boykott ihrer Lebenslust kampflos hinzunehmen. Statt die
größere Lebensmüdigkeit gelassen zu akzeptieren, begeben sie sich mit
oder ohne Muntermacher, Anti-Aging-Kuren und Hormonbehandlun-
gen auf die Suche nach aufregenden Last-Minute-Abenteuern. Hierbei
werden sie von der modernen Konsum- und Freizeitindustrie engagiert
unterstützt. Schon Werbung und Medien konfrontieren uns ständig mit
fitten, vitalen, unternehmungslustigen Menschen aller Altersstufen. Natürlich prägen solche Bilder unsere Vorstellungen und Erwartungen. Sie
vermitteln die Hoffnung, ein Leben lang fit sein, jünger aussehen, ju-
gendlich erscheinen und offen für das Neue bleiben zu können. Solche
Aussichten heben zwar das Selbstwertgefühl, bergen aber die Gefahr,
zu scheitern und sich lächerlich zu machen, was wiederum der Selbstachtung abträglich wäre.

Häufig verführt die Angst, etwas zu versäumen, die Menschen dazu,
möglichst viele Optionen zu wählen. Am liebsten würden sie das große
Angebot an Kommunikationsmitteln, Unterhaltungsmöglichkeiten und
Dienstleistungen voll nutzen. Man hat doch nur das eine Leben, in dem
möglichst viel von dem, was die Welt zu bieten hat, untergebracht werden soll. Da sich die Lebenserwartung nicht beliebig erweitern lässt,
kann man der Vielfalt der Möglichkeiten nur dadurch gerecht werden,
dass man schneller lebt und mehrere Dinge gleichzeitig tut. Auf diese
Weise bekommt man scheinbar mehr vom Reichtum des Lebens mit.
Wie moderne Zeitphilosophen betonen, wurde die Zahl der Handlungen und Erlebnisse pro Zeiteinheit in den letzten Jahren immer weiter
gesteigert.[11]

Als ein bewährter Helfer bei dem Versuch, in immer kürzerer Zeit
immer mehr zu erleben und zu bewältigen, hat sich die moderne Technik erwiesen. Sie bringt enorme Zeitgewinne. Niemand muss morgens

noch den Herd anschüren oder mit Pferd und Kutsche längere Weg-
strecken zurücklegen. Doch je mehr Zeit wir durch die moderne Technik sparen, umso weniger Zeit zum Leben haben wir. Moderne Zeitphilosophen erklären dieses Paradox so: Zwar sei es mit der technischen
Beschleunigung möglich geworden, immer mehr Lebensmöglichkeiten
in kürzerer Zeit zu verwirklichen. Gleichzeitig sei aber die Zahl der
Lebensmöglichkeiten mit den technischen Errungenschaften noch viel
stärker gestiegen. Sicherlich sei die Zeitersparnis durch die moderne
Technik enorm. Doch die Zahl der durch die Technik entstandenen
neuen Möglichkeiten übersteige bei weitem die Menge der Optionen,
die sich innerhalb der gewonnenen Zeit verwirklichen ließen. Da uns
immer mehr Wahlangebote zur Verfügung stünden, habe so auch die
Qual der Wahl deutlich zugenommen. Und da wir aus Angst, etwas zu
verpassen, immer mehr wählen, ist der Alltagsstress gestiegen. Bis in
alle Ecken herrscht eine der Gemütlichkeit widersprechende Betriebsamkeit, was sich auf die Selbstachtung durchaus negativ auszuwirken
vermag.

Die richtige Auswahl zu treffen, ist eine echte Herausforderung, die
ein hohes Maß an Eigeninitiative verlangt. So hat die liberale Moderne
den Bürger zum Unternehmer seines Lebens gemacht.[12] Der Einzelne
ist als das Planungs- und Handlungszentrum seiner Biografie verantwortlich für seine Arbeitskraft, Existenzvorsorge, Gesundheit, Lebensfreude und gesellschaftliche Anerkennung. Heute ist jeder von uns im
weitesten Sinne ein „Existenzgründer", ausgestattet mit einem festen
Startkapital, auch Humankapital genannt, das es aufzustocken gilt. Zum
Humankapital gehören Wissen, Fertigkeiten und Arbeitsethos ebenso
wie äußeres Erscheinungsbild, Sozialprestige, Umgangsformen sowie
Lebenszeit, Gesundheit und Alter.

Solche existenziellen Werte haben natürlich auch einen ökonomischen Wert, weil sich aus ihnen buchstäblich Kapital schlagen lässt.
Geschickt eingesetzt, verschaffen sie dem Einzelnen geldwerte Vorteile: Einkommen und Besitz, die wiederum den gesellschaftlichen Status des Einzelnen, dessen öffentliche Anerkennung und somit seine
Selbstachtung beeinflussen. Jedoch werden persönliche Qualitäten und
Qualifikationen hauptsächlich zur existenziellen Wertschöpfung in das
eigene Dasein investiert, bei der sich ganz unterschiedliche Gewinne

als Mehrwert erzielen lassen: Wohlstand, Freiheit, Macht, Lust. Alles in allem gleicht das menschliche Leben einer Aktie, deren Kurswert der Einzelne selbst nach oben zu treiben hat. Sollen die Lebensaktien hoch im Kurs bleiben, darf man sich nicht auf dem Erreichten ausruhen. Innehalten gilt als Rückschritt. Hierdurch entstehen eine fortwährende Anspannung und ein rastloses Streben nach Höchstleistungen und Gipfelerlebnissen. Gefordert wird ein rückhaltloser Einsatz für Firma und Familie, Karriere und Vergnügen. Denn so schnell die Lebensaktien steigen, genauso schnell können sie wieder fallen. Um dies zu verhindern, müssen die Dinge nicht nur richtig, sondern auch die richtigen Dinge getan werden.

Ganz nüchtern betrachtet, bemisst sich der Wert unseres Lebens danach, ob sich die eigenen Anstrengungen im wörtlichen und übertragenen Sinne auszahlen. Erweist sich das Leben als ein Geschäft, das seine Kosten nicht deckt, drängt sich zwangsläufig die bange Frage auf, ob es überhaupt einen Wert habe.

Wie viele Euro wäre man bereit, für sein Dasein auszugeben? Was würden wir freiwillig zahlen, um weiter existieren oder frei leben zu dürfen? Natürlich hat das Leben einen Preis. Beispielsweise kostet Freiheit hierzulande rund 25 Euro pro Tag, wenn man bedenkt, dass ungefähr so viel ein unschuldig Inhaftierter als Entschädigung bekommt. Auch lässt sich den Zahlungen an die Hinterbliebenen von Unfall- oder Katastrophenopfern entnehmen, wie viel Euro ein Menschenleben wert sein könnte. Allen anders lautenden Beteuerungen zum Trotz lässt sich der Wert eines Menschen durchaus mit Geldsummen beziffern.[13] Aber wäre ein hoher Betrag tatsächlich ein guter Grund, sich besonders wertzuschätzen? Oder ist es vielmehr demütigend, überhaupt einen Geldwert für sein Leben erzielen zu können? Wie stark wird von alledem die Selbstachtung getroffen?

Schön, Stark und Schlau

Heute gibt der Konkurrenzkampf auf fast allen Ebenen den Takt vor. Die Leistungsgesellschaft hat das Leben auf Effizienz getrimmt. Notwendige Voraussetzungen hierfür sind außer Energie ein hohes Maß an Kreativität und Flexibilität. Dies gilt auch für die Arbeitswelt, in der an

die Stelle eines auf mechanischen Gehorsam ausgerichteten Führungsstils schöpferischer Teamgeist getreten ist. Die heutigen Mannschafts-
kapitäne sollen weniger kommandieren als motivieren und mobilisie-
ren. So wird in den Betrieben mehr und mehr selbstständiges Handeln
von den Mitarbeitern gefordert. Es ist geradezu ein Wettlauf entbrannt,
die eigenen Mitarbeiter zu Höchstleistungen anzufeuern und für ihren
Job brennen zu lassen. „Wie ich beharre, so bin ich Knecht", schreibt
Goethe. Erst schöpferische Eigeninitiative und Begeisterung machen
den Erwerbstätigen zum Autor seines beruflichen Werdegangs. Dieser
ist nicht mehr bloß „Arbeitnehmer", sondern auch „Arbeitsunterneh-
mer", der sich an einfallsreichen Künstlern und siegeseifrigen Sportlern
orientieren soll. Das Gegenteil wäre ein Arbeitnehmer, der seinen Dienst
ohne jedes Engagement bloß nach Vorschrift abspult.

Inzwischen verschwimmen die Grenzen zwischen Betrieb und Privatsphäre immer mehr. Hiermit ist weniger gemeint, dass Wohnraum
und Arbeitsplatz, Freizeit und Arbeitszeit teilweise identisch geworden
sind. Gemeint ist damit vielmehr, dass Privat- wie auch Berufsleben unter dem Anspruch individueller Selbstverwirklichung und Selbstständigkeit stehen. Freilich vermag die Möglichkeit hierzu das Selbstwertgefühl zu stärken. Dem Einzelnen liegt es angeblich selbst in der Hand,
wie erfolgreich oder glücklich er wird. Jeder soll sein Leben nach seinen Interessen und Fähigkeiten gestalten. Karriere und Lebensfreude,
Askese und Ekstase, Disziplin und Euphorie, Betriebskalkulation und
Enthusiasmus seien miteinander vereinbar.

Bei alledem bringt die Leistungsgesellschaft – wie die Amüsiergesellschaft – keine Grenzen hervor. Stoppregeln sind dem Leistungs-
und Luststreben wesensfremd – ein Mehr bleibt immer denkbar, ja ist
oft sogar wünschenswert. Wo die Arbeitsleistung an Kennzahlen ge-
messen wird, ist die Aufgabenliste niemals abgearbeitet. Der Output
muss stetig steigen. Infolgedessen dreht sich das Hamsterrad immer
schneller. Jedes erfolgreiche Geschäftsjahr erhöht die Erwartungen
für das nächste. Der Einzelne soll sich ständig selbst und die anderen
übertreffen. Hierbei wird immer öfter das Gewicht von der Korrektur
auf die Fehlervermeidung gelegt. Die Verantwortung hierfür liegt nur
noch selten bei gesonderten Stellen für Qualitätskontrolle. Sie liegt bei
jedem Mitarbeiter selbst, der sich als Kunde der vorgeordneten und als

Lieferant der nächstfolgenden Abteilung sehen soll. Dieser Zuwachs an Verantwortung vermag zwar seine Selbstachtung zu heben. Doch darum geht es nicht. Die Optimierung der Arbeitsprozesse mit geringerem Verbrauch von Energie und Ressourcen soll vornehmlich die Produktivität steigern, den Marktanteil erhöhen und somit natürlich auch die Arbeitsplätze sichern. Es ist die Rede von Total Quality Management.

Hinzu kommt Benchmarking: der Leistungsvergleich zwischen verschiedenen Mitarbeitern oder Abteilungen des gleichen Unternehmens oder einiger Unternehmen untereinander. Damit lässt sich ein Wettkampf um Rekorde in Gang setzen. Bei der Ermittlung der Besten versuchen sich die Rivalen wechselseitig zu übertreffen und arbeiten so ständig an der Erhöhung ihrer Leistungen und Verbesserung ihrer Stärken. Wer nicht an der Spitze steht, möchte nach oben kommen; wer dieses Ziel erreicht, setzt alles daran, dort zu bleiben. Wer oben ist, empfindet verständlicherweise Stolz; wer unten bleibt, fühlt sich häufig beschämt.

Besonders gefragt ist heutzutage Kreativität, der Mut, neue Wege zu beschreiten.[14] Gerade in der Entfaltung schöpferischer Potenziale wird die Antwort auf die großen Herausforderungen der heutigen Ökonomie und modernen Lebensführung gesehen. Kreativität verspricht Vorteile durch Vorsprünge im Konkurrenzkampf und mehr Lebensfreude im Daseinskampf. Allerdings kommen neue Ideen und Problemlösungen, wenn es ihnen, aber nicht, wenn es uns gefällt. Einfälle sind vorrangig Zufälle. Sie sind das Ergebnis von Inspiration, aber auch von Transpiration. Außer spielerischer Leichtigkeit, ungebremster Vitalität, schöpferischem Erfindergeist und künstlerischer Fantasie erfordern produktive Einfälle harte Arbeit. Nur wer sich durch Training und Übung auf den günstigen Moment vorbereitet, wird ihn wahrnehmen und ergreifen. Doch ohne ein gewisses Talent und Gespür geht es nicht. Stupide Routinen und autoritäre Reglementierungen sind ihr natürlicher Feind. Mit Mitarbeitern, die Freude am Schaffen und Lust am Kämpfen haben, fällt es leichter, der Konkurrenz ein Stück voraus zu bleiben. Solche Mitarbeiter besitzen für gewöhnlich ein gesundes Selbstbewusstsein.

Das Gebot der Stunde heißt, Schritt zu halten mit den neuesten Entwicklungen und die Zeit zu optimieren, damit man nicht von der Konkurrenz überholt oder abgehängt wird. Hierzu ist es nötig, sich dem

Neuen immer wieder neu anzupassen. Oft reicht die einmal erworbene Ausbildung nicht mehr für ein ganzes Berufsleben. Die Anforderungen der liberalen Arbeitsgesellschaft sind enorm gewachsen. Diesen gestiegenen Ansprüchen vermag der Einzelne nur durch eigene Anpassungs- und Lernanstrengungen gerecht zu werden. In immer kürzeren Zeiträumen bietet die Technik neue Produkte und neue Fertigungsverfahren. Das Wissen wächst immer schneller. Planungen werden in der globalisierten Arbeitswelt immer kurzfristiger. Diese Wandlungsbeschleunigung lässt sich nur mit hochqualifizierten Arbeitnehmern bewältigen, die offen für neue Technologien, Organisationsformen und Führungsstrategien zur Optimierung von Arbeitsabläufen sind. Hierzu ist ein starker Glaube an sich selbst erforderlich, wie umgekehrt die Selbstachtung der Mitarbeiter durch das Gefühl wächst, gebraucht zu werden. Man kann es sich einfach nicht erlauben, in Rückstand zu geraten. Jede Aufholjagd ist teuer und risikoreich. Und wer auf dauerhafte Stabilität in der beschleunigten Arbeitswelt setzt, droht unterzugehen. Hier überlebt nur, wer multioptional, dauermobil, flexibel und veränderungsfreudig bleibt.

Wie die Vergnügungslust geht die leistungsbezogene Hetzjagd von einer fortdauernden Vitalität der Menschen aus. Dieser Optimismus wird nicht nur von vielen geteilt, er wird auch von Politik und Ökonomie ausdrücklich gewünscht. Medial inszeniert ergeht regelmäßg ein Appell zur individuellen Mobilmachung der eigenen „Human Ressources", die größer seien als Lethargie und Resignation einem weismachen möchten. In diesem Sinne zielen die Interventionen von Politik und Wirtschaft auf die Etablierung einer sich jung fühlenden, lern- und leistungsbereiten Bevölkerung. Der Einzelne ist nicht aus sich allein eine unternehmerische Existenz, sondern wird auch von außen hierzu gemacht: Selbstaufrichtung als Fremdzurichtung! Auf diese Weise versuchen Wirtschaft und Politik das Beste aus ihren Bürgern und Mitarbeitern herauszuholen.

Demografischer Wandel, Globalisierung der Märkte und Innovationsbeschleunigung in Technik und Wirtschaft haben die Überzeugung hervorgebracht, dass die Bevölkerung den großen Herausforderungen bis ins hohe Alter gewachsen sei. Die Überalterung der Gesellschaft und der globale Effizienzwettbewerb in der Wirtschaft, für den eine ungeheure Dynamik charakteristisch ist, erzwingen geradezu den Glauben an die lebenslange Lernfähigkeit und Berufstauglichkeit der Arbeitnehmer bis ins höhere Lebensalter. Allerdings legen solche Glaubensbekenntnisse hauptsächlich Manager, Wissenschaftler und Politiker ab, die entweder selbst noch jünger sind oder – von senilem Ehrgeiz gepackt – ihren Sessel nicht für jüngere Köpfe räumen möchten.

Doch selbstverständlich lassen sich auch viele Durchschnittsbürger solche positiven Einschätzungen gefallen, weil sie ihrem Selbstwertgefühl schmeicheln. Mit großer Energie stürzen sie sich in Arbeit und Vergnügen. Sie entwerfen Lebenspläne und arbeiten ihre Lebensstationen fleißig ab. Einige klettern von einer Sprosse zur nächsten nach oben. So läuft das Leben, denken sie, überzeugt davon, dass schon alles gut gehen werde. Dass es sich tatsächlich so verhält, suggerieren ihnen Politik und Wirtschaft einerseits, Konsum- und Freizeitindustrie andererseits. In diesem Punkt ziehen Werbung und Medien am gleichen Strang wie Politik und Ökonomie. Gemeinsam locken sie die Menschen in die Endlosschleife der Selbstoptimierung. Dabei ringen sie alle Bedenken mit rhetorischer Eleganz nieder. Die große Maschine muss am Leben gehalten werden und ihre Steigerungsspirale sich weiter drehen, auch für geringe Ertragszuwächse.

Das Beste aus dem Leben machen

Die Bürger der heutigen Amüsier- und Leistungsgesellschaft wollen auf der Höhe ihrer Möglichkeiten leben: ihr Selbst in jeder Beziehung optimieren – beim Laufen, Essen, Vergnügen, Arbeiten, sogar beim Schlafen. Hierfür gibt es neuerdings digitale Wunderapparate, die dem Einzelnen zu einer gesünderen Ernährung, effektiveren Arbeit und intensiveren Lebensweise verhelfen können. Schon früher gab es eine Reihe von Menschen, die Tag für Tag penibel Protokoll und Buch über ihre Fortschritte bei der Arbeit, ihre Ausgaben oder Zusammenkünfte mit anderen Personen führten, um ihre Lebenszeit besser zu nutzen. Jetzt stehen hierfür Maschinen mit speziellen Sensoren zur Verfügung, die Daten aufsaugen, Messungen vornehmen und diese blitzschnell auswerten. So lassen die heutigen Selbstoptimierer ihren Alltag, ja sogar ihren Schlaf mit dem Ziel der Perfektionierung detailgenau überwa-

chen. Da die Maschinen und Apps ihnen primär Zahlen, eben Daten lie-
fern, wird auch von „Quantified Self" gesprochen. Aus den Daten
ergeben sich Warnungen, Rat- und Korrekturvorschläge bezüglich der
eigenen Lebensgestaltung: Man sollte schneller und wirksamer arbeiten, früher zu Bett gehen, mehr Sport treiben, weniger Kalorien zu sich
nehmen und die Haushaltskosten senken – alles Dinge, die man vermutlich ohne diese Evaluationen auch schon wusste. Aber die neue Ge-
neration der Selbstoptimierer zieht es scheinbar vor, ihr schlechtes Gewissen an ein digitales Management-Programm zu delegieren.

Nun kann eine solche Unterstützung, so merkwürdig es klingt, tatsächlich wichtige Entscheidungshilfen geben in Situationen, in denen
die Menschen von den zahllosen Wahlmöglichkeiten heute überfordert
werden. Zu diesen Optionen gehören eine Menge von Versuchungen,
wie etwa Ablenkung durch Computerspiele während der Arbeitszeit
oder falsche Ernährung am Abend. Solchen Verführungen dauerhaft zu
widerstehen, fällt schon deshalb schwer, weil das Angebot an Verlockungen in der Multioptionsgesellschaft einfach zu groß ist. Obwohl
viele vor ihren Versuchungen wegzulaufen versuchen, fallen etliche am
Ende doch auf sie herein. Jede Widerstandskraft ermüdet irgendwann,
wenn sie überstrapaziert wird. In dieser Situation können die digitalen
Messgeräte durchaus einen wichtigen Beitrag leisten, um den verständ-
lichen Mangel an Selbstdisziplin auszugleichen.

Aber die Kehrseite der erhöhten Selbstkontrolle ist ein starker Kontrollverlust. Aus freien Stücken unterwirft man sich Kontrollzwängen,
die zu einer optimalen Lebensgestaltung führen sollen. Auf dieser
Ambivalenz von Freiwilligkeit und Zwang gründet die gegensätzliche
Bewertung der „Quantified-Self-Bewegung": Die einen sehen in der
permanenten Selbstüberwachung und Selbstverbesserung einen totalitären Kontrollmechanismus unserer Genuss- und Leistungsgesellschaft
am Werke. Dagegen bedeutet für die anderen das neue Wissen über
die eigene Lebensweise einen Zugewinn an möglicher Autonomie und
einen Zuwachs an Chancen, seine Fähigkeiten besser entwickeln zu
können. Man feiert die neuen Apparate auch als Werkzeuge der Freiheit. Ähnlich zwiespältig wirkt sich die neue Selbsttechnik auf die
Selbstachtung aus: Während die optimale Selbststeuerung das eigene
Selbstwertgefühl zu stärken vermag, kann deren Kehrseite, die diszi-

plinierende Fremdsteuerung, als demütigend empfunden werden und
eine Revolte der Selbstachtung auslösen, die sich derlei Vernutzungen
in aller Schärfe verbittet.

Lebenslüge der Leistungsgesellschaft

Wer aus Gründen der Selbstachtung den Chancen der modernen Ge-
nuss- und Leistungsgesellschaft widersteht, verschließt die Augen vor
der Wirklichkeit und bleibt im Wartesaal des Lebens sitzen, heißt es.
Glück ist machbar, lautet die Devise. Aber stimmt das überhaupt?

Freilich gibt es keine Erfolgsrezepte; vieles misslingt, auch mit den
neuen Selbstmanagement-Programmen, weil es sich doch nicht präzi-
se planen oder im Voraus genau berechnen lässt. Mit jedem Erfolgs-
versprechen geht die Gefahr eines Absturzes einher. Anstrengung und
Findigkeit entscheiden nicht allein, ob sich die Mühe lohnt. Nicht alle
menschlichen Vorhaben sind von Erfolg gekrönt. Noch so starkes Engagement bleibt ein Wagnis, das den gewünschten Erfolg nicht garantieren kann. Eine Anstrengung zahlt sich nicht immer aus, so sehr man
auch rennt und schwitzt, um der Konkurrenz die fette Beute auf der
Marktprärie abzujagen. Das Glück winkt nicht automatisch dem Tüch-
tigen. Natürlich kann man auch scheitern. Manchmal läuft es wie beim
Roulette, wo man einfach abwarten muss, wohin die Kugel fallen wird.
Doch wenn man dauernd alles gibt und nur wenig erreicht, schwindet
nicht nur irgendwann der Ansporn, sich weiter ins Zeug zu legen, sondern auch das Selbstwertgefühl. Dabei ist sogar alles Gelingen nur vor-
läufig; Erfüllung gibt es immer bloß zeitweilig. Jeder Lebensentwurf
ist eine Wette auf die Zukunft, und der Wettrichter unserer Leistungsgesellschaft heißt Wettbewerb.

Selbst das pralle und erfolgreiche Leben löst nicht immer ein, was
es verspricht: Behagen am bunten Alltag und Zufriedenheit mit der ge-
tanen Arbeit. Statt Glück und Freude strahlen mit einem Male ängstliche Sorge und Müdigkeit aus den Augen. Plötzlich werden viele von
quälender Antriebsschwäche und Frustration heimgesucht. Die derzeit
prominentesten Schlagworte hierfür heißen Burnout und Depression,
die wohlgemerkt nicht das Gleiche bedeuten, wie schon die gegensätzlichen Therapien belegen: Während depressiv Erkrankten mehr Be-

schäftigung, Unternehmungsgeist und Schlafentzug empfohlen wird, bekommen Burnout-Betroffene mehr Schlaf, Urlaub oder eine Auszeit verordnet. Derartige Entspannungsübungen würden Depressive noch depressiver machen.

Alles in allem ist die Zahl der Menschen hoch, die in der liberalen Moderne an emotionaler und geistiger Erschöpfung, chronischer Lustlosigkeit und andauernder Kraftlosigkeit leiden. Oftmals empfinden sie ihre Arbeit und das Leben eher als erdrückende Last denn als beglückende Herausforderung. Viele klagen über latente Aggressivität, Niedergeschlagenheit, Konzentrationsprobleme und psychomotorische Verlangsamung. Gefühle der Ohnmacht, auch Rücken- und Kopfschmerzen gesellen sich hinzu. Mitten in der Nacht wälzen sie Probleme. Wie schwarze Vogelschwärme kommen dunkle Gedanken und Ängste angeflogen, um sich ins leidenschaftliche Erfolgsstreben, rastlose Glücksverlangen oder die unbeschwerte Heiterkeit hineinzuhacken. Mit einem Male kommt einem alles hohl, gewichtslos und klein vor. Bisweilen genügen kleine zusätzliche Belastungen, um aus dem Gleichgewicht zu geraten. Ein geringfügiger Vorfall reicht manchmal schon aus, damit alles zusammenbricht. Man kann nicht mehr. Wenn so etwas anderen passiert, dann erscheint es fast als normal; wenn es aber mit einem selbst geschieht, dann macht man mit einem Male so Furchtbares durch, wie man es zuvor nicht für möglich gehalten hätte. Jetzt sehnt man sich beinahe nach kleinen Verhältnissen, die man aber genauso wenig ertragen könnte, weil man ja bloß Stille, Geborgenheit und Frieden sucht.

Hierfür hat die moderne Leistungs- und Erlebnisgesellschaft nur wenig Verständnis. Den globalen Effizienzwettbewerb, die rasante Dynamik der Technik, die demografische Überalterung und die Krise des Rentensystems vor Augen spielen Politik und Ökonomie die angezeigten Probleme gerne herunter.

Wie die moderne Konsum- und Freizeitindustrie geben sie stattdessen dem Einzelnen gerne das Gefühl, den Herausforderungen der modernen Wissensgesellschaft, dem globalen Effizienzwettbewerb, der rasanten Entwicklung in Technik und Wirtschaft wie auch ihrem starken Freiheits- und Erlebnisdrang gewachsen zu sein. Ein wichtiges Stichwort hierfür lautet Empowerment – das Gegenteil von lähmender

Antriebsschwäche: Die Beschäftigten brauchten sich nur ihrer Stärken bewusst zu werden, den Blick auf ihre Problemlösungskompetenzen zu lenken und ihre diversen Fähigkeiten neu zu entdecken, um wieder Kraft schöpfen zu können. Ihre vorübergehende Schwäche sei ein reparierbarer Defekt, eine Krankheit, die therapiert, eine Überanstrengung, die reguliert, ein Mangel, der behoben werden könne. Ihrer Existenzkrise lägen lediglich organisatorische Fehlsteuerungen und persönliche Fehlorientierungen zugrunde.

Die Ursachen hierfür werden einmal in der Persönlichkeit der Betroffenen gesucht. Diese wirkten überanstrengt und erschöpft, weil sie einfach zu ehrgeizig, zu hilfsbereit, zu anspruchsvoll oder perfektionistisch seien. Sie schätzten die Risiken und sich selbst falsch ein, übernähmen sich, wodurch sie über kurz oder lang in eine ernsthafte Krise geraten mussten. Ihre Gefühle der Ohnmacht und Hilflosigkeit seien nicht weiter verwunderlich. Nicht selten münden sie in den Selbstvorwurf, am persönlichen Scheitern selbst schuld zu sein. Man hat das Gefühl, versagt zu haben. Schwere Krankheiten, drohende Arbeitslosigkeit, der Verlust nahestehender Menschen, Beziehungskonflikte, kurz, massive Veränderungen des bisherigen Lebensgefüges kommen oftmals hinzu.

Einige sind besonders anfällig für düstere Stimmungen, weil sie in der Kindheit nicht lernten, mit Misserfolgen und Überforderungen so umzugehen, dass sie sich bewältigen lassen. Natürlich sind dunkle Gefühle aber nicht nur eine individual-psychologische und soziokulturelle Erscheinung, sondern auch ein Stück genetische Veranlagung und ein neurobiologisches Phänomen, das mit den Botendiensten der Botenstoffe Dopamin, Noradrenalin und Serotonin zusammenhängt.

Daneben werden die Wurzeln für die dunklen Gefühle in den Organisationsstrukturen und Arbeitsbedingungen ausfindig gemacht. Eine zu hohe Arbeitsbelastung und Verantwortung lassen die Menschen manchmal in lähmende Trägheit versinken. Statt aktiv werden sie dann antriebslos, statt flexibel starr, statt engagiert gleichgültig und statt kreativ einfallslos. Die Ersetzung des autoritären Führungsstils durch das partizipative Management überfordert einfach viele Mitarbeiter. Wachsende Eigenverantwortung bedeutet nicht bloß mehr Selbsterfüllung, sondern auch mehr Stress. Die Leistungsanforderungen wechseln und wachsen sogar. In immer kürzeren Abständen werden neuartige Technologien eingeführt. Außerdem ist das Lebens- und Arbeitstempo in den letzten Jahren enorm gestiegen. Dazu muss der Einzelne ständig beweisen, dass er seine berufliche und gesellschaftliche Position zu Recht innehat. Nicht selten führt die Karriereleiter auf eine Sprosse hinauf, auf der man zur Übernahme von Aufgaben gezwungen wird, zu denen man gar nicht geeignet ist.

Doch mit einem ausgewogenen Zeitmanagement, besseren Bewältigungsstrategien und einer Reihe organisatorischer Veränderungen seien diese Probleme in den Griff zu bekommen. In Anbetracht der hohen volkswirtschaftlichen Schäden, die solche Existenzkrisen durch Verlust an Arbeitsproduktivität und Belastung des Gesundheitssystems verursachen, müssen Politik und Ökonomie an ihre Heilbarkeit und Vermeidbarkeit glauben. Sie müssen den Menschen ihre Abstiegsangst nehmen, ihre Aufstiegslust wecken und ihren Alltagsfrust zerstreuen.

Auffälligerweise wird hierbei unkritisch an der fixen Idee dauerhafter Vitalität in körperlicher und geistiger Hinsicht bis ins höhere Alter festgehalten. Doch liegt darin ein großes Problem, das gerne übersehen wird. Es bezeichnet die Lebenslüge der heutigen Arbeits- und Freizeitwelt, die den Vorwurf riskiert, die unleugbare Endlichkeit des Menschen schlicht auszublenden. Für dieses Versäumnis zahlen die Leistungsträger einen hohen Tribut. Der Einzelne stimmt zwar den offiziellen Verharmlosungen gerne zu, weil sie seine Illusion nähren, bis ins hohe Alter fit, straff und leistungsstark bleiben zu können. Der Haken bei der ganzen Sache ist nur, dass hierdurch die Lebenskräfte falsch eingeschätzt und im Tagesgeschäft weiter die Signale der Überforderung überhört werden. Doch die Endlichkeit rückt alles zurecht. Trotz Optimismus bestehen nämlich die Probleme unvermindert fort.

Verlorene Selbstachtung

„Sich befreien ist nichts, frei sein können ist das Schwierige", schreibt André Gide im *Immoralisten*.[15] Ähnlich Alain Ehrenberg im *Erschöpften Selbst*: „Sich befreien macht nervös, befreit sein depressiv."[16] Denn mit der Freiheit wächst die Angst, zu scheitern oder zu versagen. Heute leiden die Menschen nicht mehr so sehr an Unterdrückung als vielmehr an Überforderung. Früher machten Gehorsam und Disziplin den Einzelnen krank, da sie ihm vielerlei Zwänge auferlegten und hierdurch seine Lebensimpulse übermäßig hemmten. Man stand in innerem Konflikt mit Sitte und Konvention. Die Folgen waren Neurosen, so Ehrenberg. Dagegen bürdet die heutige Leistungs- und Spaßgesellschaft dem von alten Zwängen befreiten Einzelnen ein Übermaß an Selbstverantwortung auf, das ihn gleichfalls krank macht. Jeder soll seines Erfolges und Glückes Schmied sein. Diese Erwartung baut einen ungeheuren Druck auf, der leicht zum Gefühl der Unzulänglichkeit, der Erfahrung eigener Defizite führt. Auf einmal kriechen Selbstzweifel und Mutlosigkeit an den Werkshallen und Bürotürmen hoch. Es kommt zu seelischen Infarkten, weil sich die Batterien inzwischen entladen haben.

Dabei ist es doch normal, hin und wieder in grübelnden Müßiggang zu verfallen, weil Arbeit und Leben widerspenstig sind. Es ist auch normal, sich öfter ohnmächtig zu fühlen bei dem Versuch, die dunklen Wolken der trostlosen Hektik oder des öden Alltags zu vertreiben. Natürlich entspricht man nicht immer den Anforderungen, die man an sich selbst stellt und den Erwartungen, die andere an einen haben. Wie oft gibt man sein Bestes, ohne dass etwas Gutes dabei herauskommt.

Niemand erfreut sich nur an seinem Leben, sondern jeder hat ebenso schwer daran zu tragen. Dem Ernst des Lebens kann man nicht immer ein Schnippchen schlagen. Einstmals gab es nur einen Extremsport – das Leben selbst. Trotz aller zivilisatorischen Errungenschaften scheint es heute nicht in jeder Beziehung anders zu sein. Offenbar ist der Lastcharakter der menschlichen Existenz nicht verhandelbar, was schon daraus erhellt, dass trotz Verbesserung unserer Lebensverhältnisse sich die Menschen nicht automatisch besser fühlen. Die ersehnte Leichtigkeit fällt immer wieder zwischen die Ritzen ihrer Alltagssorgen.

Wir mögen inzwischen länger fit erscheinen, jünger aussehen als Gleichaltrige noch vor wenigen Jahrzehnten und auch älter werden als unsere Vorfahren – der Pegel unserer lust- und leistungsförderlichen Botenstoffe sinkt deshalb nicht später als in der Vergangenheit. Anzeichen der Gebrechlichkeit unterspielen unsere eingebildete Stärke, die gerne überschätzt wird. Doch wahrscheinlich könnten die meisten sogar noch mit der allgemeinen Beschleunigung mithalten. Aber viele möchten es einfach nicht mehr. Nach Jahren leidenschaftlichen Strebens und rasenden Arbeitseifers haben sie einfach keinen Elan mehr dazu. Sie möchten es irgendwann genug sein lassen dürfen. Denn sie fühlen sich mittlerweile eher verbraucht als noch lernwillig und abenteuerlustig. Früher gab es zahlreiche Freuden, die ihnen als Verlockungen vorschwebten. Doch jetzt haben sich die bunten Verheißungen des Lebens im welken Laub erblasster Träume verloren. Man ist bereits zufrieden, wenn der morgige Tag nicht schlechter ausfällt als der heutige. Schon lange schaut oder pfeift niemand mehr hinter einem her. Nach und nach ist man für seine Mitmenschen unsichtbar geworden; der alte Goethe spricht in diesem Zusammenhang von „stufenweisem Zurücktreten aus der Erscheinung". Nun wird es allerhöchste Zeit, sinnvolle Kurskorrekturen am bisherigen Lebenswandel vorzunehmen. Wenn die Schwingen des Todes das Leben streifen, kann man nicht mehr länger dahinleben, ohne sich die Frage zu stellen, was einem in der verbliebenen Lebenszeit noch besonders am Herzen liegt.

So klug die Konzepte zum lebenslangen Lernen auch sind, die Leistungsfähigkeit der Menschen lässt sich nicht auf gleichem Niveau bis ins höhere Alter erhalten. Darum wird „lebenslanges Lernen" wohl künftig von vielen als „lebenslängliches Lernen" empfunden werden. Allerdings können Neuerungen genauso als Herausforderungen angenommen werden und Neugierde wecken. Häufig aber bergen sie bedrohliche Risiken in sich, die eher Angst erregen. Man hat Angst, Raubbau am eigenen Dasein zu betreiben. Das Leben ist eine zermürbende Aufgabe aus Not, das regelmäßig in Schieflage und Existenzkrisen gerät. Innere Ausgeglichenheit, die aus der gelassenen Hingabe an den Alltag erwächst, ist nicht die Regel, sondern bleibt ein Glücksfall, eine Ausnahme. Und jede Regel sträubt sich gegen Ausnahmen.

Dazu gibt es eine große Lust auf Faulheit – das Bedürfnis, sich schon auszuruhen, bevor man überhaupt müde geworden ist. Sicherlich kann geschenkte Ruhe für denjenigen, der nicht müde ist, leicht zur Qual werden. Aber niemand tut sich gerne Zwänge an, und Bequemlichkeit ist vielen Zeitgenossen lieber als hektische Betriebsamkeit. Statt „IchAG" möchte man hin und wieder auch mal eine „Ohne-Mich-AG" sein dürfen. Wer will schon dauernd dort gekratzt werden, wo es einen gar nicht juckt?

Trotzdem kommen viele nicht damit klar, dass das Leben sie bisweilen aus der Leistungs- und Amüsierbahn trägt. Heute herrscht nicht nur im Berufsleben ein gnadenloser Verdrängungswettbewerb. Auch beim Vergnügen gibt es eine Zwei-Klassen-Gesellschaft mit „Reichen", die aufgrund ihrer Jugendlichkeit, Schönheit und Finanzmittel ein starkes Selbstbewusstsein haben, und „Armen", die aufgrund ihrer mangelnden Attraktivität, ihres fortgeschrittenen Alters und schwachen Einkommens ein schwaches Selbstwertgefühl besitzen. Diese lernen die großen Versprechen vorrangig als Versprecher des Lebens kennen. Jedoch stört jeder, der sich durch Stolpersteine aus dem Tritt bringen lässt, den reibungslosen Ablauf unserer auf Lust und Leistung ausgerichteten Gesellschaft. Er versündigt sich an einem großen Heiligen unserer Arbeits- und Amüsiergesellschaft: nämlich am Optimismus, dass jedes Problem lösbar und gute Laune erlernbar sei. Allerdings ist hier wie sonst auch der Sünder dem Heiligen haushoch überlegen: Er kennt das Leben besser!

Da aber die hohen Leistungs- und Vergnügungsansprüche sowie der allgemeine Glaube an die Erreichbarkeit aller angesteuerten Ziele fortbestehen, kommt es dennoch regelmäßig zu Selbstzweifeln, Versagens- und Absturzängsten. Gerade die hohen Erwartungen lassen die empfundenen Überforderungen und Überlastungen leicht als persönliches Scheitern erscheinen. Sie provozieren den Selbstvorwurf, am Verlust möglichen Gelingens selbst schuld zu sein. Das Vertrauen in die eigenen Fähigkeiten kann auf diese Weise tief erschüttert werden. Doch wo sich eine Gesellschaft maßgeblich über Leistung und Exzellenz einerseits, Eigeninitiative und Selbstverantwortung andererseits definiert, sieht der Einzelne meist keinen anderen Ausweg, als die Gründe für seine Unzulänglichkeit in der eigenen Person zu suchen. Statt sie Gott und dem Schicksal oder den unzulänglichen Verhältnissen anzulasten, hält man sie für selbstverschuldet. Deshalb habe man dafür geradezustehen. Dies scheint der Preis für ein Leben zu sein, das in eigener Regie geführt werden darf.

Natürlich nimmt an solchen Selbstzuschreibungen des Misslingens, dem Steuerungs- und Kontrollverlust des Lebens die Selbstachtung spürbar Schaden. Die existenzielle Irritation, welche die Hilflosigkeit, Erschöpfung und das Verfehlen der erstrebten Ziele auslösen, beschämt und demütigt. Sie rufen Gefühle eigener Wertlosigkeit hervor, die sich bisweilen in nervöse Selbstablehnung und schmerzhafte Selbstanfeindung verkehren. Offenbar bringt die liberale Moderne genauso wie die islamische Welt mit ihren Männerüberhängen ganz spezifische Gefährdungen der Selbstachtung hervor. Nur was ist diese Selbstachtung überhaupt, die auch durch die liberale Moderne auf ganz spezifische Weise gefährdet wird?

Der Einzelne – wichtig oder nichtig?

Selbstachtung ist ein Problem, das jedermann angeht, und es wirft Fragen auf, die niemanden kaltlassen. In allen Gesellschaften gibt es Phänomene, welche die Selbstachtung des Einzelnen *praktisch* gefährden. Speziell in der säkularen Moderne gibt es überdies eine Reihe von Faktoren, welche die Selbstachtung zusätzlich *theoretisch* gefährden. Aber was ist Selbstachtung überhaupt? Worauf bezieht sich die Achtung vor uns selbst? Gibt es etwas im Menschen, das ihn auffordert, sich zu achten? Oder hat der Mensch vielmehr einen guten Grund, sich selbst zu verachten?

Achtung und Demut

Es gibt vielerlei Phänomene, die uns Achtung einflößen: ein alter Baum genauso wie ein gutes Buch oder schönes Kunstwerk. Darüber hinaus achten wir nicht nur die Vorfahrt oder auf unser Äußeres. Wir bringen auch dem Gesetz, dem Alter und den Gefühlen anderer Menschen unsere Achtung entgegen.

Mit anschaulichen Worten beschreiben Immanuel Kant und Friedrich Schiller Achtung als eine Haltung, die sich vor etwas „beugt"[17] oder „bückt",[18] das einen Eigenwert besitzt. Beiden zufolge ruft die praktische Vernunft oder das Sittengesetz solch eine Verneigung in unserem Geiste hervor. Kant spricht von ehrfürchtigem Erschaudern vor dem Sittengesetz in uns. Wer die Tiefen seines Selbst gründlich erforsche oder ihnen auch nur nachspüre, stoße unausweichlich auf sittliche Regeln, die uns Menschen vorschreiben, wie wir handeln sollen. Diese angeborenen Regeln bilden das Sittengesetz. Sie sind Teil der menschlichen Vernunft.

Ohne hier auf Details einzugehen, gemahnt das Sittengesetz zu selbstloser Rechtschaffenheit. Es weist gewissermaßen den Egoismus des menschlichen Eigeninteresses, die „Sinnlichkeit",[19] wie Kant schreibt, in die Schranken. Wo das Sittengesetz geachtet wird, dort verfolgt der Einzelne nicht mehr primär seinen eigenen Vorteil, sondern das Wohl seines Nächsten. Dementsprechend formuliert der Aufklärungsphilosoph: „Eigentlich ist Achtung die Vorstellung von einem Wert, der meiner Selbstliebe Abbruch tut."[20] Damit ist gemeint: Wer aus innerer Überzeugung sein Handeln am Sittengesetz ausrichtet, stellt die eigenen Interessen, Wünsche und Neigungen zum Wohl seiner Mitmenschen zurück. Doch ganz ausschalten lassen sich diese nicht. Denn der Mensch bleibt stets beides: sittliches Vernunftwesen und eigeninteressiertes Sinnenwesen. Infolgedessen ist der Kampf zwischen beiden „Seelen in unserer Brust" niemals abgeschlossen.

Je größer aber die Achtung vor dem Sittengesetz, umso größer die Einschränkung und Entwertung des auf eigenen Vorteil bedachten Sinnenwesens, das wir immer auch sind. Dabei sei es das Sittengesetz selbst, das die Achtung vor seinen Regeln im vernünftigen Menschen hervorrufe. Das Sittengesetz in uns besitze nämlich für einen vernünftigen Menschen eine solche Überzeugungskraft, dass er gar nicht anders als Achtung davor entwickeln könne. Allerdings gehe mit dieser Achtung zugleich ein Gefühl der „Demütigung" einher. Denn die sittliche Vernunft erniedrige unsere eigeninteressierte Sinnlichkeit, die wir ja nicht beliebig ausschalten können. So entlarvt die sittliche Vernunft unsere sinnliche Natur mit ihren egoistischen Neigungen und Wünschen als moralisch prekär und demütigt sie auf diese Weise.

In der Folge verbinden Kant und Schiller mit der Achtung vor dem Sittengesetz zwei weitere gegensätzliche Gefühle. Einerseits dürfen wir stolz auf uns sein, wenn es uns gelingt, unsere egoistische Sinnlichkeit erfolgreich zurückzudrängen. Andererseits besteht immer genug Anlass für eine unangenehme, „eher drückende Empfindung",[21] weil wir dieses Ziel nie vollständig erreichen. Da wir unsere sinnliche Natur mit ihren Wünschen und Neigungen nicht gänzlich außer Kraft setzen können, bezieht sich unsere Achtung vor dem Sittengesetz immer auf etwas, das

höher steht als wir selbst.[22] Darum gehört zur Achtung vor dem moralischen Gesetz stets auch ein Bewusstsein von der Geringfügigkeit unseres eigenen moralischen Werts. Selbst die moralisch Besten schneiden
Kant zufolge schlecht ab, wenn sie ihr Verhalten mit der moralischen
Vollkommenheit vergleichen. In diesem Sinne ruft das Achtung gebie-
tende Sittengesetz – außer dem genannten Gefühl der „Demütigung"
– zugleich ein Gefühl der „Demut" hervor. Darunter versteht Kant
eine „Einschränkung der großen Meinung von unserem moralischen
Wert durch die Vergleichung unserer Handlungen mit dem moralischen
Gesetz".[23]

Eine ähnliche Beobachtung wie Kant machte bereits David
Hume, demzufolge sich mit Achtung immer „ein gewisses Maß an
Niedergedrücktheit"[24] verbinde, die aus dem Vergleich der tadellosen
Eigenschaften moralisch vorbildlicher Person mit unserer eigenen Le-
bensweise herrühre.

Nun mag es sich oft so verhalten, dass mit der Achtung vor etwas
ein Bewusstsein persönlicher Unzulänglichkeit und Unterordnung einhergeht. Zwingend jedoch ist diese Vorstellung nicht. Denn selbstverständlich ist Wertschätzung auch ohne niederdrückende Unterlegenheitsgefühle möglich.

Nach Kant und Schiller gibt „das Wort Achtung allein den gezie-
menden Ausdruck der Schätzung"[25] für Menschenwürde wieder: „Achtung [ist] von der Würde unzertrennlich",[26] die beide für eine angeborene Eigenschaft des Menschen halten. Der Mensch soll seine Würde
achten.

Ideelle Sonderbestandteile

Der Grund zur Selbstachtung liegt Kant zufolge also in einem Sonderbestandteil der menschlichen Wesensnatur. Kant nennt diesen Teil unserer Existenz Sittengesetz und Vernunft. Im religiösen Erfahrungs-
bereich ist von Gottebenbildlichkeit die Rede. Der Mensch soll sich
achten, weil er Ebenbild Gottes ist. Dagegen sieht René Descartes,
17. Jahrhundert, den eigentlichen Grund zur Selbstachtung in der Willensfreiheit: „Ich bemerke in uns nur Eines, das uns einen wahren Grund
geben kann, uns selbst zu achten, nämlich der Gebrauch unseres freien

Willens und die Herrschaft, die wir über unser Wollen haben."[27] Alle
diese Konzepte haben eines gemeinsam: Sie gehen von einer substan-
ziellen Eigenschaft im menschlichen Selbst aus, die jedem einen guten
Grund geben soll, sich selbst zu achten. Solche ideellen Sonderbestandteile unserer Existenz wie Gottebenbildlichkeit, Willensfreiheit oder
Vernunftfähigkeit haben außer deskriptivem auch normativen Charakter. Damit ist gemeint: Der Mensch hat nicht nur eine höhere Wesensnatur, sondern aus seiner höheren Wesensnatur ergibt sich, dass er diese
und somit auch sich selbst als deren Träger achten soll.

Ähnlich wie Descartes gründet Samuel Pufendorf im 17. Jahrhundert die Selbstachtung auf die besondere Geistesverfassung des Menschen: „Der Mensch ist nicht nur ein auf Selbsterhaltung bedachtes
Lebewesen, ihm ist auch ein feines Gefühl der Selbstachtung eingege-
ben", notiert er.[28]

In die gleiche Richtung gehen ein Jahrhundert später die Ausfüh-
rungen Immanuel Kants, der zwar den Begriff Selbstachtung nicht gebraucht, dafür aber von „Achtung für sich selbst", „Achtung gegen uns
selbst", „moralischer Selbstschätzung" und „vernünftiger Selbstliebe"
spricht. Achtung vor sich selbst, Achtung vor dem Sittengesetz in uns
und Achtung vor der eigenen Fähigkeit zu moralischer Selbstbestimmung meinen bei Kant dasselbe. Denn als autonomes, freies Vernunftwesen bestimmt sich – Kant zufolge – der Mensch immer nach dem Sittengesetz; andernfalls wäre er ja nicht vernünftig. Da er aber zugleich
Sinnenwesen ist, wird er hiervon – wie dargelegt – immer wieder auch
abgehalten. Doch als freie moralische Person, befreit von allen sinnlichen Neigungen und Interessen, würde er nicht anders wollen, als sein
Dasein nach dem Sittengesetz zu bestimmen. Darum heißt das Sittengesetz zu achten dasselbe wie unsere moralische Autonomie zu achten.
Da Kant die personale Autonomie des Menschen von vornherein moralgebunden konzipiert, ist die Selbstachtung nicht zu trennen von der
Achtung vor dem Sittengesetz, in der sich der Mensch zugleich als der
vernünftige freie Autor dieses Gesetzes achtet. Als sittliches Vernunftwesen besitzt der Mensch nach Kant eine herausragende Würde, die
ihm Respekt vor sich selbst einflößt. Dabei bedeutet Würde für Kant
soviel wie einen absoluten, durch nichts aufzuwiegenden, eben unver-
rechenbaren Eigenwert zu haben.

Zusammenfassend: In der Neuzeit heißen die ideellen Sonderbestandteile, die dem Menschen eine besondere Würde und damit einen triftigen Grund zur Selbstachtung geben: Freiheit, Sittengesetz und Vernunft, die nach und nach an die Stelle der Gottebenbildlichkeit als Fundament menschlicher Selbstachtung getreten sind.

Auffälligerweise wird hier Selbstachtung ausschließlich auf ideelle Sonderbestandteile bezogen. Sie wird unabhängig von jeder sozialen Wertschätzung konzipiert, als ob die Anerkennung durch andere Menschen für das Urteil über sich selbst belanglos wäre. Zwar habe jeder von uns einen Anspruch darauf, von allen Vernunftwesen geachtet zu werden, wie man umgekehrt diese auch achten soll. Doch seien es allein die ideellen Sonderbestandteile mit herausragender Würde, die dem Einzelnen eine hohe Meinung von sich und allen anderen den nötigen Respekt vor einem selbst abverlangten. Auf diese Weise wird die Selbstachtung von jeder sozialen Wertschätzung losgelöst. Sie bleibt gleichsam ungetroffen von den Blicken, mit denen andere einen sehen.

Selbstachtung und Selbstwertgefühl

Seltsamerweise existiert nach dem Ende der traditionellen Metaphysik die Vorstellung von einem Selbstachtung ermöglichenden Sonderbestandteil ideeller Art bis heute unvermindert fort. Es ist das Bild des Menschen als einer sich selbst bestimmenden Person. Dieses Bild soll dem Einzelnen Achtung vor sich selbst einflößen, weil er als solche einen inneren Wert besitze. Mehr oder weniger ausdrücklich halten Rawls, Walzer, Margalit, Dworkin und andere Sozialphilosophen an dieser kantischen Idee fest, ohne sie von vornherein moralgebunden zu konzipieren.[29] Unter der Fähigkeit zur Selbstbestimmung verstehen sie in erster Linie das Vermögen, sein Leben nach eigenen Vorstellungen führen zu können. In diesem Zusammenhang wird häufig zwischen Selbstachtung (self-respect) und Selbstwertgefühl (self-esteem) unterschieden.

Die Selbstachtung wird auf den inneren Wert unserer Fähigkeit zur Selbstbestimmung bezogen. Nach Avishai Margalit ist das Antonym für Selbstachtung die Demütigung, die den inneren Wert einer Person anficht, indem sie deren Freiheit unberechtigterweise einschränkt oder aufhebt.

Im Gegensatz zur Selbstachtung soll das Selbstwertgefühl abhängig von den Werturteilen anderer Personen oder kulturellen, politischen, ökonomischen und rechtlichen Institutionen sein. Während sich also unsere Selbstachtung auf unseren Eigenwert bezieht, der auf unserer Freiheit beruhen soll, wird das Selbstwertgefühl vom Werturteil anderer Menschen über uns bestimmt. Unsere Alltagssprache kennt diese künstlich anmutende Unterscheidung nicht. Dennoch besitzt sie eine gewisse Plausibilität, hängt doch das Selbstwertgefühl einer Person tatsächlich stark von der Resonanz seiner sozialen Umwelt ab – Liebe, Zuneigung, Anerkennung oder Lob. Am wichtigsten hierfür ist vermutlich die Wertschätzung durch Personen, die einem besonders nahe stehen, darüber hinaus aber auch beruflicher Erfolg und für Stars die Bewunderung durch ihre Fans, die sie als Idole verehren. Das Antonym für Selbstwertgefühl ist nach Margalit die Kränkung, welche die Selbstschätzung eines Menschen auszuhöhlen vermag.

Nun ist den zeitgenössischen Ethikern, die zwischen Selbstachtung und Selbstwertgefühl unterscheiden, keineswegs entgangen, dass mangelnde soziale Wertschätzung nicht nur das Selbstwertgefühl, sondern auch die Selbstachtung angreifen kann. Nicht erst Folter, Armut, Entrechtung, sondern bereits herablassende Gesten, leicht abfällige Bemerkungen, ein dümmlich belehrender Tonfall oder Spott können als kränkend und demütigend empfunden werden. Es fällt uns schwer, solche Behandlungen nicht auf solche Weise zu empfinden. Sie greifen unser Selbstwertgefühl und unsere Selbstachtung an, die wir dann oftmals nicht mehr aufrechterhalten können. Das Leiden an der öffentlichen Diskriminierung, Schändung und Entrechtung, aber auch schon an der abwertenden Äußerung, dem verächtlichen Blick und der ungerechtfertigten Herabsetzung, die einen in den Augen seiner Mitmenschen schlecht dastehen lassen, können durchaus Selbstwertgefühl und Selbstachtung überfordern. Hier fällt es schwer, eine genaue Trennlinie zwischen beiden Selbstverhältnissen zu ziehen.

Dennoch hat diese Unterscheidung eine gewisse Überzeugungskraft, wie schon einfache Beispiele beweisen: Wie viele Schwarze fühlten sich durch Hinweise, die ihnen etwa Sitzplätze in öffentlichen Verkehrsmitteln verweigerten, in ihrem Selbstwertgefühl gekränkt, ohne sich zugleich in ihrer Selbstachtung gedemütigt zu sehen, weil sie von ihrem ideellen Eigenwert überzeugt blieben. Umgekehrt glauben viele, dass es mit der Selbstachtung des Menschen unvereinbar sei, Vorteile, Bewunderung und Freundschaft durch unterwürfige Kriecherei zu erschleichen, obgleich sie möglicherweise dem Aufbau eines starken Selbstwertgefühls dienlich sein kann. So verhalten sich manche Menschen hilfsbereit und großzügig, nur um gemocht und bestaunt zu werden, andere hingegen fast bedingungslos gehorsam finanzieller Geschenke wegen. Solche Anbiederungen widersprechen zwar der Selbstachtung. Gleichwohl nehmen Menschen solche Selbsterniedrigungen freiwillig auf sich, weil sie ihnen zu einer höheren gesellschaftlichen Stellung, einem besseren Lebensstandard oder größeren Ansehen bei anderen verhelfen, wodurch sie ihr Selbstwertgefühl heben können.

Solche und zahlreiche ähnliche Beispiele verstärken die Plausibilität der Unterscheidung zwischen Selbstachtung und Selbstwertgefühl. Die Selbstachtung bezieht sich auf den inneren Wert, ideellen Sonderbestandteil des Menschen, der in der Neuzeit meistenteils mit seiner Fähigkeit zur Selbstbestimmung gleichgesetzt wird; eine Demütigung stellt diesen inneren Wert in Frage oder Abrede.[30] Dagegen bezieht sich das Selbstwertgefühl entweder auf natürliche Eigenschaften wie etwa Intelligenz, Freundlichkeit und Attraktivität oder auf besondere wie auch scheinbare Leistungen kultureller, sportlicher, wissenschaftlicher und sonstiger Art, sofern sie andere wertschätzen; im Gegensatz hierzu liegt eine Kränkung in der Abwertung eines Menschen als dumm, hässlich oder gemein.

Wohlgemerkt rühren die Gefühle der Kränkung und Demütigung nur teilweise von der Tatsache her, dass solche negativen Einstufungen dem Einzelnen den Status, eine gleichberechtigte Person zu sein, streitig machen, wie man leicht annehmen könnte. Die Ungleichheit ist es nicht allein und teilweise überhaupt nicht, die Gefühle der Erniedrigung hervorruft, sondern vielmehr die Entwertung und Verachtung für sich betrachtet.

Ausgehend von der zunächst plausiblen Unterscheidung zwischen Selbstachtung und Selbstwertgefühl erscheint es jedoch als rätselhaft, wie eine für das Selbstwertgefühl konstitutive Wertschätzung durch andere Menschen zugleich für die Selbstachtung von Bedeutung sein kann, wenn hierfür doch lediglich der ideelle Sonderbestandteil zuständig ist. Andersherum gefragt: Wie kann sich eine Kränkung zur Demütigung erweitern, wenn eine strikte Trennlinie zwischen Selbstachtung und Selbstwertgefühl verläuft? Zur Erklärung dieses Phänomens muss eine gewisse Durchlässigkeit zwischen beiden Selbstverhältnissen angenommen werden. Jedenfalls bedrohen Verachtung und Missachtung nicht nur das Selbstwertgefühl, sondern erschüttern oft ebenfalls das Bewusstsein vom inneren Wert der eigenen Existenz, auf den sich die Selbstachtung bezieht. Auf diese Weise greift das eine gewissermaßen auf das andere über. Meistens vermag sich nur zu achten, wer auch von anderen geachtet wird, während das Umgekehrte häufig nicht zutrifft, wie einschlägige Untersuchungen zeigen.[31] Denn es ist keineswegs so, wie man leicht vermuten könnte, dass, wer sich selbst achtet, auch andere besser zu achten vermag.

Nun drängt sich allerdings die bange Frage auf, ob der Mensch überhaupt einen Selbstachtung ermöglichenden Eigenwert, das heißt ideelle Sonderbestandteile besitzt, wie nach wie vor zahlreiche Sozialphilosophen, zumeist an Kant anknüpfend, behaupten.

Selbstverkleinerung des Menschen

Welchen triftigen Grund haben wir, uns selbst zu achten? Solange die Vorstellung von einem ideellen Sonderbestandteil mit eigener Würde im Menschen unangefochten galt, erübrigte sich diese Frage. Inzwischen hat sie jedoch an beunruhigender Dringlichkeit gewonnen. Es sind mittlerweile große Zweifel an einer ideellen Wesensnatur des Menschen entstanden. Die Skepsis ist groß, ob der Mensch substanzielle Eigenschaften mit normativer Bedeutung besitzt. Die modernen Wissenschaften und die säkulare Kultur sind damit nicht mehr ohne weiteres vereinbar. Dann aber wäre die Selbstachtung nicht mehr nur praktisch, sondern ebenso theoretisch gefährdet.

Der religiöse Kahlschlag der säkularen Moderne schottet den Betriebsablauf der Natur immer dichter nach oben ab. Die Dank- und Bittgebete der Menschen haben ihre zustellbare Adresse verloren. Heute müssen wir nicht nur mit dem Ende der Metaphysik, sondern auch mit dem Naturalismus fertig werden: Der Mensch scheint nicht der vornehmste Buchstabe im Buch der Natur zu sein. Der kosmische Wert des Einzelnen wurde inzwischen fast auf den Nullpunkt heruntergepegelt. Der Mensch ist ein kosmologisch flüchtiges, evolutionsbiologisch unbeabsichtigtes und neurophysiologisch abhängiges Vorkommnis in einem sinnleeren Weltall. Er ist ein vergängliches Stück um sich selbst bekümmerte Natur in einer um ihn unbekümmerten Welt, entstanden aus den stummen Wirbeln einer ungerichteten Naturgeschichte, beherrscht von anonymen Naturmächten wie Genen, Neuronen und Botenstoffen.

Solange der Adel des Geistes, die menschliche Gottebenbildlichkeit und Vernunftfähigkeit, unumstritten waren, besaß der Einzelne einen stichhaltigen Grund, sich zu achten. Doch in einer säkularen Gesellschaft mit naturwissenschaftlichem Lebens- und Weltverständnis haben diese höheren Gründe zur Selbstachtung stark an Plausibilität verloren. Wenn der seiner religiösen Bedeutung entkleidete Sternenhimmel nur noch die Unerheblichkeit des Menschen zum Vorschein bringt, dann ist die Selbstachtung des Menschen theoretisch in Frage gestellt. Denn wie soll der Einzelne als schmalnasiges Säugetier, emporgewirbelt aus einem zweckfreien Naturgeschehen, nun noch Achtung vor sich selbst entwickeln können?

Bereits Friedrich Nietzsche erkannte dieses Problem: „Welche Vorteile bot die christliche Moral-Hypothese? Sie verlieh dem Menschen einen absoluten Wert, im Gegensatz zu seiner Kleinheit und Zufälligkeit im Strom des Werdens und Vergehens." Indem das Christentum den Menschen als Ebenbild Gottes und Krone der Schöpfung adelte, „verhütete [es], dass der Mensch sich als Menschen verachtete, dass er gegen das Leben Partei nahm".[32] Auf diese Weise sicherte das Christentum die Achtung des Menschen vor sich selbst.

Allerdings hat dieses religiöse Bekenntnis inzwischen nicht bloß einen Teil von seiner Überzeugungskraft eingebüßt, sondern damit zusammenhängend haben die modernen Naturwissenschaften auch eine gewisse Vormachtstellung erlangt. Diese brachten einen Prozess in Gang, der auf eine ungeheure „Selbstverkleinerung des Menschen" hinausläuft. Am Ende dieser Entwicklung steht die nüchterne Erkenntnis: „Ach, der Glaube an seine Würde, Einzigkeit, Unersetzlichkeit in der Rangfolge der Wesen ist dahin – er ist Tier geworden, Tier, ohne Gleich-

nis, Abzug und Vorbehalt, er, der in seinem früheren Glauben beinahe Gott (Kind Gottes, Gottmensch) war. [...] Alle Wissenschaft (und
keineswegs nur die Astronomie, über deren demütigende und herun-
terbringende Wirkung Kant ein bemerkenswertes Geständnis gemacht
hat, 'sie vernichtet meine Wichtigkeit'), alle Wissenschaft [...] ist heute
darauf aus, dem Menschen seine bisherige Achtung vor sich selbst auszureden, wie als ob dieselbe Nichts als ein bizarrer Eigendünkel gewesen sei." Weit davon entfernt Selbstachtung zu ermöglichen, führen
die demütigenden Erkenntnisse der modernen Naturwissenschaften den
Menschen sogar zur „Selbstverachtung", meint Nietzsche.[33]

Wenige Jahrzehnte später formuliert Sigmund Freud die wohl bekannteste Entwertung des Menschen durch die Wissenschaften: „Zwei
große Kränkungen ihrer naiven Eigenliebe hat die Menschheit im Laufe
der Zeit von der Wissenschaft erdulden müssen. Die erste, als sie erfuhr,
dass unsere Erde nicht der Mittelpunkt des Weltalls ist [...]. Die zweite
dann, als die biologische Forschung [...] ihn auf die Abstammung aus
dem Tierreich [...] verwies [...]. Die dritte und empfindlichste Kränkung aber soll die menschliche Größensucht durch die heutige psychologische Forschung erfahren, welche dem Ich nachweisen will, dass es
nicht einmal Herr ist im eigenen Hause."[34]

Seit Freud wird der Katalog der Kränkungen durch das Wissen immer wieder erweitert. Rudolf Carnap zählt bereits sechs Kränkungen
auf: „Durch Kopernikus wurde der Mensch aus der Erhabenheit seiner
zentralen Stellung im Weltall verstoßen; durch Darwin wurde ihm die
Würde des übertierischen Sonderwesens geraubt; durch Marx wurden
die Faktoren, durch die der Geschichtsverlauf kausal zu erklären ist, aus
der Sphäre der Ideen in die des materiellen Geschehens herabgezogen;
durch Nietzsche wurden die Ursprünge der Moral ihres Nimbus entkleidet; durch Freud wurden die Faktoren, aus denen die Vorstellungen
und Handlungen des Menschen kausal zu erklären sind, in dunkle Tiefen, in niedere Regionen verwiesen [...]. Nun soll die Psychologie [...]
zu einem Teil der Physik herabgewürdigt werden."[35]

Mittlerweile sind noch weitere Beispiele hinzugekommen. Sie alle
verstärken die Zweifel daran, ob ein flüchtiges, nichtiges, weitgehend
ohnmächtiges schmalnasiges Säugetier, das sich bisweilen selbst als
„Niemand" anspricht, noch Achtung vor sich selbst entwickeln kann.

Gibt es stattdessen nicht viel mehr gute Gründe, sich selbst zu verachten, wie Nietzsche meint?

Vermutlich wird die wissenschaftliche Herabsetzung des Menschen zum „Niemand" aber von den meisten gar nicht als demütigend empfunden. Im Alltag jedenfalls bleibt die Selbstachtung von solchen theoretischen Infragestellungen weitgehend unbeeindruckt. Dies hängt nicht bloß damit zusammen, dass die meisten Menschen hierüber nur wenig wissen. Denn wüssten sie mehr hierüber, wären die theoretischen Einwände trotzdem fast bedeutungslos für ihre alltägliche Selbstachtung. Sie blieben für sie einfach irrelevant. Woran liegt das? Was macht die alltägliche Selbstachtung so robust, dass theoretische Infragestellungen ihr kaum etwas anhaben können?

Das ist eine spannende Frage, die geklärt werden muss. Nur darf sie nicht darüber hinwegtäuschen, dass die alltägliche Selbstachtung, so robust sie sein mag, dennoch unberechtigt sein könnte. Wenn der Mensch wirklich nichtig, ohnmächtig und unerheblich ist, fehlen wichtige Voraussetzungen, unter denen seine Selbstachtung plausibel und gültig werden kann. Natürlich kann man subjektiv zur Selbstachtung sogar dann fähig sein, wenn sie objektiv jeder soliden Grundlage entbehrt. Nur hinge sie in diesem Falle unbegründet und haltlos in der Luft. Angesichts unserer kosmischen Nichtigkeit, evolutionsbiologischen Unwahrscheinlichkeit und biophysischen Abhängigkeit scheint die in *praktischer* Beziehung fürs Scheitern anfällige Selbstachtung tatsächlich auch *theoretisch* ohne solides Fundament zu sein. Aus wissenschaftlich-theoretischer Sicht gibt es offenbar nur wenig gute Gründe, sich selbst zu achten.

Menschenwürde und Selbstachtung

In der Gegenwart spitzt sich die Problemlage auf paradoxe Weise zu: Je brüchiger die praktischen und theoretischen Voraussetzungen zur Selbstachtung werden, umso wichtiger wird diese selbst, weil bloß sie uns überhaupt noch Wert und Würde verleihen kann. Nur die Selbstachtung bleibt. Aber welchen überzeugenden Grund sollte der Mensch als unerhebliches Stück Natur haben, sich selbst zu achten? Einerseits scheinen ihm seine kosmische Unerheblichkeit und Abhängigkeit von Genen, Neuronen und Botenstoffen jede Berechtigung hierfür zu nehmen. Andererseits ist gerade in einer liberalen und säkularen Gesellschaft die Menschenwürde nurmehr als Selbstachtung vorstellbar.

Nur die Selbstachtung bleibt

Wer Sinn fürs Feierliche hat, kann aus dem Rascheln hohler Worte leicht einen geheimnisvollen Klang heraushören. Die Idee vom absoluten Wert des Menschen, die Menschenwürde, steht im Verdacht, eine solch klangvolle Worthülse zu sein. Nach herkömmlicher Auffassung kommt dem Einzelnen schon aufgrund seines Menschseins und unabhängig von seinem Verhalten und den Verhältnissen, in denen er lebt, ein absoluter, idealer Wert zu. Der Mensch gilt als Wert an sich. Für gewöhnlich wird diese Vorstellung religiös-christlich oder vernunftphilosophisch begründet: Als Ebenbild Gottes oder Vernunftwesen soll der Mensch eine herausragende Würde besitzen.

Allerdings stecken diese traditionellen Würdeauffassungen mittlerweile in einer tiefen Plausibilitätskrise. Für die Idee der Würde als abstrakter Wesenseigenschaft des Menschen fehlt jede allgemeingültige Begründung. Hierbei bedeutet Wesenseigenschaft soviel wie Wert an sich. Dieser wird herkömmlicherweise auf ideelle Sonderbestandteile wie seine Gottebenbildlichkeit oder Vernunftfähigkeit zurückgeführt, die bereits im vorherigen Kapitel als normative Bezugspunkte der Selbstachtung zurückgewiesen wurden. Genauer betrachtet wurde damit auch der Wesenswürde ihr Fundament entzogen.

Jedoch bleibt hiervon die Idee der Menschenwürde als eines konkreten Gestaltungsauftrags unangetastet. Danach ist Menschenwürde zwar keine natürliche Vorgabe, aber als ethische Aufgabe bleibt sie erhalten: „Die Würde des Menschen. Nichts mehr davon. Ich bitt' euch. Zu essen gibt ihm, zu wohnen. Habt ihr die Blöße bedeckt, gibt sich die Würde von selbst", schreibt Friedrich Schiller.[36] Verallgemeinert gesprochen hängt Würde vorrangig von den gesellschaftlichen Verhältnissen ab, in denen man lebt, und dem Verhalten des Einzelnen zu sich und seinesgleichen.

Unstrittig gehört zu einem menschenwürdigen Dasein, sein Leben nach eigenen Vorstellungen führen zu können, satt zu essen zu haben und Ähnliches mehr. In diesem Zusammenhang wird die Menschenwürde gerne mit den verwirklichten Menschenrechten gleichgesetzt. Genauer betrachtet hat diese Charakterisierung der Menschenwürde als bloße Zusammenfassung der Menschenrechte aber bereits ihre ursprüngliche Bedeutung aufgegeben, Wesensmerkmal des Menschen zu sein. Denn üblicherweise werden die Menschenrechte auf die Menschenwürde gegründet, ja aus ihr herausgeholt und abgeleitet. Selbstredend setzt eine solche Verankerung die Würde als Wesensmerkmal voraus. Erst nach deren Fortfall lässt sich die Menschenwürde nur noch als bloße Überschrift über den Menschenrechten vorstellen.

Allerdings wirft dieser bescheidene Gebrauch des Würdebegriffs die berechtigte Frage auf, ob hierdurch die Idee der Würde nicht gänzlich überflüssig wird, da sie den Menschenrechten nichts Neues hinzuzufügen scheint. Aus diesem Grund greifen einige Würdeskeptiker, die auf den Würdebegriff nicht völlig verzichten möchten, auf die jüngere deutsche Geschichte zu ihrer Ehrenrettung zurück. Hiernach soll das höchste Rechtsprinzip die Abkehr unseres Staates von der nationalsozialistischen Diktatur markieren. Die Würde soll zum Ausdruck bringen, dass der Mensch nicht beliebig mit seinesgleichen umgehen darf.

Doch so bedeutsam diese geschichtliche Einordnung ist, als Rechtfertigung für die Beibehaltung der Würdeidee im Rechtssystem genügt solcher Hinweis kaum. Wenn sich der Würdebegriff nicht gänzlich auflösen soll, darf er nicht einfach mit den Menschenrechten identifiziert werden. Es ist ihm ein spezieller Sinn zu unterlegen, der zwar mit den Menschenrechten zusammenhängen, nicht aber darin aufgehen darf. Erst dann wäre die Menschenwürde mehr als nur eine Kurzfassung der Menschenrechte. Sonst laufen die Menschenrechte der Würde den Rang ab. Sie würden ihr die Vorherrschaft streitig machen. Da nun aber mit der Zurückweisung ideeller Sonderbestandteile das tragende Fundament der Wesenswürde bereits zerstört wurde, ist die Menschenwürde bestenfalls als Gestaltungsauftrag möglich. Jedoch kann ein Gestaltungsauftrag – wie etwa die ethische Aufforderung, sich für die Freiheit und das Wohlergehen seiner Mitmenschen einzusetzen – nicht schon die Menschenwürde selbst sein, sondern allenfalls der Wegweiser dorthin. Erst als Ziel- und Fluchtpunkt dieses Gestaltungauftrags ist die Menschenwürde etwas Eigenständiges. Die Frage ist nur, was?

Wesenswürde hieß, der Mensch stellt einen Wert an sich dar. Diese Idee wurde als nicht verallgemeinerbar und unwahrscheinlich verworfen. Aber selbst wenn der Mensch keinen Wert an sich besitzt, behält doch sein Leben einen Wert für ihn selbst. Noch der kläglichste Mensch hat seinen Stolz und kann es normalerweise nur schwer ertragen, von anderen verachtet zu werden. Er setzt sich zur Wehr, wenn das Leben zuschlägt und ihm ins Gesicht spuckt. Er revoltiert gegen sein empörendes Schicksal, mit dem er sich nicht abfinden möchte, weil er das Leben für wert hält, gelebt zu werden. Aber er resigniert auch über sein Schicksal, wenn er es nicht ändern kann und sich ihm ergeben muss. Bei alldem ist der Wunsch groß, nicht kriechen zu müssen, sondern aufrecht gehen zu können. Mit anderen Worten: Erfüllung des Gestaltungsauftrags bedeutet soviel wie Selbstachtung zu ermöglichen.

Natürlich sollte ein Notleidender in erster Linie zu essen bekommen, weil er Hunger hat, und seine Freiheit genießen dürfen, um sich nach eigenen Vorstellungen entfalten zu können. Doch sind Freiheit und Wohlergehen auch wesentliche Voraussetzungen, um sich besser

achten zu können. Ohne Rückgriff auf höhere Wesensbegriffe wie Gottebenbildlichkeit oder Vernunftfähigkeit lässt sich die Selbstachtung
problemlos in den Rang der Menschenwürde erheben. Sie ist deren
wichtigstes Vermächtnis.

Dies ist keine willkürliche Sinnzuschreibung, wie man vielleicht
mutmaßen könnte. Denn genauer betrachtet bleibt die Idee der Selbstachtung übrig, wenn man die Wesenswürde ihrer überholten Bestimmungen wie Gottebenbildlichkeit und Vernunftfähigkeit entkleidet.
Anders formuliert behält das Leben auch dann einen Wert für den Einzelnen, wenn das Gewand „Wert an sich" von seinem Dasein abge-
streift wurde. Selbstachtung ist eine Schwundstufe der Wesenswürde.
Wo man sich selbst achtet, erkennt man seinem Dasein einen „Wert
für sich" zu. Die Selbstachtung ist der gesuchte Ziel- und Fluchtpunkt
des persönlichen, politischen und rechtlichen Gestaltungsauftrags in
unserer liberalen und säkularen Gesellschaft. Den Gestaltungsauftrag
zu erfüllen heißt, Voraussetzungen zu schaffen, unter denen es dem
Einzelnen möglich ist, sich selbst zu achten. Nach dieser Deutung der
Würde als Selbstachtung verbeugt sich der Mensch nicht vor sich, weil
er schon Würde besitzt, sondern er verneigt sich vor sich, um sich hierdurch überhaupt erst Würde zu verleihen. Würde konstituiert sich erst
da, wo sie respektiert wird.

Nun mag die Menschenwürde nur noch als Selbstachtung denkbar
sein. Damit jedoch ist noch nicht die Frage beantwortet, wie sich das
schmalnasige Säugetier Mensch überhaupt achten kann.

Was heißt Selbstachtung?

Aus kosmologischer Perspektive ist der Einzelne ebenso unwahrscheinlich wie unerheblich. Aus evolutionsbiologischer Sicht existieren wir
alle zufällig. Dennoch ist jeder von uns da. Niemand fehlt. Wir sind gewissermaßen vollzählig. Mag das Leben aus der Außenperspektive als
nichtig erscheinen, aus der Innenperspektive ist für den Einzelnen
nichts wichtiger als das eigene Leben. An sich ist der Mensch wahrscheinlich bedeutungslos, für sich jedoch bleibt er bedeutsam. Was ein
wertvolles Leben ist, lässt sich nicht allein aus der Perspektive unbetei-

ligter Beobachter beurteilen oder vorwegnehmen – es erschließt sich vor allem als Erfahrungsgehalt eines individuellen Daseins.

Ähnlich trifft es zweifellos zu, dass wir in vielerlei Beziehung abhängig und ohnmächtig sind. Jeder steht nur mittelbar über Neurone, Gene und Botenstoffe in einem Verhältnis zu sich selbst. Doch wird hierdurch keiner davon entlastet, sein Leben selbst zu führen, das ihm von nichts und niemandem abgenommen werden kann. Paradox formuliert wird der Einzelne von seinen Neuronen, Genen und Botenstoffen in Fragen der konkreten Lebensführung und Wertorientierung im Stich gelassen. Jeder muss für sich entscheiden, wie er leben möchte, auch wenn man die Frage, als was man sich verstehen will, gemeinschaftlich mit anderen beantwortet. „Da tritt kein anderer für ihn ein, auf sich selber steht er da ganz allein", heißt es im „Reiterlied" von Friedrich Schillers *Wallenstein*.[37] So mag der Mensch an sich ein „Niemand" sein, für sich selbst bleibt er doch ein „Jemand", der nicht als bloßes „Etwas" betrachtet und behandelt werden möchte.

Gleichfalls mögen der moderne Individualismus und die heutige Arbeitswelt viele von uns überfordern, so dass einige glauben, fast nichts mehr wert zu sein. Trotzdem messen die meisten ihrem Leben ein Gewicht bei, weshalb sie auch weiterhin als „Jemand" geachtet und nicht als Lust- und Leistungsmaschine behandelt werden möchten. Im Alltag lässt sich das Bewusstsein, „Jemand" zu sein, nicht an anonyme Naturvorgänge oder Betriebssysteme abtreten, ohne sich hiermit selbst aufzugeben.

Um „Jemand" sein zu können, benötigt man aber keine Achtung gebietenden Sonderbestandteile ideeller Art wie Gottebenbildlichkeit oder Vernunftfähigkeit. Denn „Jemand" zu sein heißt lediglich, sich selbst ernst zu nehmen und damit verbunden, den Anspruch zu erheben, auch von anderen ernst genommen zu werden. Jedoch welches Motiv sollte der Einzelne – losgelöst von der Anerkennung durch Andere – haben, an seiner Selbstachtung festzuhalten, wenn es nichts Wertvolles an seinem Leben gibt, worauf sich seine Selbstwertschätzung beziehen könnte? Warum sollte man sich selbst achten, wenn die natürliche und soziale Welt jeden triftigen Grund hierzu verweigert?

Sein Leben ernst zu nehmen oder sich selbst zu achten, also „Jemand" zu sein, bedeutet, seinem Dasein einen Wert beizulegen, den es an sich gar nicht hat. Denn es gibt nichts Wertvolles an sich. Werte ergeben sich immer erst aus einer Zuschreibung. Wir selbst verleihen den Dingen außer uns und den Zuständen in uns solche Prädikate wie schön, gut und wertvoll. Genauso unterziehen wir das eigene Dasein einer Bewertung. Wir allein können ihm einen Wert zuerkennen.

Selbst der in die verwissenschaftlichte Natur zurückgestoßene Mensch bleibt der Reflexion über Wert, Unwert und Wertlosigkeit fähig. Hierbei erweist sich Selbstachtung als ein Selbstverhältnis, in dem wir so zu uns Stellung nehmen, dass wir dem eigenen Dasein entweder einen „Wert an sich" oder lediglich einen „Wert für uns" zuerkennen. Der Wert an sich wurde bereits ausgeschlossen, weil hierfür ideelle Sonderbestandteile in Anspruch genommen werden müssten. Trotzdem hat das Leben aber für uns einen Wert.

Sich selbst zu achten bedeutet, sein Dasein als Achtung gebietend zu bewerten und trotz aller Strapazen für sich als wertvoll zu bejahen. Dies wiederum bedeutet soviel wie das eigene Leben im Bewusstsein seiner Beschwerlichkeit (praktische Gefährdung) und seiner Bedeutungslosigkeit (theoretische Gefährdung) dennoch für der Mühe wert zu halten, die es einem selbst und anderen bereitet. Wie ein „Verhalten größter Bewunderung wert" zu sein vermag, so kann das Leben *der* Mühe wert sein. Hiernach *verdient* das Leben, dass man sich damit Mühe gibt. Tatsächlich leben wir gewöhnlich so, als ob es sich *lohne*, sich für das Leben Mühe zu geben. Wie man „Rom für eine Reise wert" hält, so hält man das Leben für *die* Mühen wert, die man dafür aufbringt. Demnach verdient das Leben die Mühen, weil sich die Mühen für uns lohnen. Das Leben ist also *der* Mühen wert, weil es *die* Mühen wert ist. In den Mühen, die wir auf das Leben verwenden und verschwenden, liegt der Keim aller Selbstachtung. Man achtet sich nicht, weil man bereits einen Wert hat, sondern damit man einen Wert bekommt!

Rätselhafte Selbstachtung

Allerdings drängt sich die Frage auf, warum wir unser Leben überhaupt für den Aufwand wert halten möchten. Woher kommt die Kraft hierfür?

Einerseits ergibt sich diese merkwürdige Frage aus dem Verlust der Achtung gebietenden Wesensnatur des Menschen, der Verabschiedung seiner ideellen Sonderbestandteile wie Gottebenbildlichkeit und Vernunftfähigkeit, aus denen sich ein normativer Anspruch auf Selbstachtung ohne weiteres ableiten ließ. Dem rein biologischen Leben indes fehlt jeder normative Anspruch. Hier wie sonst gilt: Wo nichts drinsteckt, da kann auch nichts herauskommen. Allein die Lebensform enthält noch keine Lebensnorm!

Andererseits klingt diese Frage befremdlich, weil wir unser alltägliches Leben für gewöhnlich ohne bewusstes Nachdenken für den Aufwand wert halten, den es für uns und andere darstellt. Obwohl gerade im Alltagsleben die Selbstachtung eine große Rolle spielt, spüren wir sie gerade hier oftmals kaum.

Dennoch hat jeder Einzelne ein Bild von sich (self-image). Irgendetwas denkt doch jeder über sein Leben. Jeder sieht oder versteht sich auf bestimmte Weise, ohne sich dessen immer bewusst zu sein. Mit dieser vorreflexiven Selbstwahrnehmung geht häufig eine fast unmerkliche Wertschätzung der eigenen Person einher, in der das Selbstbild tendenziell positiv bewertet wird. Dieses intime Selbstwerterleben setzt kein explizites Verständnis voraus. Es kann aber reflektiert und thematisiert werden. Selbstachtung ist eine elementare Tatsache, die weder einer philosophischen Reflexion noch einer ausdrücklichen Zustimmung bedarf. Dem widerspricht nicht, dass manche Menschen sich nicht sonderlich mögen und Lob, Anerkennung oder Dank kaum aushalten. Einigen fällt es aus falscher Bescheidenheit oder Unsicherheit schwer, Komplimente anzunehmen. Aber mögen sie sich häufig auch nicht gut genug fühlen und sich weder für liebenswürdig noch für leistungsfähig halten, trotz aller Minderwertigkeitskomplexe haben gewöhnlich selbst sie ihren Stolz.

Doch wie lässt sich diese implizite Selbstachtung überhaupt ermitteln, wenn sie vorbewusst bleibt? Empfinden die Menschen tatsächlich Achtung vor sich mit fragloser Selbstverständlichkeit? Dass es die implizite Selbstachtung gibt, wird nirgendwo eindrücklicher erfahrbar als in der Grenzsituation ihrer Verletzung. Obwohl die eigene Selbstwertschätzung noch nie zuvor gespürt und niemals bisher über Selbstachtung nachgedacht wurde, fühlt man sich durch herablassende Gesten, hämischen Spott oder üble Beschimpfungen auf einmal in seiner Selbstachtung verletzt. Genauer betrachtet können solche Erfahrungen nur deshalb als Verletzung der Selbstachtung empfunden werden, weil es sie zuvor bereits gab. Allerdings zerstören solche Infragestellungen nicht gleich das Bewusstsein vom eigenen Wert. Dieses wird nicht unweigerlich dadurch erschüttert, dass man von anderen verhöhnt oder anderweitig entwertet wird. Wir fühlen uns nicht sofort wertlos, nur weil wir nicht alles hinbekommen oder die Dinge schlecht laufen. Wohl die wenigsten halten sich nur dann für wertvoll, wenn sie Höchstleistungen erbringen oder sozial erwünschte Eigenschaften wie gutes Aussehen, Hilfsbereitschaft oder Fachkompetenz besitzen. Das Leben behält für uns auch ohne solche Qualitäten und Qualifikationen einen Wert.

Damit aber wird die rätselhafte Selbstachtung noch rätselhafter. In der fraglosen Selbstwertschätzung, die das alltägliche Leben geradezu unmerklich trägt, scheint es eine elementare Selbstwertschätzung zu geben, die nichts mit Berufsstatus, Leistungserfolg oder Aussehen zu tun hat. Andernfalls könnte sich der Durchschnittsbürger, in dessen Leben fast immer einiges schiefläuft, nicht mit fragloser Selbstverständlichkeit achten, was jedoch die meisten zweifellos tun. Selbstachtung scheint zwar dem Maße nach verschieden, aber in der allgemein-menschlichen Veranlagung keimhaft vorhanden zu sein. Sie ist nicht bloß ein soziales Artefakt oder kulturelles Konstrukt. Nach Lage der Dinge gibt es ein ursprüngliches Selbstwerterleben, das allen sozialen Vergleichen und Rückmeldungen vorgelagert ist. Hiermit sei zwar nicht bestritten, dass gesellschaftliche Anerkennungen das fraglose Selbstwerterleben beeinflussen. Doch müssen beide Bereiche auseinandergehalten werden. Nur, woher kommt diese rätselhafte Selbstachtung, wenn sie sich weder auf ideelle Sonderbestandteile noch auf gesellschaftliche Wertschätzungen stützt? Sie kann doch nicht einfach da sein und auf nichts gegründet werden.

Wie ist Selbstachtung möglich?

Im Alltagsleben gibt es eine fraglose Selbstachtung, der eine ursprüngliche Selbstwertschätzung zugrunde liegt, die nichts mit sozialer Anerkennung, körperlicher Attraktivität, beruflichem Erfolg oder hohem

Intelligenzquotient zu tun hat. Näher betrachtet erwächst diese ursprüngliche Selbstachtung aus dem Selbsterhaltungsstreben, wie es die Evolutions- und Soziobiologen beschreiben. Hier liegt die gesuchte Quelle sowohl der elementaren Selbstwertschätzung als auch ihrer fraglosen Selbstverständlichkeit. Demnach ist die gesuchte Bezugswissenschaft zur Ergründung der fraglosen elementaren Selbstachtung weder die Theologie oder Vernunftphilosophie mit ihrer Annahme ideeller Sonderbestandteile noch die Soziologie mit ihren Versuchen, alle Selbstachtung auf verschiedene Formen sozialer Anerkennung zurückzuführen. Die gesuchte Bezugswissenschaft ist die Biologie.

Albert Camus schreibt: „Es gibt nur ein wirklich ernstes philosophisches Problem: den Selbstmord. Sich entscheiden, ob das Leben es wert ist, gelebt zu werden oder nicht, heißt auf die Grundfrage der Philosophie zu antworten."[38] Dieser Gedanke ist zwar stimmig und verständlich. Dennoch befasst er sich mit einem Scheinproblem, weil für gewöhnlich der Einzelne durch sein Selbsterhaltungsstreben von dieser Frage entlastet wird. Normalerweise hängt der Mensch von Natur aus am Leben und richtet geradezu automatisch seine Kräfte auf die eigene Erhaltung. Dabei bejaht jeder Einzelne sein Dasein für sich als wertvoll. Er hält sein Leben für der Mühe wert. In Abwandlung eines Ausspruchs von Georg Simmel kann daher festgehalten werden: Bewusstes Leben ist als Drang nach mehr Leben mehr als Leben, nämlich zugleich ein Wert für das Leben selbst.

Vermutlich lassen sich nicht noch tiefere Voraussetzungen freilegen, unter denen sich die Selbstachtung entwickelt. Fest steht, dass bewusstes Leben ohne die Möglichkeit von Bewertungen und Abschätzungen unmöglich ist. Bereits der Kampf um Überleben und Fortpflanzung setzt voraus, dass dem einen der Vorzug vor dem anderen gegeben werden kann. Hier wie dort wird ausgewählt. Es werden Entscheidungen getroffen für Partner, Nahrungsmittel und Ähnliches mehr, und das heißt für uns Menschen: Es werden Bewertungen vorgenommen. Nun liegt es in der Eigenart bewussten Lebens, auch Bewertungen mit Bezug auf sich selbst durchführen zu können. Bei bewusstem Leben drückt bereits der Überlebenswille eine Wertschätzung aus, die im biologischen Imperativ der Selbsterhaltung verankert ist. Selbstachtung ist der Überlebenstrieb einer Persönlichkeit. Bestimmter lässt sich der Ursprung der

Selbstachtung nicht fassen. Hier scheint eine Grenze der Verstehbarkeit erreicht zu sein.

Allerdings ist das bloße Überlebensinteresse in der Regel robuster als die überaus brüchige Selbstachtung. Diese Zerbrechlichkeit ergibt sich aus dem Bewusstsein eigener Unvollkommenheit und der Fähigkeit, mit Bewertungen zugleich auch Abwertungen und Entwertungen vornehmen sowie über Unwert oder Wertlosigkeit nachdenken zu können. Dies ist kein Widerspruch: Wie wir nahezu automatisch unser Dasein im Selbsterhaltungsstreben bejahen, genauso wissen wir um unsere Zerbrechlichkeit und Nichtigkeit, was die Selbstbejahung wieder in Frage zu stellen vermag.

So bedrohen etwa die erdrückenden Erkenntnisse kosmischer Bedeutungslosigkeit, evolutionärer Zufälligkeit und unserer Abhängigkeit von anonymen Naturkräften wie Genen, Neuronen und Botenstoffen unsere Selbstachtung. Nicht das Gefühl der Nichtigkeit, sondern die Anmaßung eigener Wichtigkeit bedarf einer Begründung. Vor dem Hintergrund der modernen Naturwissenschaften besitzt der Einzelne nicht den geringsten Wert. Der Mensch ist ein kosmisch nichtiges Säugetier aus der Klasse der Primaten und als solches wahrscheinlich ein verlorener Ast ihrer Entwicklung. Freilich vermag eine solche Perspektive unsere Selbstachtung zu gefährden. Dazu kommen die Bedrohungen der Selbstachtung durch die heutige Arbeitswelt, den modernen Individualismus, durch das Gefühl, überzählig zu sein. Dessen ungeachtet zweifelt fast jeder einmal an seinem Wert. Nach Alfred Adler heißt Menschsein ursprünglich soviel wie sich minderwertig zu fühlen, als klein, schwach und unzulänglich. Aber dank bestimmter Qualifikationen und Qualitäten kann fast jeder diese kreatürlichen Minderwertigkeitsgefühle meistern.[39]

Jedoch spüren manche Menschen die Brüche und Unzulänglichkeiten ihres Daseins kaum. Sie verfügen über eine Lebensenergie, die sie bei guter Laune hält oder zu übermäßig viel Arbeit befähigt. Andere brauchen dauernd Termine und Zerstreuung. Solche erfolgreichen Selbstbehauptungen lassen quälende Selbstzweifel, die überspielt werden müssten, erst gar nicht aufkommen. Dennoch wird selbst Glückskindern das Leben nicht nur geschenkt, sondern auch auferlegt und zugemutet. Jeder findet in seinem Dasein eine Doppelaufgabe vor, nämlich am Leben zu bleiben und sein Leben sinnvoll zu gestalten. Überleben und Wohlergehen ergeben sich nicht von selbst. Der Mensch ist nicht nur einfach da, sondern er muss auch eine Menge dafür tun, um da und zufrieden sein zu können. Zu leben ist eine Aufgabe, die nach Graden der Beschwerlichkeit abgestuft Lastcharakter besitzt und Schwierigkeiten bereitet. „Das Leben ist eine Anstrengung, die einer besseren Sache würdig wäre", schreibt Karl Kraus in *Pro domo et mundo*.[40]

Selbst die schönen Erfolgreichen ahnen in ruhigen Augenblicken, dass auch sie nur vergängliche Mängelwesen sind. Es fällt nicht erst Behinderten, Kranken und Alten bisweilen schwer, die eigene Person wertzuschätzen. Selbst der Gesunde und Normale kennt zahlreiche Gebrechen und Sorgen. Wir alle haben genug von dem, was fehlt, selbst wenn wir es nicht immer merken. Jeder hat es auf seine Weise schwer, niemand wirklich leicht. Darum bedarf es gar nicht großer Abweichungen vom Normalen und Idealen, um Minderwertigkeits- oder Überforderungsgefühle zu entwickeln. Im Extremfall schämen sich die Menschen dafür, auf der Welt zu sein. In solchen Fällen gelingt es dem Einzelnen nicht mehr, seinem überzähligen Dasein eine Rechtfertigung zu geben. Man sehnt sich nach Liebe und Sinn, die das an sich zwecklose Dasein von dem Gefühl befreien mögen, überflüssig und nutzlos zu sein.

So verstanden bleibt die mit dem Selbsterhaltungsstreben gleichursprüngliche Selbstachtung ein Leben lang gefährdet. Sie gleicht einem Hochseilakt, bei dem man unter freiem Himmel über einem Abgrund balanciert. Denn sie muss stets dem Bewusstsein eigener Unzulänglichkeit und Nichtigkeit abgerungen werden. Das geht aber nur, wenn man sich seine Unzulänglichkeiten größtenteils verzeiht und sich so, wie man ist, halbwegs annehmen kann. Hierzu bedarf es eines gewissen Mitgefühls mit sich selbst. Zwar bringen einige die erforderliche Geduld und Nachsicht mit den eigenen Schwächen und Defiziten nicht auf. Die meisten aber sind imstande, sich um das Leben selbst dann noch zu kümmern, wenn sie von dessen besonderem Wert nicht überzeugt sind. Man muss sein Leben nicht übermäßig lieben, um zur Selbstachtung fähig zu bleiben. Dennoch ist es schön, wenn man sich wie einen Freund behandeln kann, den man ja auch trotz seiner Fehler und Schwächen mag. Man sollte Milde gegen sich walten lassen. Jeder von uns kann sie brauchen.

Obwohl es eine ursprüngliche Selbstwertschätzung gibt, bleibt es also eine Herausforderung, sich Respekt entgegenzubringen: Als Selbsterhebung aus dem Zustand kreatürlicher Unerheblichkeit ist Selbstachtung immer das Ergebnis von harter Arbeit an der eigenen Lebensgeschichte wie auch von glücklichen Lebensumständen.

Sieger, Angeber und Narzissten

Beides – das Bedürfnis nach Selbstachtung und die Erkenntnis eigener Schwächen – ist unverzichtbar, um überhaupt Erniedrigung und Scham empfinden zu können. Denn wer aus absolutem Hochmut die eigene Unzulänglichkeit verkennt, ist für jede Art von Demütigung unempfindlich. Wäre der Mensch ein absolut stolzes Wesen mit unerschütterlichem Selbstwertgefühl, blieben ihm die Meinungen anderer völlig gleichgültig. Sie ließen ihn einfach kalt. Wäre umgekehrt das Bewusstsein eigener Unvollkommenheit und Unerheblichkeit absolut, würde jede Form der Anerkennung als übertrieben, jede Wertschätzung als falsch und jedes Ehrgefühl als eitle Illusion empfunden werden. Wem es an Bedürfnis nach Selbstachtung mangelt, der kann wie der absolut Hochmütige weder gedemütigt noch beschämt werden. Nur ist der Grund hierfür auf der entgegengesetzten Seite zu suchen. Während also der eine nicht erniedrigt werden kann, weil er seine Mängel völlig übersieht, kann der andere nicht erniedrigt werden, weil er sich bereits für total nichtswürdig hält.

So setzen Erniedrigung und Schamgefühl sowohl ein durchschnittliches Verlangen nach Selbstachtung als auch ein starkes Gespür für die eigene Unzulänglichkeit voraus. In religiösen Kontexten tauchen beide Extreme regelmäßig auf, die sich anschließend gegenseitig relativieren. Auf der einen Seite steht die Verherrlichung des Menschen als Krone der Schöpfung und Ebenbild Gottes, auf der anderen Seite seine Herabsetzung als eines unwürdigen Sünders.

Absolutes Selbstwert- und Minderwertigkeitsgefühl sind bloße Grenzbegriffe, die den gegensätzlichen Polen einer kontinuierlichen

Skala gleichen. In der Realität bewegen wir uns zwischen beiden Extremwerten, die mehr abstrakte Konstrukte als konkrete Lebenszustände darstellen. Fast jeder kann doch gedemütigt und beschämt werden.

Narzisstische Arroganz

Manche „Hähne" haben eine uneingeschränkt hohe Meinung von sich, weil sie der Auffassung sind, „dass ihretwegen die Sonne aufgeht", schreibt Theodor Fontane. Sie sind von sich sehr überzeugt. Von größenwahnsinnigen Fantasien beherrscht, nehmen sie sich übertrieben wichtig und neigen zur Prahlerei.

Jean-Jacques Rousseau unterscheidet zwischen natürlicher „Selbstliebe" (amour de soi) und verwerflicher „Selbstsucht" (amour propre), die geschichtlich entstanden sei.[41] Seine Selbstliebe bringe den Menschen dazu, sein Dasein zu erhalten und sich um seine Zufriedenheit zu kümmern. Dagegen verführe ihn seine Selbstsucht, sich über andere zu stellen. Ähnlich definiert Immanuel Kant Hochmut als „eine Art von Ehrbegierde, nach welcher wir anderen Menschen ansinnen, sich selbst in Vergleichung mit uns gering zu schätzen".[42] Kant bezeichnet diese Einstellung auch als „Arrogantia" oder „Eigendünkel", der auf einem übermäßigen Wohlgefallen an sich selbst beruhe. Während Hochmut und Selbstgefälligkeit niedergeschlagen werden sollten, sei „Eigenliebe, die in einem starken Wohlwollen gegen sich selbst bestehe",[43] solange gerechtfertigt, wie es der Mensch damit nicht übertreibe.[44]

Diesen Unterschied zwischen normaler und übersteigerter Selbstliebe fasst das zweideutige Wort Stolz zusammen: Einmal meint es soviel wie Selbstachtung. Dementsprechend sagen wir manchmal: „Ich habe auch meinen Stolz", „Lass mir meinen Stolz" oder „Hast Du denn gar keinen Stolz?". Den Menschen darf vielerlei mit Stolz erfüllen: Eigenheim, Kinder, Karriere. Hier hat Stolz noch nichts mit großtuerischem Gehabe, Protzerei oder Arroganz zu tun, worauf sich jedoch der Ausdruck ebenfalls beziehen lässt. Dann meint Stolz soviel wie Hochmut oder Überheblichkeit, mit der eine Geringschätzung anderer Personen einhergeht. Arrogante Narzissten glauben mehr wert zu sein, weil sie sich für außergewöhnlich intelligent, schön oder reich halten. Dennoch sind sie auf die ihnen Unterlegenen angewiesen, weil diese über etwas verfügen, das ihr übersteigertes Selbstbewusstsein benötigt: Bewunderung.

Hiermit mästen sie gleichsam ihren Stolz. In aller Regel lechzen sie geradezu nach Bewunderung. Es genügt ihnen nicht, sich selbst großartig zu finden. Sie möchten auch von anderen so gesehen werden. Denn sie wollen von sich selbst glauben dürfen, jemand ganz Besonderes zu sein, dem man mit Recht hohe Aufmerksamkeit und Anerkennung entgegenbringt. Geradezu selbstverständlich nehmen sie Vergünstigungen und Vorrechte in Anspruch, überzeugt davon, diese wirklich verdient zu haben. Narzissten fühlen sich oft nur dort wohl, wo sie im Mittelpunkt stehen. Nicht selten sind sie furchtbare Besserwisser und altkluge Nörgler. Allerdings können sie ebenso interessante Unterhalter sein, denen man gerne zuhört.

Die meisten berühmten Persönlichkeiten sind Narzissten. Sie haben gewissermaßen ihre Chance vertan, ein unbeachtetes Leben zu führen. Stattdessen finden sie es schön, eine große Menschenmenge um sich zu versammeln, die sie bewundert. Es ist für sie eine tiefe Quelle der Befriedigung, von allen Seiten Applaus zu bekommen. Allerdings beruht das hohe Image, das sie in der Bevölkerung genießen, nur auf einer kleinen Auswahl mehr oder weniger zutreffender Fakten, welche die Medien zu Nachrichten aufgebläht haben. Aber so sehr es Stars genießen, von den Medien in den Rang einer öffentlichen Person gehoben zu werden, genauso beanspruchen sie eine Privatsphäre, in der sie ein verborgenes Leben führen können.

In ganz spezieller Weise trifft dies auf Menschen zu, die negative Schlagzeilen machen. Sie würden gerne die Gelegenheit versäumen, bekannt zu werden. Es ist nicht immer schön, im Rampenlicht zu stehen. Fast niemand möchte ständig und überall Beachtung finden. Nicht alle Kontakte sind erwünscht. Selbst Durchschnittsbürger möchten manchmal einfach nur unsichtbar bleiben. Zur menschlichen Freiheit gehört ein Anspruch auf Anonymität. Dieser gibt dem Einzelnen das Gefühl: Du darfst von deinen Mitbürgern verlangen, in Ruhe gelassen zu werden. Du bist berechtigt, dir ihre Nachstellungen, Annäherungen und Belästigungen höflichst zu verbitten – nach der Devise: Es ist nicht jeder befugt, mich zu beachten!

Das Gegenteil eines solchen Grundrechts auf Unsichtbarkeit ist die herausgehobene Mittelpunktstellung, die leicht zu Überheblichkeit führen kann. Zwar ist narzisstische Angeberei ohne soziale Vergleiche kaum möglich. Die Menschen stellen sie seit jeher an. Doch erst in der Wettbewerbsgesellschaft, wo sich die Bürger dauernd miteinander messen müssen, sind der soziale Vergleich wie der Erfolg ausdrücklich erwünscht. Beide gelten als Anreize zur Leistungssteigerung. Erfolg und Aufstieg stärken das Selbstbewusstsein, was wiederum die Wettbewerbsfähigkeit erhöht; dagegen können Niederlagen den Verlierer leicht davor zurückschrecken lassen, sich weiteren Konkurrenzkämpfen auszusetzen.

Soziale Vergleiche nach unten sind der Selbstachtung in der Regel förderlich. Wie viele halten sich für wertvoller, nur weil sie im sozialen Vergleich besser abschneiden. Höherer Verdienst, größerer Erfolg, stärkere Leistungsfähigkeit und Attraktivität vermitteln ihnen das Gefühl, mehr wert zu sein. Manchmal hebt schon das Wissen, etwas besser machen zu können als andere, das eigene Selbstwertgefühl. Das Gleiche gilt für das Bewusstsein, Teil einer Gemeinschaft zu sein, die eine hohe Reputation genießt. Wer zur Elite gehört, wird schnell hochnäsig.

Hochmut kommt vor dem Fall

Narzissten sind häufig egoistisch, ausbeuterisch, wenig einfühlsam und rücksichtslos. Oft verweigern sie anderen den Respekt, um besser den eigenen Wert hervorheben zu können. Um ihr Ego zu steigern und ihre Gier nach Anerkennung zu befriedigen, spielen sie gerne ihre Macht gegen ihren Partner, ihre Kollegen, ja ihr gesamtes Umfeld aus. Allerdings ist die Gefahr der Selbstüberschätzung bei ihnen sehr hoch. Nicht selten schätzen sie ihre Leistungsergebnisse, Intelligenz und Attraktivität falsch ein. Mit ihrer Selbstwertschätzung geht häufig eine starke Selbsttäuschung einher.

Zum einen überschätzen Narzissten ihre Wirkung auf andere, die sie leicht als lächerlich durchschauen. Die Menschen sind häufig nicht das, was sie zu sein vorgeben. Manche setzen sich als überaus vornehm in Szene und leben demonstrativ teuer, nur um reich zu erscheinen. Doch lehnen viele Menschen solche Zieraffen als überheblich, arrogant oder hochmütig ab. Trotzdem vermag übertriebener Stolz einigen Durchschnittsbürgern auch das schmerzhafte Eingeständnis abzuringen, selbst weniger wert zu sein. Solche kränkenden Geständnisse tragen nicht unbedingt zur Bewunderung der „feinen Leute" bei. Im Gegenteil führt gerade der soziale Vergleich nach oben zu Missgunst und Ressentiment. Darum ist es nicht weiter verwunderlich, dass der Absturz von Höhergestellten in der breiten Bevölkerung häufig Schadenfreude auslöst. Unterlegenheitsgefühle wecken leicht Sozialneid, der sich oft hinter der Forderung nach mehr sozialer Gerechtigkeit verbirgt. Wir mögen es nicht, wenn man uns übertrumpft; wir mögen es aber auch nicht, wenn man uns gleicht. Deshalb suchen wir gerne Vorbilder und Idole, die wir beneiden, bewundern und bejubeln können, und zugleich die Beruhigung, dass auch außergewöhnliche Menschen nur sind, was wir selbst sind: ganz gewöhnliche Menschen.

Der Glaube an die eigene Großartigkeit birgt ein hohes Risiko des Scheiterns in sich, wenn man bedenkt, dass gerne zu hohe, utopische Ziele gesetzt werden. Narzissten fühlen sich oftmals zu sicher. Sie überschätzen häufig ihre Fähigkeiten und Erfolgschancen, während sie das Risiko zu versagen unterschätzen. Aufgrund ihrer Selbstsicherheit entsteht leicht eine gewisse Nachlässigkeit. So verkennen sie zuweilen die Anstrengungen, die ihnen die Arbeit abverlangt. Darüber hinaus sind sie häufig nicht aufmerksam genug, die anstehenden Probleme zu lösen. Wer sich zu sicher fühlt, arbeitet häufig zu schnell auf Kosten von Genauigkeit. Auf diese Weise verhindert Überheblichkeit die erstrebten Erfolge.

Alles in allem sind überhebliche Narzissten nicht nur ziemlich unbeliebt, durch ihre arrogante Haltung stehen sie sich zudem häufig selbst im Wege. Allerdings reagieren sie auf Niederlagen meist gekränkt oder aggressiv. Nur selten sind sie bereit, ihre Misserfolge zu akzeptieren. Die Verantwortung hierfür suchen sie gerne bei anderen. Vorwürfe werden nicht reflektiert, sondern dementiert. Dabei unterschätzen sie den Eigenanteil an ihrer Niederlage. Um Antworten zur Erklärung ihres Versagens sind sie meistens nicht verlegen. Gecken brauchen Sündenböcke, auf die sich ihr ganzer Ärger richten kann. Die Situation deuten sie häufig so um, dass sie trotz eigenen Verschuldens gut davonkommen. Sie verstehen es, sich wirkungsvoll zu entlasten. Denn sie tun

sich einfach schwer, Fehler einzugestehen. Angeber vertuschen gerne
ihre Schwächen. Stattdessen betonen sie lieber ihre Stärken, die sie bei
jeder Gelegenheit in den Mittelpunkt stellen. Eigendünkel verhindert
Selbstkritik! Dazu passt, dass sie um der Karriere willen gerne über
Konkurrenten herziehen, wenn sie diese nicht sogar wegbeißen. Kollegen werden gemobbt, sofern hierdurch die eigenen Verdienste besser
herausgestellt werden können.

Jedoch trifft das bekannte Sprichwort: „Hochmut kommt vor dem
Fall" nur eingeschränkt zu. Zwar stünde zu vermuten, dass man umso
tiefer fällt, je höher man auf der Karriereleiter gestiegen ist. Doch verfügen Höhergestellte oftmals über dichtere Netzwerke als die unteren
Schichten. Deren Netzwerke sind häufig zu schwach, um die Verlierer
auffangen zu können.

Allerdings ist narzisstische Arroganz nicht unweigerlich mit höherer
gesellschaftlicher Stellung verbunden. Sie kann sich auch auf Merkma-
le wie körperliche Attraktivität beziehen, die zwar ein hohes Ansehen in
der Gesellschaft genießt, aber nichts über die gesellschaftliche Stellung
aussagt. Manche versuchen ihr Selbstwertgefühl zu multiplizieren, indem sie möglichst viele nach sich verrückt machen, ohne deshalb einen
höheren sozialen Rang einzunehmen. Genau genommen kann narzisstische Arroganz sich sogar auf nichts beziehen und bloße Blendung sein.
Das gesellschaftliche Auftreten ist dann zwar groß, doch die erkenn-
baren Verdienste bleiben klein und die vorgetäuschten Meriten haben
ein noch geringeres Niveau: Viel Gegacker, wenig Ei! Trotzdem neigen
insbesondere Menschen in gehobener Position zu Überheblichkeit. Sie
haben anscheinend die besseren Gründe, eingebildet zu sein.

Stärke aus Schwäche

Nach weitverbreiteter Ansicht gründet arroganter Narzissmus auf Gefühlen der Unsicherheit und Minderwertigkeit. Gerade schwache Naturen setzen oftmals alles daran, nach außen hin stark und mutig zu erscheinen – nach dem Motto: Je tiefer man steht, umso höher möchte
man hinaus! Solches Geltungsstreben soll dazu dienen, quälende Minderwertigkeitskomplexe auszugleichen. Hinter überzogener Selbst-

wertschätzung stecken häufig Minderwertigkeitsgefühle, die man durch Überheblichkeit wettzumachen versucht.

Wer kennt nicht eine menschliche Stärke, die nicht zugleich ein Zeichen von Schwäche wäre? Nur wer klein ist, möchte groß scheinen, und je winziger sich einer fühlt, umso mehr sehnt er sich nach Bedeutsamkeit. Ist das Minderwertigkeitsgefühl besonders drückend, genügt ein bloßer Ausgleich noch nicht einmal, wie Alfred Adler betont.[45] In diesem Falle kommt es nicht selten zu Überkompensationen wie etwa bei dem antiken Stotterer Demosthenes, der ein großer Redner wurde, oder bei Joseph Goebbels, der in einem Anfall wahrer Erkenntnis seinen Klumpfuß als die Batterien seiner großen Schnauze bezeichnete.

Bereits die stolze Anmaßung des Menschen, Mitte und Krone der Welt zu sein, lässt auf ein Gefühl kreatürlicher Minderwertigkeit schließen, das jedoch weniger eine krankhafte Störung als vielmehr seine natürliche Schwäche und Unzulänglichkeit anzeigt. Diese Vermutung wird schon durch das allgemein-menschliche Streben nach Geltung, Anerkennung und Macht untermauert.

Ein ähnlicher Zusammenhang lässt sich zwischen der Unvollkommenheit des Menschen und der Vollkommenheit seiner kulturellen Schöpfungen herstellen, wie Adler meint. Diesem zufolge ist es die vorrangige Aufgabe der Kultur, unsere angeborenen Mängel zu kompensieren. Auch wenn die Kultur uns oftmals mehr schenkt, als wir zum bloßen Überleben brauchen, so erwächst sie doch weniger menschlicher Überlegenheit über die Welt als vielmehr aus einem Gefühl der Unterlegenheit. Alle herausragenden Leistungen sind der Kompensation von Minderwertigkeitsgefühlen verdächtig.

In der abendländischen Geschichte wurde das menschliche Leben oft als elend, hinfällig und arm oder als groß, erhaben und reich charakterisiert. Zahlreiche Philosophen beschreiben es allein von seiner erbärmlichen, nichtigen, bedürftigen Seite her, während andere ausschließlich seine Würde, Erhabenheit und Größe darstellen. Allerdings wird das Leben bisweilen auch als groß und elend, bedeutsam und nichtig bezeichnet, um auf diesem Wege die erwähnten Einseitigkeiten zu vermeiden. Hierdurch versucht man einerseits den menschlichen Stolz und Hochmut zu brechen, andererseits das jämmerliche Klagen über die Flüchtigkeit und Beschwerlichkeit des Lebens einzugrenzen.

Doch nur wenige stellen den Menschen als groß und erhaben dar, weil er klein und unbedeutend ist. Dies setzt die Vorstellung des Menschen als eines „Mängelwesens" voraus, wie ihn bereits Johann Gottfried Herder im 18. Jahrhundert sah. Der Mensch ist ein unfertiges Wesen, das „die Mängelbedingungen seiner Existenz tätig in Chancen seiner Lebensfristung umarbeiten" muss, schreibt Arnold Gehlen im 20. Jahrhundert.[46] In der Tat hat der Mensch, bedürftig und seiner selbst niemals sicher, sein Leben lang die Aufgabe zu meistern, seine angeborenen Mängel auszugleichen. In diesem Sinne legen selbst die großartigsten Errungenschaften unserer Kultur eher Zeugnis über die Fragen, Schwächen und Unzulänglichkeiten des Menschen ab, die sie zu kompensieren suchen, als über seine Erhabenheit und Größe.

Ganz ähnlich soll jede überzogene Selbstliebe eine schmerzvolle Selbstwertstörung anzeigen, die man hierdurch auszugleichen versucht. Hinter der Fassade übertriebener Selbstsicherheit verbirgt sich in aller Regel starke Unsicherheit. Aber so häufig sich die Menschen auch großspurig aufblähen, um nagende Selbstzweifel zu verstecken, nicht hinter jedem großtuerischen Imponiergehabe steckt ein mangelndes Selbstwertgefühl. Narzissten fürchten zwar, für gewöhnliche Menschen gehalten zu werden. Sie drehen sich aber nicht ständig um sich selbst, weil sie ihr schwaches Selbstbewusstsein ausgleichen müssen. Hinter manchem zickigen Getue und protzigem Gehabe verbirgt sich nicht unbedingt seelische Not, sondern manchmal nur übertriebene Eitelkeit, verbunden mit der Hoffnung, so besser durchs Leben zu kommen.

Fast alle Menschen sind eitel. Das bekannteste Symbol ihrer Eitelkeit ist seit dem Alten Testament, speziell bei Jesaja, der Spiegel. Doch auch in der griechischen Mythologie ist es sein Spiegelbild, in das sich Narziss verliebt. Und in Grimms Märchen *Schneewittchen* ist es die böse Stiefmutter, die den Spiegel nach der Schönsten im ganzen Land befragt. In seiner *Komödie der Eitelkeit* führt Elias Canetti[47] die Zuschauer in ein Reich, in dem alle Spiegel verboten und vernichtet wurden, so dass sich die Bürger nicht mehr betrachten konnten. Jedoch hielten sie dies kaum aus, weshalb bald ein Schwarzhandel mit Spiegelscherben zu horrenden Preisen aufblühte. Offenbar gehört eine übertriebene Sorge um die eigene Erscheinung und Bedeutung zum Menschen einfach dazu. Auf *YouTube* laden zahlreiche Zeitgenossen eigene Filme mit ganz persönlichen Präsentationen hoch, um sie weltweit sichtbar zu machen. Solche Selbstdarstellungen geben ihnen das Gefühl, „wer" zu sein: „Sieh her, wie attraktiv, interessant oder wichtig ich bin", lautet ihre Botschaft. Dennoch darf nicht immer gleich eine bittere Kränkung oder der schmerzvolle Stachel eines Mankos hinter dem eitlen Ehrgeiz, „großartige" Dinge zu zeigen oder zu vollbringen, vermutet werden.

Einer wird gewinnen

Das Streben nach dem ersten Platz ist ein charakteristisches Merkmal der Menschen. Schon die alten Griechen versuchten sich gegenseitig zu übertreffen – ob im Kampf, beim Sport oder in der Dichtung. Interessanterweise kannte die antike Olympiade weder zweite noch dritte Plätze oder Mannschaftswettbewerbe. Jeder Wettkämpfer stand für sich allein. Im VI. und XI. Gesang von Homers *Ilias* ermahnt Peleus seinen Sohn Achilleus, „immer der Erste zu sein und hervorzuragen vor anderen".[48] Das Gleiche forderte Hippolochos von seinem Sohn Glaukos und Nestor von Patroklos. Der Erste zu werden ist das Ziel eines jeden Kampfes. Nur der Erste trägt den Ruhm davon. Schon der Zweite wird für gewöhnlich vergessen. Doch rivalisieren die Menschen nicht nur um Ruhm und Ehre, sondern ebenfalls um Wohlstand und Reichtum, wie bereits Hesiod vermerkt: „Der Nachbar läuft mit dem Nachbarn um die Wette nach Wohlstand; so nützt dieser Wettstreit den Menschen. Der Töpfer eifert mit dem Töpfer, und der Maurer mit dem Maurer, und der Bettler beneidet den Bettler, der Sänger den Sänger."[49]

Im Gegensatz zu Homers „Immer der Erste zu sein und vorzustreben vor anderen" mahnt der chinesische Philosoph Laotse im 6. vorchristlichen Jahrhundert, „nie der Erste zu sein",[50] sondern lieber hinten zu bleiben, weil man so seine Anlagen besser entwickeln könne. Nach Laotse sind die wahren Ersten nicht die der Reihenfolge nach Ersten. Hiermit verhält es sich wie mit Rasern und Dränglern auf der Autobahn: Diese möchten gerne die Ersten sein, doch sie bleiben immer die Zweiten, denn sie haben stets andere vor sich im Gegensatz zu jenen, die nicht drängeln oder rasen. Diese sind die wahren Ersten, weil sie niemanden vor sich haben, den sie überholen müssen.

Den Evangelisten Matthäus, Lukas und Markus zufolge sind die Ersten sogar die Letzten: „So werden die Letzten die Ersten sein und die Ersten Letzte."[51] Hier wird die Rangordnung auf den Kopf gestellt. Diese alte theologische Weisheit lässt sich sogar auf die gesamte Schöpfung übertragen, in welcher die der Zeit nach zuletzt erschaffenen Kreaturen, die Menschen als Spätlinge der Evolution, dem Range nach die ersten Geschöpfe sein sollen. Auch kirchenhierarchisch sind die Letzten die Ersten. Denn beim Einzug kommen zuerst die Messdiener, dann der Priester; vor dem Bischof geht das Domkapitel und vor dem Papst die Gemeinschaft der Bischöfe. Die der Reihenfolge nach Ersten sind also dem Range nach die Letzten. Bei Hofe verhält es sich hingegen umgekehrt: Erst kommt der König, dann der Hofstaat.

Es heißt: „Wer zuletzt lacht, lacht am besten", und wer das „letzte Wort" behält, hat recht. Dennoch werden die Ersten, früher auch die Erstgeborenen, vor den anderen bevorzugt. „Den Letzten beißen die Hunde." Wer Erfolg haben möchte, muss zu den Ersten zählen, und das bedeutet: schön, schlau und stark zu sein. Körperliche Unwiderstehlichkeit und geistige Leistungsfähigkeit entscheiden in der Regel darüber, ob man vorankommt oder auf der „Ersatzbank" sitzen bleibt. Der Erste zu sein schmeichelt nicht nur, es erschließt auch Lebenschancen, weshalb die vorderen Plätze seit jeher begehrt sind. Hier wie in fast allen Bereichen erhofft man sich, Vorteile durch Vorsprünge zu erzielen.

Vom Ehrgeiz besessen, Erster zu sein, waren früher die Weltentdecker und sind bis heute noch immer die Gipfelstürmer. Eine See zu befahren, ein Land zu betreten, einen Berg zu besteigen und eine Bergwand zu durchsteigen, eine Wüste zu durchwandern oder einen Planeten anzufliegen, wo zuvor noch nie eines Menschen Fuß stand, stellte Jahrhunderte lang eine Verlockung dar. Jeder, der sich an solchen gewagten Abenteuern beteiligte, wollte der Erste sein. Man denke nur an die Kämpfe um den Nordpol zwischen Peary und Cook oder um den Südpol zwischen Amundsen und Scott. Das waren Wettkämpfe nicht nur zwischen Personen, sondern auch zwischen Nationen. Ähnlich wetteiferten die Engländer mit den Franzosen und Deutschen um die Erstbesteigung eines Achttausenders im Himalaya, wobei für die Engländer der Mount Everest war, was für die Deutschen der Nanga Parbat und die Franzosen der Anapurna wurde. Alle drei Nationen versuchten, als erste nach oben zu kommen. Jahrzehnte später wiederholte sich der nationale Wettkampf im Weltraum: Würden zuerst sowjetische Kosmonauten oder amerikanische Astronauten den Mond betreten? Auch nach der Zeit der großen Weltentdeckungsreisen bleibt es ein Fluchtpunkt menschlicher Eitelkeit, Rekorde zu brechen und sich an die Spitze zu bringen, was die Selbstachtung der Sieger ins Unermessliche zu steigern vermag.

Warum Erster sein wollen?

Woher der Drang zum Siegen? Warum nehmen Menschen so große Anstrengungen auf sich, nur um die Ersten, Schnellsten und Besten zu werden? Der Wettbewerb um erste Plätze findet in allen Bereichen statt: Schule, Wirtschaft, Politik, Wissenschaft, Freizeit, Kultur und Sport, wo es um Punkte, Tore, Millimeter und Hundertstelsekunden geht. Bei der Suche nach den Gründen für das ruhelose Streben nach ersten Plätzen stößt man auf ganz unterschiedliche Motive. Die Kompensation quälender Minderwertigkeitsgefühle ist nur eines davon. Superhelden haben manchmal ihre Gipfelsiege bitter nötig. Wie ausgeführt, ist mangelndes Selbstwertgefühl bisweilen ein Teil der Unruhe, die sie zu sportlichen, wirtschaftlichen, wissenschaftlichen oder künstlerischen Spitzenleistungen anspornt. Meistens jedoch werden Ehre, Ruhm und Karriere, die mit Siegen verbunden sind, um ihrer selbst willen erstrebt. Natürlich spielt auch Geld beim Kampf um erste Plätze eine herausragende Rolle. Sport, Wirtschaft, Wissenschaft und Kunst können höchst einträgliche Geschäfte sein. Allerdings sind damit die wahren Hintergründe für das Siegenwollen noch nicht beim Namen genannt. Sport, Wissenschaft und Wirtschaft mögen den gesellschaftlichen Konkurrenzkampf anheizen, das menschliche Streben zum Siegenwollen haben sie nicht erfunden. Dahinter scheinen natürliche Mechanismen am Werke zu sein. Hierfür spricht bereits, dass es in vielen sportlichen Wettkämpfen um gar nichts geht. Wir Menschen sind offenbar aufs Siegen programmiert. Deshalb liegt die Lösung auf das Rätsel: „Warum Erster sein wollen?" in der Antwort auf die Frage: „Wozu war das Siegenwollen einstmals gut?"

Wettbewerb gilt in der modernen Evolutionstheorie und Soziobiologie als ein natürliches Verhaltensmuster. Konkurrenz und Rivalität sind sogar prägende Kräfte des Naturgeschehens. Ein ursprünglicher Bereich, wo Lebewesen in Wettbewerb miteinander stehen, ist die Selbsterhaltung, das heißt: Konkurrenz um knappe Ressourcen. Bei der Nahrungsbeschaffung, Jagd und Flucht kann es überlebenswichtig sein, der Erste zu werden. Zweitens stehen die Lebewesen im Wettbewerb um gesellschaftlichen Rang, das bedeutet: Konkurrenz um soziale Positionen. So möchte der Wettkämpfer am Ende seine siegreichen Arme mit stolz geschwellter Brust hochrecken können, um auch die Nummer Eins für andere werden oder bleiben zu können. Drittens stehen die Lebewesen im Wettkampf gegeneinander auf dem Gebiet der Fortpflanzung, das meint: Konkurrenz um attraktive Partner. Sie möchten potenziellen oder wirklichen Sexualpartnern imponieren. Der Kampf um Selbsterhaltung gehört in die Sphäre der natürlichen Selektion, der Kampf um Fortpflanzung zur sexuellen Selektion. Der Kampf um einen guten Platz in der sozialen Hierarchie gehört hingegen zu beiden Sphären, bedeutet doch eine höhere Rangposition häufig auch besseren Zugang zu Ressourcen sowie größeren Erfolg bei der Partnerwahl.

Zu Beginn der Neuzeit sprach bereits Thomas Hobbes von natürlichem Wettbewerb um lebenserhaltende, luststeigernde und das Ansehen hebende Güter. Ähnlich schrieb Jean-Jacques Rousseau, dass schon in der Urgesellschaft am meisten geschätzt wurde, „wer am besten singen, wer am besten tanzen konnte, der Schönste, Stärkste, Geschickteste oder Beredteste".[52]

Nachdem nun Wettkämpfer die heiß begehrten Plätze errungen haben, ist die Versuchung für sie groß, ein übersteigertes Selbstwertgefühl zu entwickeln. Doch gibt es auch genug Beispiele für Menschen, die aufgrund einer verzerrten Selbstwahrnehmung zu narzisstischer Arroganz neigen. Diese sind selbstverliebt überheblich auch ohne besondere Verdienste und Qualitäten, die ihnen wenigstens einen begründeten Anlass hierzu geben könnten.

Ruhm und Ehre

Die Stellung eines Menschen in der gesellschaftlichen Hierarchie entscheidet über dessen Sozialstatus und der Sozialstatus häufig wieder über sein Sozialprestige. Unter Sozialprestige oder Image wird das Ansehen verstanden, das eine Person mit bestimmtem Sozialstatus in der Gesellschaft genießt. In der ständisch-feudalen wie auch vormodernen bürgerlichen Gesellschaft sprach man von „Ruhm und Ehre". Sie galten als besondere Zeichen öffentlicher Würdigung. Zünfte würdigten herausragende Handwerker, Fürsten talentierte Künstler. In der alten, hierarchischen Ordnung konnten nur wenige Personen mit besonderer Herkunft, Standeszugehörigkeit und Lebensführung zu Ruhm und Ehre gelangen. Beides setzte für gewöhnlich die Mitgliedschaft in einer höheren Gesellschaftsschicht voraus.

Natürlich hingen Ruhm und Ehre auch von der Befolgung sittlicher Tugenden ab – etwa Tapferkeit und Frömmigkeit im mittelalterlichen Rittertum. „Ruhm und Ehre seien der Tugend Lohn", hieß es. Wer ein tadelloses Leben führte, genoss einen guten Ruf.

Zur Beurteilung eines Menschen als ehrenhaft und rühmlich ist eine Wertordnung notwendig, die von vielen geteilt wird. Eine solche bildet gleichsam das Bezugssystem, nach dem die Bürger ihre gegenseitige Wertschätzung ausrichten, die zu ihrer Selbstachtung wesentlich beiträgt. Allerdings unterliegt jedes Wertesystem geschichtlichen Wandlungen. Im alten Rom galten andere Ruhm- und Ehrvorstellungen als im Feudalismus, dessen Ruhm- und Ehrbegriffe sich wiederum von denen der bürgerlichen Gesellschaft unterscheiden. Sicherlich empfände man es heute nicht mehr als besondere Ehre wie zur Zeit Ludwigs XIV., vom König vor dessen Toilettenstuhl empfangen zu werden.

Seit jeher stellen die Menschen ihren Rang öffentlich zur Schau. Früher verlangte man vom einfachen Volk, dass es durch Verbeugung, Knicks, Fußfall oder Fußkuss den Mächtigen seine Ehrerbietung erweise. Dabei wurde hohes Ansehen immer auch auf Sachen übertragen. Seit Ende des 15. Jahrhunderts gilt beispielsweise Rot als Farbe für höchste Ehre. Noch heute ist sie die Farbe katholischer Kardinäle und deutscher Bundesverfassungsrichter. Darüber hinaus lässt man bei hohen Staatsbesuchen und anderen feierlichen Anlässen die Gäste gerne über einen roten Teppich schreiten.

Üble Nachrede, Verleumdungen und Verunglimpfungen gelten als „Ehrabschneiderei", die der Selbstachtung überaus abträglich ist. Der Begriff geht auf die Zeit zurück, als Ehebrecherinnen, Diebe und Mörder noch an den Pranger gestellt und dabei die Haare abgeschnitten bekamen. Dieser alte Brauch lebt bis heute in der Redensart „jemandem die Ehre abschneiden" fort. In der alten Gesellschaft bedeuteten insbesondere vorehelicher Geschlechtsverkehr, uneheliche Schwangerschaft und Seitensprünge einen Ehrverlust für die Frau. Hierdurch sollte sie ihrer Selbstachtung verlustig gehen. Deren Ehre bestand in vorehelicher Jungfräulichkeit und ehelicher Treue. Männer fühlten sich in ihrer Ehre gekränkt, wenn sie beleidigt wurden, und sahen sich deshalb gezwungen, die sie bloßstellende Person zum Duell aufzufordern.

Freilich gab es schon früher heftige Einsprüche gegen solche verkrusteten Ehrvorstellungen. „Die Ehre ist – die Ehre" schreibt Lessing in *Minna von Barnhelm*, um anzudeuten, wie leer und sinnlos der traditionelle Ehrbegriff sei.

In der aristokratisch-hierarchischen Gesellschaft brachte man besondere Wertschätzung vorrangig dem Adel, den Rittern und Geistlichen, später den Mitgliedern der Zünfte und dem Offiziersstand und im 20. Jahrhundert Professoren, Unternehmern und Medizinern entgegen, denen es deshalb verhältnismäßig leicht fiel, sich selbst zu achten.

Bis heute ist der Ehrbegriff nicht völlig aus der Mode gekommen, wenn man bedenkt, dass nach wie vor die meisten Briefe mit den Worten beginnen: „Sehr geehrter". Außerdem gibt es Ehrenämter, Ehrenbürger, Ehrengäste und Ehrendoktoren. Und in Todesanzeigen kann man bisweilen lesen: „Wir werden ihr Andenken stets in Ehren halten."

Trotzdem klingen die Begriffe „Ruhm und Ehre" inzwischen überholt und veraltet. Hierzulande nennt sich nur noch die Mafia eine „ehrenwerte Gesellschaft". Der Ehrbegriff ruft sogar schnell Assoziationen an das Dritte Reich hervor, wo es hieß, dass Soldaten „auf dem Feld der Ehre fallen", „des Jungvolk Jungen Höchstes die Ehre" sei oder zum „Schutz des deutschen Blutes und der deutschen Ehre" die Eheschließung zwischen Juden und Ariern untersagt sei. Nach dem damaligen Selbstverständnis verteidigten die Arier im Krieg eine Ehre, von der sie annahmen, dass sie ihnen von vornherein eigen sei. Sie erwarben also die Ehre nicht erst im Kampf. Wenn heute bei uns noch von Ehre die Rede ist, dann meistens im Sinne eines Verdienstes. So wird jemandem eine besondere Ehre zuteil, wenn man ihm einen Preis, ein Amt oder einen Titel verleiht. Das alte Verständnis von Ehre existiert dagegen hauptsächlich in vormodernen muslimischen Kreisen fort. Es hält sich hartnäckig in patriarchalischen, streng islamisch geprägten Gesellschaften.

Aber nicht bloß die islamistischen Gotteskrieger verteidigen in ihren heiligen Feldzügen ihre Ehre, auf die sie ihre Selbstachtung gründen. Auch bei der Tötung überwiegend weiblicher Mitglieder muslimischer Familien geht es meistens um die Verteidigung der Ehre. Die Frauen fallen sogenannten Ehrenmorden zum Opfer, zumeist ausgeführt von männlichen Familienangehörigen, weil sie Schande über die Familie brachten, und das heißt: die Familienehre befleckten. Ihre westliche Lebensweise, eheliche Untreue oder Trennungsabsichten ebenso wie Homosexualität können innerfamiliäre Gewalttaten veranlassen. Solche Ehrverletzungen, die gegen die Gebote der sexuellen Reinheit und Unterordnung verstoßen, betreffen niemals nur Einzelne, sondern den ganzen Clan, der sich deshalb zum Handeln gezwungen sieht. Das Familienoberhaupt oder ein Familienrat fasst dann einvernehmlich einen Entschluss über das weitere Vorgehen. Im Extremfall wird eine Person aus den eigenen Reihen bestimmt, um einen Ehrenmord zu begehen. Der Täter darf sich als besonders geehrt fühlen, hierzu ausgewählt worden zu sein. Bei alledem zielt der Ehrenmord weniger darauf, die Ehrbeschmutzer zu bestrafen, als vielmehr die beschädigte Familienehre wiederherzustellen. Die Aufrechterhaltung der Ehre ist eine notwendige Bedingung dafür, dass jedes Familienmitglied sich selbst achten und von anderen anerkannt werden kann. Dieses Ehrverständnis kommt bis heute nicht nur in Nordafrika, Zentralasien, dem Nahen oder Mittleren Osten vor, sondern genauso in deutschen Familien mit konservativ muslimischem Hintergrund. Es steht zu vermuten, dass die meisten Ehrenmorde in der westlichen Kultur unbekannt bleiben. Zum wiederholten Male drängt sich die Frage auf, ob die existenziell unverzichtbare Idee der Selbstachtung überhaupt in den Rang eines Höchstwerts erhoben werden sollte, wenn sie so heikle Voraussetzungen wie traditionelle Ehrvorstellungen haben kann.

Sozialprestige

Im deutschen Sprachraum sind mittlerweile die Begriffe „Ruhm und Ehre" weitgehend außer Mode geraten. Hermann Sudermann spricht hierzu ein klares Wort in seinem Drama *Die Ehre*: „Im Vertrauen gesagt: Es gibt gar keine Ehre."[53] An deren Stelle ist der Begriff Sozialprestige getreten. Hierdurch wurden nicht einfach zwei Worte durch einen neuen Begriff ersetzt. Denn während der Begriff Ehre für eine hierarchische und patriarchalische Gesellschaft steht, gehört der Begriff Sozialprestige zur pluralistischen Gesellschaft, in der ganz unterschiedliche Gruppierungen um öffentliche Anerkennung ihrer Lebensformen und Spitzenleistungen kämpfen.

Heute steht nicht mehr von vornherein fest, welches Maß an Ansehen der Einzelne für seine Tätigkeiten erhält. Zwar gibt es weiterhin Berufe und Lebensweisen, die von vielen höher bewertet werden als andere. Dennoch sind Verschiebungen auf der Rangskala jederzeit möglich. Der Wertepluralismus bringt es mit sich, dass bestimmte Leistungen und Lebensstile nur von Bürgern mit ähnlicher Gesinnung oder Lebensanschauung als wertvoll angesehen werden, nicht aber von der Allgemeinheit. So schätzen zahlreiche Zeitgenossen Popstars oder Schlagersänger, andere finden Showmaster gut und wieder andere verehren Opernsänger oder Konzertpianisten. Deren unterschiedliches Sozialprestige ergibt sich aus der einfachen Tatsache, dass in einer pluralistischen Gesellschaft die Menschen ganz unterschiedliche Werte und Ziele verfolgen. Während bei vielen Menschen Fußballstars in hohem Ansehen stehen, Wissenschaftler hingegen gar nicht, würdigen andere wiederum Künstler, können dafür aber mit Showmastern nichts anfangen. Viele Jugendliche halten sich gerne in Peergroups auf, die ihnen eine soziale Heimat bieten. In solchen Cliquen, die sich oft gegeneinander aggressiv abgrenzen und nicht selten auf der Suche nach fragwürdigen Kicks sind, erwirbt der Einzelne erst durch bestandene Mutproben einen Achtungserfolg bei seinen Freunden, während ihm in der Schule gute Noten eine hohe Anerkennung bei seinen Lehrern einbringen.

In der offenen Gesellschaft ist soziale Wertschätzung eine Leerstelle, deren Besetzung hauptsächlich vom Gelingen des Einzelnen und der verschiedenen Gruppen abhängt, ihre Leistungen und Lebensweisen in der Öffentlichkeit als besonders ehrenhaft und rühmlich zu inszenieren.

Das Maß an Sozialprestige hängt von der Bewertung durch die jeweiligen Gruppenmitglieder oder Mitbürger ab, die mal einstimmig, mal unterschiedlich – mal auch gegensätzlich urteilen. Denn nicht alle bringen Erstplatzierten die gleiche Wertschätzung entgegen: Den einen sind Olympiasieger ziemlich gleichgültig, den anderen Nobelpreisträger und wieder anderen Fußballweltmeister oder Gewinner von Hitparaden und Päpste. Die einen bewundern gute Schüler, die anderen mutige, breitschultrige Draufgänger und wieder andere kluge, hübsche Frauen.

Natürlich führen hoher Sozialstatus und Erstplatzierungen nicht automatisch zu narzisstischer Arroganz. Trotzdem werden Menschen in gehobener Stellung leicht zu übertriebener Selbstwertschätzung verführt. Sie verstehen es, sich in Szene zu setzen. Allerdings hängt Sozialprestige keineswegs nur von gesellschaftlichem Rang ab. Hoher Status wird nicht notwendigerweise mit hohem Ansehen belohnt. Oftmals ist sogar das Gegenteil der Fall. Denn auf der einen Seite steht Sozialneid der uneingeschränkten Bewunderung von Menschen in gehobener Position im Wege. Auf der anderen Seite verhindert häufig deren dünkelhafte Überheblichkeit ihre Wertschätzung. Selbst wenn sich ihr Sieg nicht auf ererbte Privilegien und günstige Startpositionen gründen sollte, sondern auf Eignung, Kompetenz und Leistung, ist ihnen also der Applaus keineswegs sicher.

Vergängliche Größe

Wer nicht Papst ist, sich aber dafür hält, ist verrückt. Wer Papst ist und sich auch dafür hält, ist noch mehr verrückt! Wer über seine Amtswürde vergisst, bloß ein Mensch wie alle übrigen auch zu sein, dem fehlt es an Gespür für die eigene Unerheblichkeit im Ganzen der Welt. Denn es gilt, wie Michel de Montaigne treffend vermerkt: „Mögen wir auf noch so hohe Stelzen steigen – auch auf ihnen müssen wir mit unseren Beinen gehn; und selbst auf dem höchsten Thron der Welt sitzen wir nur auf unserm Arsch."[54]

Wer nicht einen ersten Platz einnimmt, sich aber zum Sieger erklärt, ist verrückt. Wer einen ersten Platz errungen hat und sich für den Sieger hält, ist sogar noch verrückter! Solchen Menschen mangelt es nämlich an Bewusstsein für die eigene Unzulänglichkeit, andernfalls übersähen sie nicht die unverfügbaren und vergänglichen Bedingungen, die ihre herausgehobene Position ermöglichten.

Narzisstische Eitelkeit lässt die Menschen leicht ihre Bedeutungslosigkeit vergessen. Wir Menschen sind anfällig für Beifall, empfänglich für Lob und Schmeichelei, oft auf der Jagd nach Ehre, Glanz und Ruhm oder Karriere und Sozialprestige. Mit großer Genugtuung nehmen wir Ehrungen und Auszeichnungen entgegen, worüber schon Theodor Fontane klagte: „Einen unsagbar traurigen Eindruck machen die Streber auf mich und nun gar die, die erst ruhig sterben, weil sie auf dem Totenbett noch Orden empfingen. Wie klein, wie armselig."[55] Eitle Ruhmsucht und Hochmut galten schon im Alten Testament als schwere Laster, die den Menschen dazu verleiteten, sich von Gott abzuwenden und sich selbst zum Mittelpunkt zu machen. In der griechischen Antike wurden menschliche Eitelkeit, Arroganz und Ruhmsucht als Hybris verurteilt, was soviel wie frevelhafte Selbsterhebung gegen die Götter bedeutet. Obgleich diese religiösen Aspekte heute kaum noch eine Rolle spielen, bleiben die Ermahnungen von damals aktuell.

Doch die Endlichkeit rückt alles ins rechte Licht. Wie brauner Rost frisst sie sich durch den Glanz alles Menschlichen. Deutlich und erhaben tritt sie an den Ruinen des Altertums hervor: Als Bilder vergangener Macht und Herrlichkeit sind die alten Trümmer Sinnbilder vergänglicher Pracht und Größe. „Einst wird kommen der Tag, da die heilige Ilios hinsinkt, Priamos selbst und das Volk des lanzenkundigen Königs", heißt es schon in Homers *Ilias*.[56] Jahrhunderte später zitierte diesen Vers der römische Feldherr Scipio beim Anblick der Verwüstungen Karthagos und dachte wehmütig an das stolze Rom, das bestimmt auch mal untergehen werde. Hierzu passend schrieb Ende des 15. Jahrhunderts Konrad Celtis bei seiner Ankunft in der sogenannten Ewigen Stadt: „Was ist geblieben, o Rom? Nur der Ruhm deines Sturzes, wo einst doch so viele Konsuln du, so viele Caesaren erzeugt. Alles verschlingt die gefräßige Zeit."[57] Immer wieder werden die Menschen, die im Bann von Eitelkeit, Ehrgeiz und Geltungsdrang stehen, ermahnt, die Nichtigkeit aller Macht und Pracht und die Lächerlichkeit allen Hochmuts zu bedenken. Dafür steht das Wort „Vanitas", das gleichermaßen Eitelkeit und Vergänglichkeit bedeutet. „Denn alles Fleisch, es ist wie Gras, und alle Herrlichkeit des Menschen wie des Grases Blume. Das

Gras ist verdorret und die Blume abgefallen", heißt es im ersten Petrus-
brief (1. Petr 1,24). Mit anderen Worten Dante Alighieri im „Fegefeuer"
seiner *Göttlichen Komödie*: „Der Ruhm der Welt streift wie ein Hauch
die Ohren, ein Hauch, der bald hierher, bald dorther weht, und mit der
Richtung geht der Nam' verloren."[58] Ähnlich der Humanist Francesco
Petrarca: „Die Erde ist nichts anderes als ein winziger Punkt im Universum, ein Jahr nur eines von einer unendlichen Zahl von Tausenden
von Jahren, der Ruhm unter den Menschen füllt weder den Punkt noch
das Jahr."[59] Nicht zuletzt klagt auch Franz Grillparzer in *Der Traum ein
Leben* und *Medea*: „Was ist der Erde Glück? Ein Schatten! Was ist der
Erde Ruhm? Ein Traum. Du Armer! Der von Schatten du geträumt."[60]
Alles Menschliche ist wurmstichig!

Wo immer wir Menschen eine übersteigerte hohe Meinung vom
eigenen Wert entwickeln, überspielen wir unsere Vergänglichkeit, Unvollkommenheit und Nichtigkeit. Das unterscheidet den narzisstischen
Hochmut von jeder gesunden Selbstachtung. Diese ist ein Mittleres
zwischen hochnäsiger Überheblichkeit und dem unterwürfigen Gefühl,
nichts wert und seinen Mitmenschen in jeder Beziehung unterlegen zu
sein. Zur Selbstachtung gehört beides: die Bejahung des eigenen Lebens und dessen verspürte Unerheblichkeit. Erst wer im Bewusstsein
seiner Wertigkeit die eigene Unzulänglichkeit und Bedeutungslosigkeit
nicht übersieht, lässt sich von Ruhm und Ehre, Sozialstatus und Sozialprestige oder einer Erstplatzierung nicht zu narzisstischer Arroganz
verleiten. Hierzu bedarf es aber eines starken Selbst mit einem klaren
Gefühl für die eigene Endlichkeit.

Verlierer, Selbstzweifler und Pessimisten

Die Bloßstellung der eigenen Hilflosigkeit, Bedürftigkeit und Verletzlichkeit ist für die meisten Menschen erniedrigend. Doch so selbstverständlich, wie es klingt, ist dies nicht. Es setzt nämlich zweierlei voraus: einesteils eine gewisse Sensibilität für die eigene Gebrechlichkeit, anderteils einen ausgeprägten Selbsterhaltungstrieb mit durchschnittlicher Eigenliebe. Aber genau hieran mangelt es denjenigen Zeitgenossen, die im Gegensatz zu arroganten Narzissten für sich selbst nur einen geringen Wert veranschlagen.

In der Regel ist das Maß menschlicher Selbstwertschätzung variabel. Mal liegt es höher, mal niedriger. Gewöhnlich unterliegt es Schwankungen. Es ist fragil und bleibt labil. Deshalb kommt es immer wieder zu kurzfristigen Fluktuationen, wobei es natürlich auch Menschen mit stabilem Selbstwertgefühl gibt, die nicht so leicht zu verunsichern sind.

Überhaupt sind zu unterscheiden solche, die sich geringschätzen, von denen, die lediglich über ein niedriges Selbstwertgefühl verfügen im Gegensatz zu jenen mit eher hohem Selbstwertgefühl, die sich wiederum von arroganten Narzissten abheben. Wie sich die einen unterschätzen, so überschätzen sich die anderen; verkehrt schätzen sich sowieso viele ein.

Gefährdete Selbstachtung

Es gibt eine Schwelle, unterhalb deren das Leben so armselig wird, dass sich die Menschen kaum noch achten können. Gerade in der nächtlichen Großstadt liegt eine grausame Rücksichtslosigkeit auf den Stra-

ßen, eine erbarmungslose Gleichgültigkeit, die Gefühle der Verlassen-
heit, Armut und des Elends hervorbringt. Hier erweist sich das mühsam
erkämpfte Menschenrecht, auf eigene Art glücklich zu werden, als die
schwere Last, sein sorgenvolles Leben ganz alleine bestehen zu müssen
– unbehaust und einsam. Keineswegs aller Rechte beraubt und doch
ohne Arbeit, Geld und Freundschaft, bleiben die Entwurzelten aus ge-
ordneten Verhältnissen ausgeschlossen. Sie verharren vor den verrie-
gelten Pforten des Glücks. Von niemandem eingeladen und gesucht,
dürfen sie den Tönen ausgelassener Lebensfreude nur vor den Toren
lauschen. Überdeutlich zeichnet sich eine soziale Kälte in ihren ausge-
mergelten Gesichtern ab. Einige hatten auch gute Jahre, aber offenbar
nur wenig Gelegenheit, krisensichere Fundamente zu legen. Das Leben
warf sie aus der Bahn. Jetzt können sie nur noch durch Kunstgriffe über
die schwindelerregenden Spalten und Klüfte des Alltags hinwegschrei-
ten. Wo ist ihr Stolz geblieben? Namenlos bleiben ihre Gesichter – jedes von ihnen ein „Niemand" dicht am Nullwert des Lebens. So produ-
ziert selbst eine Wohlstandsgesellschaft, die ihren Namen verdient,
sozialen Ausschuss – das Treibgut der unerbittlichen Großstadt bei
Nacht, das Menschen zu nennen nur anscheinend die Mühe nicht lohnt.
Manchmal versäumt eben das Leben fast alles am Menschen.

Doch wie nicht jeder erfolgreiche Manager mit sportlichem Outfit
und Collegebildung ein arroganter Narzisst ist, so ist auch nicht jeder,
der sich am Nullpunkt seiner Existenz befindet, von der absoluten Nichtigkeit seines Lebens überzeugt. Auch kärgliche Existenzen können
sich als „Jemand" fühlen, weil sie zur Selbstachtung fähig bleiben.

Allerdings müssen sie wie alle Außenseiter, Abweichler und Anormale um ihre soziale Akzeptanz bangen. Die Gefahr, zurückgestoßen
zu werden, ist groß. Nicht selten fehlt es an nötigem Respekt ihnen
gegenüber, den man Bürgern des eigenen Milieus wie selbstverständlich entgegenbringt. Ehemalige Gefängnisinsassen, Bettler, Obdach-
lose, Langzeitarbeitslose, osteuropäische Leiharbeiter, afrikanische
Politflüchtlinge und andere Randgruppen werden oft als Bürger dritter
Klasse behandelt. Selbst deren Kinder sind vor sozialer Ausgrenzung
keineswegs sicher. Sie können vom elterlichen Stigma wie von einer
ansteckenden Krankheit befallen werden. Natürlich vermögen solche
Erfahrungen das Selbstwertgefühl zu beeinträchtigen. Spätestens, wenn

man bei privaten Verabredungen oder der Jobsuche zu spüren bekommt, dass man aufgrund bestimmter Eigenschaften erfolglos bleibt, kann die schmerzliche Wahrheit nicht mehr länger geleugnet werden. Nur in wenigen Fällen lässt sie die Selbstachtung der Betroffenen unberührt. Der Absturz in die Wirklichkeit endet zuweilen mit einem harten Aufprall.

Die Beispiele sind Legion, welche die Selbstachtung gefährden. Manche Menschen sind vom Typ her schon sehr verletzlich und selbstkritisch. Sie trauen sich nichts, weil sie nur ein schwaches Selbstwertgefühl haben. Lob und Dank gleiten an ihnen ab. Sie leben nach der Devise: „Das wird sowieso nichts" oder „Ich schaffe das ohnehin nicht", überzeugt davon, für nichts gut genug zu sein. Es fehlt ihnen an Selbstachtung, um sich gegen das Leben, wie es ihnen auferlegt wurde, auflehnen zu können.

Andere gewannen bereits in ihrer Kindheit und Jugend nur wenig Vertrauen in sich. Ihre Ablehnung durch Gleichaltrige im Jugendalter, Kommilitonen oder Eltern hat ihre Überzeugung vom eigenen Wert stark beschädigt. Schlimmer als grobe Schläge können feine Sticheleien demütigen. Wenn Kinder und Jugendliche einen Mitschüler wiederholt schikanieren, hänseln, ausgrenzen und Gerüchte über ihn in die Welt setzen, dann spricht man von Bullying. Es zielt darauf ab, einen Schwächeren verächtlich zu machen. Solche Attacken gegen Schulkameraden oder Arbeitskollegen im Internet werden Cyber-Bullying oder Cyber-Mobbing genannt.

Gerade in der Pubertät kommt es – wie später in den Wechseljahren – gehäuft zu Selbstwertkrisen. Hinzu kommen widrige Lebensumstände, ungünstige Berufsaussichten, mehrjährige Arbeitslosigkeit, wirtschaftliche Misserfolge, Armut, Pech in der Liebe, ein unerfüllter Kinderwunsch, sexuelle Nötigung und sonstige Misshandlungen. Von einigen Menschen hat das Leben fast alles Gute ferngehalten.

Häusliche Gewalt bis hin zum sexuellen Missbrauch führen nicht nur regelmäßig zu gefährlichen und schweren Körperverletzungen, in aller Regel rufen sie auch Gefühle der Verachtung hervor. Überhaupt sind Intimbeziehungen und Partnerschaften besonders anfällig für gegenseitige Erniedrigungen. Wenn Liebreiz in feindselige Gereiztheit umschlägt, werden der Fantasie ganze Serien demütigender Bilder untergeschoben. Natürlich erschöpft sich Intimität nicht im Erotischen.

Man kann auch füreinander da sein, ohne einander noch stark zu begehren. Man muss auch keineswegs Groll gegeneinander empfinden, nur weil man nicht mehr ineinander verliebt ist. Doch wie viele Paare gehen sich auf die Nerven, ohne es offen auszusprechen, weil sie sich aneinander gefesselt fühlen. In Momenten, wo sie einander nicht mehr leiden können, jede Gestik, Mimik, jedes Lächeln, ja einfach alles an dem Menschen, den man einst liebte, entsetzlich reizt, wächst unterschwellig die Verachtung. Mit einem Male findet man auf dem Gesicht seines Partners die ganze Mittelmäßigkeit seiner Person ausgebreitet, über die man jetzt nur noch die Nase rümpfen kann. Nie zuvor war der andere einem so lächerlich, gewöhnlich und platt vorgekommen. Jahrelang lag ein Schleier darüber. Nun aber ist es soweit. Man kann es auf einmal nicht mehr ertragen, wie der Lebensgefährte den Löffel in der Tasse dreht oder das Messer beim Schneiden hält, so groß ist inzwischen die Verachtung. Aber wie soll man weiterhin miteinander auskommen, nachdem man aneinander so vieles Verächtliches entdeckt hat. Wenn nur noch Ekel, Wut und Abscheu ums Bett kriechen, dann ist es vermutlich Zeit zu gehen. Zu bleiben wäre verlogen und würdelos, ja selbsterniedrigend. Doch kann das Scheitern der Beziehung oder Ehe wie die Kündigung einer Arbeitsstelle gleichfalls als demütigend empfunden werden.

Andere hingegen fühlen sich schwach, weil sie in einem sozialen Brennpunkt aufwuchsen, ihre Eltern sie nicht mochten oder sie vielleicht den Hochschulabschluss nicht schafften. Dann beschimpfen sie sich selbst als Verlierer, als blöd und nutzlos. Viele leiden unter schulischer, beruflicher oder sexueller Leistungsschwäche, die ihr Selbstwertgefühl stark in Mitleidenschaft zieht. Einige können sich nicht mehr achten, weil sie gestohlen oder gelogen haben, wieder andere, weil sie sich einfach zu dick oder hässlich finden. Natürlich kann auch die Zugehörigkeit zu einer religiösen oder ethnischen Minderheit die Selbstachtung beeinträchtigen. Außerdem rufen körperliche Deformationen, Entstellungen, Krankheiten, Handikaps, die dem Betroffenen regelrecht ins Gesicht geschrieben stehen, starke Zweifel am Selbstwert hervor. Das Gleiche gilt für jede Art von Kritik oder Konflikt. Die Selbstzweifel können dabei so stark werden, dass am Ende nur noch Gefühle der Unzulänglichkeit übrig bleiben. Wo immer sich der Einzelne unverstanden, bloßgestellt oder ungerecht behandelt fühlt, ist seine Selbstachtung gefährdet. Ebenso kann durch die Bewertung von Kollegen als inkompetent oder unsympathisch das Selbstwertgefühl verringert werden. Manche wollen andere klein sehen, um selbst ein wenig größer zu erscheinen.

Ohne die rechten Worte und Gesten ist es praktisch unmöglich, seinen Mitmenschen den ihnen gebührenden Respekt zu erweisen. Aber wie häufig ziehen die Menschen übereinander her, lästern übereinander, lassen sich zu groben Witzen und Beschimpfungen hinreißen, obwohl sie doch wissen, wie leicht verletzbar wir alle sind. Dennoch sind böse Gerüchte, der Stinkefinger und Verbalinjurien, die Sprache des Unrats, allgegenwärtig. Mit Vorliebe wird an Mitbürgern das Fehlerhafte und Abweichende aufgespürt. Man wittert ihre Andersartigkeit wie den Schimmel auf dem Brot, noch bevor er aufgetreten ist. Üble Nachrede und Klatsch sind weit verbreitet. Darum verspüren viele immer wieder das Bedürfnis, sich zu erklären, Missverständnisse zu beseitigen, Irrtümer auszuräumen. Wohl dem, der sich von dummem Gerede nicht sonderlich beeindrucken und sich von den Geschichten, die über ihn im Umlauf sind, lieber zum Lachen bringen lässt.

Das Gegenteil hiervon sind paranoide Menschen, die ihre Selbstachtung dauernd vermeintlichen Angriffen ausgesetzt sehen. Sie sind wegen nichts und wieder nichts beleidigt. Selbst im weiten Feld fühlen sie sich in die Ecke gedrängt, aus der sie nicht mehr fliehen können. Aufgrund ihrer Überängstlichkeit befinden sie sich in ständiger Alarmbereitschaft. Manchmal genügt schon eine abfällige Äußerung oder eine herablassende Bewegung, damit sich solche Gemüter herabgesetzt fühlen. Im Grunde sind es nur Kleinigkeiten, aber diese können ziemlich groß werden. Darum wehren sich Überängstliche nicht selten durch vorschnelles Angstbeißen. Da es oft nicht mehr als nichts ist, was sie quält, aufregt und kränkt, tröstet es nur wenig, dass es nicht weniger als nichts gibt!

Jede Selbstwahrnehmung ist auch eine verinnerlichte Fremdwahrnehmung. Daher fällt es leicht, sich mit den Augen derer zu sehen, die es einem gegenüber am nötigen Respekt fehlen lassen. Nur wer solche Außenperspektiven nicht in seine Innenperspektive übernimmt, bleibt hiervon verschont. Aber das ist nicht immer einfach. Es kann der

Selbstachtung bereits abträglich sein, neugierig angestarrt zu werden. Viele vermuten dahinter die Frage: „Wie sieht der denn aus?" – „Irgendetwas stimmt doch mit der nicht!" Erst recht aber fällt es schwer, seine Selbstachtung aufrechtzuerhalten, wenn einem etwas Gemeines zugerufen oder gar mit bissigem Spott hinterher gerannt wird. Wie oft werden Menschen unbedacht gehänselt und grob verspottet? Die Zahl der gedankenlosen Bürger ist groß. Viele merken nicht einmal, wie grob und achtlos sie sind, wenn sie Witze über ungeschickte oder hilflose Bürger reißen. Jedoch kann man auch ohne böse Hintergedanken in eine Ungeschicklichkeit hineinstolpern. Ein gutes Beispiel hierfür liefert Stefan Zweig in *Ungeduld des Herzens,* wo ein Lieutnant in bester Absicht eine gehbehinderte Dame zum Tanz auffordert.

Scham

Jedes Schamgefühl stellt die Selbstwertschätzung in Frage. Im Extremfall bedeutet es den Zusammenbruch der Selbstachtung. Aristoteles schreibt: Scham ist „Furcht vor Schande", und er fügt hinzu: „Wer den Tod fürchtet, erblasst; wer sich schämt, errötet."[61] Wer sich schämt, möchte am liebsten im Erdboden versinken. Nicht selten senkt der Betroffene den Blick oder hält aus Scham die Hände vors Gesicht. Seit jeher wird darüber gestritten, ob Scham mehr natürlich oder hauptsächlich anerzogen ist. Einerseits scheinen wir ein Schamgefühl von Natur aus zu besitzen, andererseits zeigt sich Scham in der wechselvollen Geschichte auf ganz unterschiedliche Weise. So universell dieses Phänomen ist, je nach Milieu, Kultur, Epoche, Geschlecht oder Lebensalter gibt es unterschiedliche Ausprägungen hiervon. Beispielsweise galt früher Nacktbaden mal als selbstverständlich, mal als verwerflich. Dass Damen der besseren Gesellschaft bis ins 18. Jahrhundert ihre Besucher gerne im Bad empfingen und Ludwig XIV. seine Audienzen auf dem Nachtstuhl hielt, belegt aufs Anschaulichste, wie sehr das Schamgefühl auch eine Konvention und Erfindung gesellschaftlicher Regeln ist.

Das Gefühl der Scham kann verschieden stark sein. Es reicht von leichter Verlegenheit bis zu abgrundtiefer Selbstverachtung. Dabei kann es durch ganz Unterschiedliches ausgelöst werden: Die einen schämen sich dafür, zu weinen oder laut zu lachen, die anderen, sich nackt zu zeigen. Der nackte Körper galt in der abendländischen Kultur lange Zeit als Bild schamloser Wollust. Als Mittel der Kriegsführung können erzwungene Nacktheit bis zu systematischer Vergewaltigung zutiefst beschämen und demütigen. Neue Möglichkeiten der Beschämung bietet das Cyber-Mobbing.

Außerdem kann übermäßige Leidenschaft beschämen und dadurch für Augenblicke die Selbstachtung eintrüben. Heftiger Zorn, wilde Wut, aber auch entgrenztes Begehren und krankhafte Eifersucht haben etwas Rauschhaftes, das sich den Zügeln der Vernunft, der Selbstbeherrschung, hartnäckig widersetzt. Obwohl die sexuelle Ausschweifung zu willkommenen intensiven Genüssen führt, birgt sie möglicherweise eine demütigende Abhängigkeit und ein kränkendes Ausgeliefertsein an die eigenen Gefühle, was die Betroffenen beschämen kann. Das Gleiche gilt für die brennende Eifersucht. Jeder Kontrollverlust birgt die Gefahr der Beschädigung unserer Selbstachtung. Gerade Liebeswahn und Wutausbrüche treiben die Menschen gerne zu groben Redensarten und Handlungen, die sie im nüchternen Zustand unterlassen würden. Niemand ist nach einem Zornausbruch unglücklicher als der Tollwütige. Mit einem Würgen in der Kehle verachtet sich der Wüstling nachher oftmals selbst. Wer mit sabbernder Gier im Liebesrausch um Erwiderung bettelt, schließlich aber doch abgewiesen wird, oder wer in irrwitzigem Zorn blindlings draufschlägt, gefährdet seine Selbstachtung durch Selbstentblößung. Man hat sich zu weit geöffnet, etwas von sich preisgegeben, was man lieber verborgen gehalten hätte. Wenn Eifersüchtige heimlich ihre Liebe belauschen, ausspionieren und überwachen, kompromittieren sie sich bereits, ohne es womöglich zu merken. Aber wenn sie wieder bei klarem Verstand sind oder es herauskommt, dass sie ihre Liebe des Verrats verdächtigten, dann werden sich die meisten bestimmt verachten und beschämt fühlen.

Das Gefühl der Beschämung wächst noch, wenn man anschließend seine Eitelkeit überwindet, um sich vor den Opfern, denen man zu nahe kam, selbst zu demütigen und seine Taten offen der Verachtung preiszugeben. Man hofft, durch solche Selbsterniedrigungen alles wieder in Ordnung bringen zu können, was jedoch nicht immer gelingt.

Das Schamgefühl steigt sogar noch weiter, wenn Außenstehende die Anfälle und Bespitzelungen mitbekommen und einen hierfür lächerlich machen, verhöhnen und schikanieren. Öffentlich sichtbare Ausschreitungen ziehen automatisch verächtliche Blicke auf sich.

Das kann gleichfalls passieren, wenn man gegen herrschende Grundwerte verstößt. Wie viele empfinden es als beschämend, wenn herauskommt, dass sie gelogen oder gestohlen haben, arbeitslos wurden oder in einem Stadtviertel aufwuchsen, in dem „man nicht wohnt". Wie es Statussymbole gibt – Haus, Auto, Markenartikel –, so gibt es auch Stigmasymbole, die sich mit der Zeit manchmal wandeln, wie Ervin Goffman betont.[62] Früher konnte der geschorene Kopf eine Ehebrecherin beschämen, wie es heute etwa noch sichtbare Einstichnarben von Heroinabhängigen oder das Stottern eines Kollegen im Teamgespräch tun. Wo immer der Einzelne nicht genügend an seine Umgebung angepasst ist und infolgedessen ausgegrenzt wird, kann es leicht zu Schamgefühlen kommen: Wenn der eigene Körper nicht dem Schönheitsideal seiner Zeit entspricht, schämt man sich dafür, übergewichtig, schmächtig oder hässlich zu sein. Dies geschieht besonders dort, wo der Körper im Mittelpunkt steht: im Sportunterricht, Schwimmbad oder Club. Wo Mut gefordert ist, schämt man sich, feige zu sein; wo kulturelle Bildung normal ist, schämt man sich dafür, keinen höheren Schulabschluss zu besitzen. Schon der falsche Wortgebrauch von Aufsteigern aus der Unterschicht in die gehobene Mittelschicht, der ihre Herkunft verrät, lässt sie Scham empfinden. Ehemalige Strafgefangene, Schwerkranke, Behinderte oder Arbeitslose fürchten nicht selten, dass mit dem Finger auf sie gezeigt wird.

Nicht erst die schönen Erfolgreichen, sondern schon normale Durchschnittsbürger können bei Menschen, die „es nicht geschafft haben", Gefühle der Scham auslösen. Manchmal genügt bereits der heimische Badspiegel, um von Selbsthass gepackt und vor Scham schmerzlich rot zu werden, sobald man sich nur am Morgen darin erblickt.

Wofür wir uns auch immer schämen mögen, wir schämen uns stets vor anderen, in deren Augen wir als erbärmlich, lasterhaft oder schwach erscheinen. So schämen wir uns vor dem Partner, den Kindern, den Nächsten, der Gesellschaft, vor Gott oder vor uns selbst, wenn wir etwa in einer Prüfung versagen. Nackt dem universellen Auge Gottes ausgesetzt zu sein, ist die Urszene aller Scham. Mit dieser Vorstellung eines göttlichen Spitzels, der alles sieht, wurde in der Kulturgeschichte die Idee vom peinlichen Erblicktwerden auf die Spitze getrieben.

Allgemein setzt Scham die Verinnerlichung eines Blicks fremder oder vertrauter Menschen und deren Wertmaßstäbe voraus. Allerdings ist die Scham hierdurch noch unvollständig beschrieben. Es genügt nicht, vor sich selbst, seinen Mitmenschen oder Gott als schwach, lasterhaft und erbärmlich zu erscheinen. Hinzu kommt noch ein weiterer Gesichtspunkt: In der Scham erkennt man, dass man tatsächlich so ungenügend, abhängig oder kleinlich ist, wie einen die anderen sehen, obwohl man bisher doch einen ganz anderen Eindruck bei ihnen erweckte und auch auf sie machen wollte. Wer sich schämt, gibt zu, so zu sein, wie man gesehen wird. Man fühlt sich unbehaglich, weil man durchschaut wird. Der Anschein, die Unaufrichtigkeit oder Lebenslüge zerbricht unter den fremden Blicken. Hierzu passt, dass sich Scham häufig dort einstellt, wo uns fremde Blicke unvorbereitet treffen, weil sie uns bei etwas überraschen – sei es beim Nasebohren oder beim Schlüssellochgucken.

Aus alledem erhellt zum wiederholten Male: Wie zur Selbstachtung außer dem Bewusstsein vom eigenen Wert auch die Erfahrung verwundbarer Hinfälligkeit gehört, so ist umgekehrt Scham, bei der man als gebrechlich, endlich oder unzulänglich entlarvt wird, überhaupt nicht möglich ohne ein gewisses Selbstwertgefühl. Denn ein Bewusstsein der absoluten Wertlosigkeit, in dem jedes Selbstwertgefühl fehlte, ließe Schamgefühle gar nicht zu. Das Gleiche gilt für absoluten Hochmut, in dem die eigene Nichtigkeit verkannt und damit gleichfalls jedes Schamgefühl ausgeschlossen bliebe.

Reflexion und Kompensation

Eine besondere Herausforderung für die Selbstachtung stellt die eigene körperliche Unzulänglichkeit dar. Nicht selten führt die „Minderwertigkeit der Organe", wie Alfred Adler betont, zu einem Minderwertigkeitsgefühl, das durch geistige Leistungen kompensiert wird.[63] Bereits Nietzsche sah die existenzielle Tragweite körperlicher Gebrechen. Er thematisierte die Selbstverachtung der Kränklichen als ein spezielles Problem, das sich durch die Entwicklung höherer geistiger Fähigkeiten

– zumindest teilweise – besiegen lasse. „Die menschliche Geschichte wäre eine gar zu dumme Sache ohne den Geist, der von den Ohnmächtigen her in sie gekommen ist."[64] Anschaulicher formuliert: „Wenn man dem Bucklichten seinen Buckel nimmt, so nimmt man ihm seinen Geist."[65] Hiervon beeinflusst vermerkt gleichfalls Hugo von Hofmannsthal: „Was Geist ist, erfasst nur der Bedrängte."[66]

Dessen höhere Sensibilität ist auch eine Art Rebellion der Selbstachtung. Insbesondere schwächliche, blasse Naturen entwickeln sich zu zarten, schöngeistigen Seelen, woraus sie trotz aller verspürten Unzulänglichkeit einen gewissen Selbstwert schöpfen. Wie ein Cantus firmus zieht sich dieses Motiv durch Thomas Manns frühe Schriften. Man denke an den kleinen Herrn Friedemann, an Tonio Kröger, Paolo Hofmann oder Hanno Buddenbrook, um bloß einige Figuren zu nennen. Sie alle sind feinsinnige Gemüter mit verwahrlosten Körpern, denen sie zum Teil ihre höhere, geistige Genussfähigkeit verdanken.

Hiernach wird erst der von Krankheit gezeichnete Mensch zur Reflexion und damit zur Entwicklung seines Geistes getrieben. Diese Idealisierung der schwächlichen Konstitution als Quelle größerer Merkfähigkeit und Schaffenskraft hat ihren Ursprung im romantischen Geniekult.[67] Aber schon seit der Renaissance wird die Melancholie als kreativ und inspirativ glorifiziert. Nach alledem bringen nicht so sehr die körperlich robusten Naturen große Werke hervor als vielmehr die durch körperliche Schwächen verfeinerten, schwermütigen Gestalten. Diese meiden, soweit möglich, die gleißende Sonne und den groben Staub der trivialen Wirklichkeit. Stattdessen ziehen sie sich lieber in das Reich des Fein- und Schöngeistigen zurück, wo ihre Selbstachtung Zuflucht findet. Vergeistigte Innerlichkeit als Exil und Asyl der Selbstachtung!

Das Gegenbild hierzu zeigen grobfleischige Tatenmenschen, die – vor Gesundheit strotzend – in prallem Leben stehen, mit dem sie die Natur verschwenderisch bedachte. Sie sind die Vorbilder unserer Zeit, in der dem Sportlichen und Geschäftstüchtigen die Welt zu gehören scheint. Kraft, Schönheit und Erotik sind ihre Leitwerte und deren wichtigster Botschafter ist der Körper, an dessen Attraktivität gleichermaßen Junge und Alte, Schöne und Schwache diszipliniert arbeiten. Auch hier dreht sich alles ums Selbstwertgefühl, dessen Steigerung der ebenso Lebenstüchtige wie Lebenssüchtige von seinen sportlichen Kraftanstrengungen erwartet.

Allerdings steht es nicht jedem frei, die Defizite seines angeschlagenen Selbstwertgefühls durch geistige oder körperliche Betätigungen zu kompensieren. Solche Entschädigungen und Lustgewinne liegen nicht in der Reichweite eines jeden. Für manche Menschen scheint ein niedriges Selbstwertgefühl so typisch zu sein wie das Wasser dem Meer.

Peinliche Verschwiegenheit

Menschen mit niedriger Selbstachtung zweifeln vorschnell an sich und ihren Fähigkeiten. Gerne stellen sie ihr Licht unter den Scheffel. Sie zeigen nicht, was sie können. Denn sie haben wenig Zutrauen zu sich. Misserfolge entmutigen sie. Um sich Kritik zu ersparen, wagen sie nur wenig. Bisweilen verbergen Jugendliche ihre Begabung vor Mitschülern, um nicht von ihnen gehänselt zu werden. Sie möchten lieber nicht auffallen, nirgendwo anecken. Nicht immer überleben die Besten, Härtesten und Schönsten, manchmal sind es die Unauffälligen, die nicht weiter beachtet, einfach übersehen werden.

Diese bewundern lieber andere. Hierdurch haben sie aber selbst fast keinerlei Erfolgserlebnisse. So verharrt ihr Selbstwertgefühl auf konstant niedrigem Niveau. Es ist nur gering ausgeprägt. Depressive Symptome sind keine Seltenheit. Geringschätzung nehmen sie widerspruchslos hin. Im Extremfall fühlen sie sich als „Niemand". Solche Menschen gehen eher mit niedergeschlagenen Augen als mit geschwellter Brust durchs Leben. Sie meiden fast jeden Blickkontakt und bleiben sozusagen geduckt. Von Minderwertigkeitsgefühlen geplagt, mögen sie sich selbst nicht. Sie lehnen sich ab, fühlen sich nutzlos. Den Wert der eigenen Person vermögen sie nicht zu spüren. Eine solche Spirale nach unten lässt sich nicht ohne weiteres aufhalten. Denn je niedriger die Selbstachtung, umso geringer die Leistungsmotivation, desto kleiner der Erfolg! Es fehlt einfach der Antrieb, das Beste aus sich zu machen. Herausforderungen und Verantwortlichkeiten fühlt man sich kaum gewachsen; glückliches Gelingen wird eher als Versehen eingestuft. Man ist nicht darauf eingestellt, dass auch mal etwas glatt läuft. Deshalb irritiert der Erfolg. Statt Zuversicht und Selbstvertrauen beherrschen

Zögerlichkeit und Selbstzweifel den Alltag. Man fühlt sich unsicher. Minderwertigkeitsgefühle und Selbstunsicherheit bilden eine Einheit. Anstatt sein Leben entschlossen anzupacken, verfallen Zauderer lieber in lähmendes Grübeln. Ständig haben sie etwas an sich auszusetzen – ob an ihrem Äußeren, dem Charakter, der Arbeit oder ihren Leistungen. Manche werfen sich schon kleinste Verfehlungen vor. Die Neigung zur Selbstverurteilung ist groß. Bisweilen genügt schon eine Kleinigkeit, ein hartes Wort oder böser Blick, um wieder einmal die Selbstachtung zu verlieren.

Niemand weiß, was andere in Wahrheit über einen denken. Doch Menschen mit einem Makel oder Stigma können es sich leicht vorstellen. Sie neigen dazu, sich vorübergehend selbst geringzuschätzen. Dazu fürchten Versager das abfällige Urteil anderer. Ehemalige Strafgefangene oder Arbeitslose verkriechen sich manchmal vor der Öffentlichkeit, nur um nicht nach ihrem Leben oder ihrer Arbeit gefragt zu werden, da sie sich für ihre Vergangenheit oder Arbeitslosigkeit schämen. Lieber verdrücken sie sich schamvoll, um nicht an ihre verdeckten Schwachstellen erinnert zu werden. Jedoch verstärkt ihr resignativer Rückzug in die häusliche Enge unter Umständen noch ihre Niedergeschlagenheit.

Allgemein muss unterschieden werden zwischen Schwachstellen, die offen zutage liegen und weitgehend bekannt sind, und Schwachstellen, welche nur die Betroffenen oder vielleicht noch ihre Nächsten kennen. Seit jeher gibt es gesellschaftliche Vorgaben, wie man zu sein hat, um nicht ausgegrenzt zu werden: nämlich normal. Obwohl Wandel und Vielfalt in unserer schnelllebigen und bunten Zeit normal sind, halten wir im Alltag doch hauptsächlich das Gewohnte, Regelmäßige und Durchschnittliche für normal. Erst einmal vertraut und selbstverständlich geworden, wird es von den meisten sogar ausdrücklich gewollt und gutgeheißen. So wird das Normale zugleich zum Normativen, ja zur Norm, die Ausnahmen nur bis zu einem bestimmten Punkt zulässt. Je stärker die Abweichung, umso größer die Gefahr der Ausgrenzung und Geringschätzung. Deshalb stehen diejenigen, die mit einem verdeckten Makel behaftet sind, regelmäßig vor der quälenden Frage, wie sie mit dem Geheimnis umgehen sollen: Rauslassen oder verschweigen? Soll man wirklich sagen, dass man im Gefängnis saß, die Brust amputiert bekam oder als Prostituierte arbeitete? Soll man die Karten über seine dunkle Vergangenheit auf den Tisch legen? Soll man offen aussprechen, dass man frigide, impotent oder unfruchtbar ist? Es ist nicht schön, erkennen zu müssen, dass andere die eigenen Defekte oder Defizite als Unglück ansehen.

Doch wenn ein Recht zur Verheimlichung nur der besitzt, der nichts zu verbergen hat, dann sind vermutlich alle im Unrecht. Denn obwohl Ehrlichkeit von den meisten als hoher Wert geschätzt wird, verheimlicht doch praktisch jeder etwas, für das er sich vor anderen schämen würde. Die Wahrheit gegen sich erzwingt bisweilen die Unwahrheit gegen andere. Schon darum ist es ratsam, das Reisegepäck seiner Mitmenschen nicht näher zu untersuchen. Was da wohl alles zum Vorschein käme! Stattdessen sollte man die Schutzhülle achten, mit der jeder sein Dasein zu umgeben pflegt. Aber die Menschen sind neugierig und nehmen am Unglück ihrer Zeitgenossen lieber Anteil als an deren Glück.

Natürlich ist man auch um sorgfältige Geheimhaltung bestimmter Angelegenheiten bemüht, weil diese so privat, persönlich oder intim sind, dass sie sich nicht zur öffentlichen Bekanntgabe eignen. Die Beziehung zwischen uns Menschen ist nicht immer so eng, dass solche Mitteilungen gerechtfertigt wären. Jedoch ist der Hauptpunkt zumeist ein anderer: Indem Menschen ihre unauffälligen Abweichungen verheimlichen, präsentieren sie sich als normal. Solche Täuschungen geschehen in der Regel nicht aus böser Absicht. Die Betroffenen werden hierzu verleitet, weil sie gerne als normal angesehen werden möchten. Weit davon entfernt, an der Trivialität des gewöhnlichen Alltags, dem gesunden Durchschnitt der dumpfen Menge, an deren grobfleischigen Mittelmäßigkeit zu leiden, sehnen sie sich vielmehr nach dem „Leben in seiner verführerischen Banalität", wie Thomas Mann zu sagen pflegte. Die „Wonnen der Gewöhnlichkeit" sind der Lohn für ihre Geheimniskrämerei.[68] Hinzu kommt die berechtigte Angst, alte Bekanntschaften und neue Bindungen könnten durch zu viel Offenheit belastet oder gefährdet werden.

Aber wie es der Selbstachtung förderlich ist, von anderen als normal betrachtet zu werden, obgleich man anormal ist, genauso kann es der Selbstachtung abträglich sein, sich vor anderen zu verleugnen. Überhaupt sind Verstellungen anstrengend, und die Gefahr ist groß, eine Lüge nach der anderen entwickeln zu müssen, um die gefürchtete Enthüllung zu verhindern. Man reitet sich in eine prekäre Lage hinein und verliert nach und nach den Überblick. Trivialitäten können mit einem Male echte Probleme aufwerfen. Wer sich beispielsweise dafür schämt, nicht Auto fahren zu können oder Analphabet zu sein, und dennoch so tut, als ob er es könnte, bedarf dauernd Ausreden, warum er nicht fährt, nicht schreibt oder liest. Manche lachen sogar mit, wenn Witze über Impotente und Frigide gemacht werden, um nicht aufzufallen, obgleich sie selbst solche Probleme haben. Sie sind zum Mitlachen gezwungen, um sich nicht ausgeschlossen zu fühlen. Nicht selten hassen sie sich in solchen Momenten für ihre Selbstverleugnung. Plötzlich hat sie die Selbstverachtung im Würgegriff. Sie können sich nicht mehr ins Gesicht sehen. Zugleich aber empfinden sie es als Linderung, mit dem Geständnis noch warten zu dürfen oder es überhaupt nicht machen zu müssen, so viel Bitterkeit, Erniedrigung und Selbstverachtung steckt für sie darin.

Einerseits also hofft der Anormale sich durch Täuschungen Spott und Hänseleien ersparen zu können, welche seine Selbstachtung beschädigen würden. Andererseits stellt er seine Selbstachtung durch seine Verstellungen selbst in Frage. Die Situation ist überaus heikel. Darum tasten sich Geheimniskrämer oft erst behutsam vor, um abzuklären, wie weit sie ihr Geheimnis ohne Gesichtsverlust und Beziehungsschaden enthüllen können. Wie wird wohl die Nachricht aufgenommen werden?

Natürlich müssen hier verschiedene Adressatenkreise unterschieden werden. Je nachdem, muss die Katze möglicherweise vor der Familie oder vor dem Freundeskreis aus dem Sack gelassen werden. Aber darum muss die Wahrheit nicht gleich auch der Nachbarschaft, den Kollegen am Arbeitsplatz oder gar den Menschen auf der Straße offengelegt werden. Darüber hinaus muss der Zeitpunkt, der Ort wie auch die Art und Weise der Enthüllung gut gewählt werden. Denn selbstverständlich beeinflussen solche Faktoren die Reaktionen hierauf, ob nämlich die Nachricht mit Verständnis oder Abscheu aufgenommen wird. Zweifellos ist es schlimmer, Angehörige und Freunde als Fremde zu hintergehen. Die innere Anspannung kann nahezu unerträglich werden und das Bedürfnis so groß, dass man sich einfach mitteilen muss.

Mit Recht drängt sich hier die Frage auf, was denn Familie und Freundeskreis überhaupt wert sind, wenn man sich vor ihnen verstellen muss. Häufig kann man ihnen mehr zumuten, als man glaubt. Natürlich vermag die freiwillige Selbstoffenbarung den guten Ruf zu beschädigen, den man bislang bei ihnen genoss. In diesem Falle gründete die Freundschaft auf falschen Voraussetzungen. Meistens kommt die Wahrheit eher zufällig heraus. Dann sind die Freunde mit Recht über das mangelnde Vertrauen enttäuscht. Zugleich müssen sie sich aber fragen, welchen Anteil sie selbst an der Verheimlichung hatten. Die Umstände müssen ernst genommen werden, die zur Verschwiegenheit führten. Sicherlich waren sie für den „Theaterspieler" quälend. Darum sollte er auch auf Verständnis bei seinen Freunden stoßen dürfen, wie er umgekehrt deren Enttäuschung verstehen sollte. Wenn man einander mag, fällt es leicht, einander zu verstehen und zu verzeihen. Nur nicht kleinlich sein beim Vergeben und Vergessen! Wenn eine Person in eine peinliche Situation gerät, wo sie aus Scham nicht weiß, wie sie sich verhalten soll, dann fordern bereits unsere eigenen Mängel, ihr Brücken zu bauen. Größere Nachsicht erfordert lediglich, sich der eigenen Unzulänglichkeiten bewusst zu bleiben. Wer mit offenen Augen durch die Welt geht, sieht genug, um seine Mitmenschen nicht sofort dafür verachten zu müssen, wenn sie sich einmal feige benommen haben.

Viele sind heute in der Lage, Menschen mit Auffälligkeiten so zu behandeln, als wären sie nicht der Beachtung wert. Schon die Höflichkeit gebietet, sich ihnen gegenüber so zu verhalten, als ob sie normal wären. Es kann ausgesprochen taktvoll sein, etwas mit Stillschweigen zu übergehen oder geflissentlich zu übersehen. Man sieht es, schaut aber nicht hin. Nichts mehr als dieses wünschen sich Stigmatisierte. Sie möchten als normal angesehen werden. So sind sie eher imstande, sich achten zu können. Jedoch verhindern manchmal bereits die Umstände die erwünschte Normalität. Beispielsweise vermag eine Person mit körperlicher Deformation noch immer leicht Unbehagen im Raum zu verbreiten. Selbst wenn sie behandelt wird, als ob ihre Andersartigkeit belanglos wäre, bleibt die Situation womöglich unterschwellig angespannt, unsicher, peinlich für alle. Solches Unbehagen wird gerne mit gespielter Leichtigkeit, gekünstelter Schwatzhaftigkeit und angestrengter Heiterkeit überspielt. Dennoch bleiben bestimmte Worte und Blicke tabu. Bewusst starrt man woanders hin. Sensible Gemüter spüren natürlich die aufgesetzte Normalität, die ihre Selbstachtung trotz oder gerade wegen dieser Bemühungen erschüttert. Dies trifft erst recht zu, wenn umgekehrt das Normale als Zeichen von Anormalität bewertet wird. So fühlt sich ein Gehbehinderter möglicherweise in seiner Selbstachtung verletzt, wenn sein Stolpern wegen fehlender Aufmerksamkeit sofort mit seiner Behinderung in Verbindung gebracht und ihm deshalb übertriebene Unterstützung angeboten wird. Stattdessen hätte er sich gewünscht, zu größerer Vorsicht ermahnt zu werden. Das Gleiche kann passieren, wenn ein ehemaliger Strafgefangener in die Oper geht oder eine Prostituierte anspruchsvolle Bücher liest und hierfür überschwänglich gelobt wird. Auch gut gemeinte Worte können die Selbstachtung verletzen.

Die Sprache ins Verhör genommen

Wenn Wahrheiten ans Tageslicht kommen, die nicht für die Öffentlichkeit bestimmt sind, dann sind die Betroffenen entweder beschämt oder empört, oftmals auch beides. Empört sind sie vor allem, wenn sie erfahren, dass sie heimlich abgehört oder observiert wurden. In solchen Fällen ist der Ärger groß. Mit Recht sehen die Bespitzelten hierdurch fundamentale Persönlichkeitsrechte verletzt. Man möchte gefälligst selbst entscheiden, welche Informationen man an welche Personen weitergibt und was man hierbei von sich selbst preisgibt.

Ein Spähangriff ist bereits das unbemerkte Gucken durchs Schlüsselloch oder das neugierige Lauschen hinter verschlossenen Türen. Dazu kommen das Lesen fremder SMS, das unzulässige Abhören eines Anrufbeantworters oder das Durchstöbern fremder Post. Natürlich gehört die heimliche Verfolgung durch Privatdetektive ebenso dazu. Am Ende stehen Überwachungen durch Geheimdienste wie NSA, CIA und FBI Amerikas, FSB, SWR und GRU Russlands, die in der Tradition des sowjetischen KGB stehen, und durch das Bundesamt für Verfassungsschutz, den Militärischen Abschirmdienst und den Bundesnachrichtendienst Deutschlands, um Geheimdienste nur dreier Staaten zu nennen. Geheimdienste gibt es weltweit. Deren Datensauger arbeiten an vielen Orten. Sie sammeln Informationen im großen Stil, verhindern Anschläge, betreiben Industriespionage, sichern Staatssysteme. Im digitalen Zeitalter überrascht es nicht, dass Millionen Telefone abgehört, Emails mitgelesen, massenhaft Kommunikationsdaten gesammelt werden. Gerne spähen Geheimdienste technische Innovationen aus, observieren vermeintliche oder wirkliche Staatsfeinde. Sie möchten Geheimnisse abschöpfen, die den nationalen Interessen dienen könnten. Hierfür schrecken sie weder vor den eigenen Bürgern noch vor befreundeten Regierungen zurück. Jedermann weiß, dass sich Geheimdienste nicht immer an gesetzliche Regelungen halten, zuweilen sogar gesetzeswidrig handeln. Dennoch zeigen sich die meisten verwundert, wenn herauskommt, dass sie möglicherweise selbst Opfer einer millionenfachen Datenabschöpfung wurden. Ernsthaft gerechnet hatte man schon deshalb nicht damit, weil sich digitale Beschattungen nicht sehen, riechen oder anders sinnlich wahrnehmen lassen. Dennoch hätte man es eigentlich ahnen können. Zugetraut hatte man es den Geheimdiensten ja bereits, bloß nicht in dieser Größenordnung und Dreistigkeit. Doch die Tatsache, dass bislang nichts Konkretes hierüber zu erfahren war, wog die Bürger in der Illusion, es gäbe die Überwachung nicht. Erst in dem Augenblick, da sich die Möglichkeit nicht mehr ausschließen lässt, bespitzelt worden zu sein, sind viele aufgebracht, aber zu bequem für tätigen Widerstand.

Nun ist die Rede vom gläsernen Menschen, der transparenten Gesellschaft, von Kontroll- und Überwachungssystemen, die dem Bürger seine Privatsphäre rauben. Man spricht von illegitimen Übergriffen und üppigen Zugriffen bis in intime Lebensbereiche. Mit empörter Feindseligkeit fordern jetzt zahlreiche Stimmen eine bessere Sicherung ihrer Rückzugsgebiete und Zufluchtsorte.

Nur wie verträgt sich dieser Aufruhr mit den selbst geposteten Bekenntnissen der Bürger in den Social Media? Viele User hinterlassen aus freien Stücken breite Datenspuren im Netz und machen sich so selbst zu öffentlichen, transparenten Personen. Auf dem Rechner oder im Smartphone legen Millionen fast jede Tarnung ab und geben zusammen mit persönlichen Fotos zahlreiche Details ihres Lebens unaufgefordert preis. Die Zahl der Menschen wächst, die im Netz weniger eine Drohung sehen, entlarvt zu werden, als vielmehr eine Bühne für sich selbst. Offenbar sind diese Nutzer bereit, großzügig Persönliches dem Netz anzuvertrauen, obwohl sie nicht genau wissen, was damit geschieht. Aber der kommunikative Nutzen der neuen Medien ist so enorm, dass man sie nicht weiter hinterfragen möchte. Nur die wenigsten sind zu digitaler Askese bereit oder imstande. Doch der Preis hierfür ist hoch, wenn man bedenkt, wie sehr doch Smartphones mobilen Wanzen gleichen können. Daher möchte der Protest gegen das anonyme Datensammeln durch die Geheimdienste mit dem weit verbreiteten Datenexhibitionismus nicht so recht zusammenpassen.

Bei aller Wut und Auflehnung gegen das massenhafte Datenabschöpfen darf nicht die einfache Frage übersehen werden, was denn an Bespitzelung eigentlich schlimm sei. Sicherlich gehören hierzu die Ziele, die damit verfolgt werden: Industriespionage beispielsweise ist geistiger Diebstahl und selbstverständlich moralisch verwerflich. Dagegen können Lauschangriffe zur Erhöhung der nationalen Sicherheit und zur Abwehr terroristischer Anschläge nicht ohne weiteres verurteilt werden. Zweifellos leisten sie bei der Aufspürung von Terrorverdächtigen und der Verbrechensbekämpfung hilfreiche Dienste. Einige Menschenleben wurden schon aufgrund geheimdienstlicher Tätigkeiten gerettet.

Der Staat hat nicht bloß Schutzpflichten dem Einzelnen gegenüber, sondern gegen alle Bürger und damit zusammenhängend gegen die politische Ordnung, ohne die es keine freiheitliche Demokratie geben würde. Freiheitliche Selbstbestimmung hat zwar Vorrang gegenüber dem Staat, sie gilt aber als nachrangig gegenüber dem Schutz seiner Sicherheit, durch die überhaupt erst Freiheit ermöglicht werde. Dafür wird in Kauf genommen, dass manche Bürger zeitweilig Objekt nachrichtendienstlicher Tätigkeit werden, obgleich Abhörungen und Beschattungen die Privatsphäre verletzen und gegen deren rechtlich festgelegten Schutz verstoßen. Deshalb sollten Lauschangriffe auch gerichtlicher Kontrolle unterstehen. Doch auch hierdurch ist der Interessenkonflikt nicht befriedigend zu lösen. Dieser lässt sich überhaupt nicht lösen, sondern allenfalls schlichten. Und einen Konflikt schlichten heißt: Man arrangiert sich irgendwie.

Ganz anders fällt die Einschätzung aus, wenn es um die ehemalige Stasi geht. Sie bespitzelte die eigene Bevölkerung, um das totalitäre Regime zu festigen, Andersdenkende auszuschalten und Oppositionelle nach Art der Schädlingsbekämpfung zu liquidieren. Hier bedarf die moralische Verwerflichkeit nicht mal näherer Erläuterung.

Besonders schmerzlich ist für Spitzel-Opfer, wenn sie erfahren müssen, von Menschen aus ihrer näheren Umgebung ausspioniert worden zu sein. Es ist von den inoffiziellen Mitarbeitern des damaligen Ministeriums der DDR-Staatssicherheit die Rede. Wie moralisch verwahrlost muss ein Regime sein, das von den eigenen Bürgern verlangt, ihre Staatstreue durch Verrat ihrer Angehörigen, Freunde und Kollegen unter Beweis zu stellen! Viele Schnüffler berichten, wie sie unter Druck die Verpflichtungserklärung unterschrieben. Bei Verweigerung drohten ihnen Berufssperre, der Verlust ihres Studienplatzes und ähnliche Sanktionen. Diesem Druck waren viele nicht gewachsen, obwohl Skrupel bestanden, Stasi-Spitzel zu werden. Niemandem muss erklärt werden, dass man Freunde nicht verrät. Trotzdem ist das fehlende kategorische Nein gegen die Bespitzelung von Kollegen und Freunden in dieser Grenzsituation nachvollziehbar. Natürlich verdienen die Standhaften, die für ihre verweigerte Komplizenschaft die eigene Karriere aufs Spiel setzten, uneingeschränkte Bewunderung, nur sind sie nicht der Maßstab. Der Preis ihrer Selbstachtung hieß bisweilen Zuchthaus; für viele bedeutete er das Ende eines erfolgreichen Lebens.

Großes Befremden rufen Stasi-Spitzel hervor, die es mit Stolz erfüllte, wie ein Geheimagent ein Doppelleben führen zu können. Manche kamen sich wie Abenteurer vor. Jedoch gibt es genug inoffizielle Spione, die sich bis heute dafür schämen, dass sie sich unter dem Druck der hauptamtlichen Stasi dazu gewinnen ließen, Berichte über Kollegen, Freunde und Familienangehörige abzugeben. Nicht wenige haben das Gefühl, hierdurch ihre Würde verloren zu haben. Man nahm ihnen ihre Selbstachtung, indem man sie zum Spionieren zwang.

Da drängt sich erneut die Frage auf, warum es denn eigentlich so unerhört sei, zu bespitzeln oder bespitzelt zu werden. In diesem Zusammenhang muss streng unterschieden werden zwischen anonymer Schnüffelei durch Geheimdienste und persönlicher Bespitzelung durch Kollegen, Freunde oder Verwandte. Die Observierung durch russische Geheimdienste empfindet man hierzulande sicherlich als weniger empörend denn die geheime Abhörung durch amerikanische Geheimdienste. Denn durch letztere fühlt man sich von den eigenen Verbün-

deten und Freunden hintergangen. Sicherlich ist es menschlich, nicht
nur begreifen zu wollen, was Gegner planen, sondern auch wissen zu
wollen, was Freunde vorhaben. Nur bringt man solche Pläne üblicherweise nicht dadurch in Erfahrung, dass man seine Freunde elektronisch
überwacht. Stattdessen geht man einfach auf sie zu, um sie danach zu
fragen. Normalerweise spionieren sich Freunde nicht aus wie hinterhäl-
tige Feinde. Sie schauen sich ohne Misstrauen in die Augen, weil sie
einander vertrauen.

Wird dieses Vertrauen aber gebrochen, so ist der Bespitzelte mit
Recht enttäuscht und gekränkt. Die aufgedeckte Bespitzelung mobili-
siert und trifft seine Selbstachtung gleichermaßen: Denn einerseits protestiert sein Stolz hiergegen mit aller Schärfe. Man ist entrüstet und rebelliert. Andererseits wird seine Selbstachtung beschädigt, als hätte die
Bespitzelung einen wunden Punkt getroffen. Man fühlt sich beschämt
und gedemütigt. Wie lässt sich das erklären? Zum einen ist es schä-
big, erfahren zu müssen, von Freunden ausspioniert worden zu sein.
Zum anderen sollte es aber gar nicht so schlimm sein, von Freunden
ausspioniert zu werden, weil doch wahre Freunde keine größeren Geheimnisse voreinander haben. Das aber ist offenbar falsch. Nur wer etwas zu verbergen hat, fürchtet die Bespitzelung. Im Grunde genommen
hat jedermann Geheimnisse, die uns das Leben anvertraut. Sie gehören
zum Leben wie das Salz in die Suppe. Es sind Schlampereien, die zu
verschweigen man gerne bereit ist, da man sie manchmal am liebsten
gar nicht hätte.

Es ist aber auch das vertrauliche Wissen, dass man klein, unfähig,
verletzlich ist. Jeder weiß, dass man als stark, kompetent und souve-
rän erscheinen muss, um in dieser Welt bestehen zu können. Also hält
man seine Unfähigkeiten, diffusen Ängste und bösen Hintergedanken
verborgen und tut so, als sei man ein glänzender Gesellschafter, toller
Liebhaber oder fachkundiger Experte.

Deshalb wird es als unzumutbare Einschränkung der persönlichen
Freiheit bewertet, sich dauernd mit dem Auge eines wachsamen De-
tektivs selbst kontrollieren zu müssen aus Angst, möglicherweise observiert zu werden. Die Angst rührt daher, dass wir eben teilweise ganz
anders sind, als wir uns vor anderen geben. Im Netz offenbaren wir
zwar viele Seiten unserer Existenz, doch genauso viele Seiten unseres

Daseins halten wir dort verborgen. Diese lassen wir allenfalls unter falschen Namen und hinter irreführenden Scheinidentitäten in Chatrooms nach außen dringen. Ohne Vertrauen in den geschützten Raum des Privaten wäre manche unbedachte Äußerung, Bekannten- oder Kollegenschelte unterblieben. Man hätte sich weder stolz seiner Laster gebrüstet noch locker erotische Reden geschwungen oder sich leichtfertig der Fäkalsprache bedient, geschweige denn beiläufig Wahrheiten ausgeplaudert, die nicht für die Öffentlichkeit bestimmt waren.

Mit anderen Worten: Wir fürchten uns davor, in das Fadenkreuz von Schnüfflern zu geraten, weil wir nicht komplett durchschaut werden möchten. Jeder ist ein anderer, und unsere verborgenen Seiten sind meistens ziemlich unrühmlich. Bis zu einem bestimmten Punkt lebt die Selbstachtung von der wissentlichen Selbsttäuschung, nicht so zu sein, wie man tatsächlich ist: etwa kleinlich, gemein, untreu, hinterhältig, grob, beherrscht von schmutzigen Fantasien oder Ähnlichem. Die aufgedeckte oder bloß vermutete Bespitzelung lässt diesen Schutzwall einstürzen.

Die Wahrheit aller Bespitzelung ist die Entlarvung: der berechtigte Verdacht. Daher bedeutet Schutz von Intimität immer auch Abwehr von Selbstachtung verletzender Beschämung. Selbst wenn beim Datenabschöpfen und Abhören von Gesprächen nichts herauskommt, weiß man doch, dass etwas herauskommen könnte. Plötzlich treten die eigenen Unzulänglichkeiten und Unverschämtheiten in den Lichtkegel des Selbstbewusstseins. Welche Selbstentblößung! Hiervor sind nicht einmal unsere kleinsten Lebenslügen sicher. Wo sie der Einzelne vor Augen geführt bekommt, treffen sie seine Selbstachtung. So sieht man also aus, ganz ohne Kleider. Von sich selbst total erkannt zu werden, stiftet mitunter große Verwirrung. Mit einem Male schämt man sich mehr, als dass man sich noch achtet. Das wirft die Frage auf: Wie kommt man am besten darüber hinweg? Wie kann die Selbstachtung ohne Verstellung und Verdrängung solche Versuche einer feindlichen Übernahme durch demütigende Beschämung erfolgreich abwehren?

Alles halb so schlimm?

Wie leicht kann man der Selbstachtung aus Gründen, die man selbst zu verantworten hat, verlustig gehen! Schon bei der geringfügigsten Abweichung des Spiegelbilds vom Ideal fühlen sich manche in ihrer Selbstachtung verletzt. Es quält sie der Graben zwischen dem, wie sie sind, und dem, wie sie gerne sein möchten oder sein sollten. Viele tragen unrealistische Idealbilder mit sich herum, die das Ergebnis ganz verschiedenartiger Prägungen, Erfahrungen und Erwartungen sind. In der Regel beziehen sich ihre Wunschvorstellungen auf die eigene Persönlichkeit, deren Fähigkeiten und das Äußere. Man spürt, dass das reale Selbstbild weit hinter den eigenen Ansprüchen zurückbleibt. Man sieht nicht so aus, wie man gerne aussehen möchte. Man ist nicht so leistungsfähig, wie es andere von einem glauben. Man lebt nicht nach den Werten, die man eigentlich gutheißt und nach außen vertritt. Solche existenziellen Dissonanzen können die Selbstachtung erschüttern. Freilich lassen sich solche Eintrübungen bis zu einem gewissen Maß verringern, wenn man die Erwartungen an sich selbst absenkt. Aber auch dann fällt es bisweilen schwer, sich treu zu bleiben oder in die Augen zu schauen, ohne sich für sich selbst zu schämen. Fehlende Selbstachtung, Gefühle der Demütigung und Scham lassen sich nicht ohne weiteres überwinden.

Doch sollte man sich nicht gleich im Ganzen dafür verurteilen, wenn man einen Fehler begangen hat oder bei sich einen Makel feststellt. Jeder hat Defekte und Defizite. Nur weil man etwas falsch gemacht und eine zu große Nase hat, ist man nicht gleich ein hässlicher Dummkopf oder Idiot, der nichts kann. Hat man sich mal daneben benommen, ist man noch nicht gleich ein unverbesserlicher Rüpel. Vorschnelle Verallgemeinerungen können eine verheerende Wirkung auf das eigene Selbstbild haben. Sie sind nicht nur ungenau und falsch, sondern dem Selbstwertgefühl sogar äußerst abträglich. Zu dessen Aufrechterhaltung ist es unverzichtbar, abschätzige Generalisierungen bezüglich der eigenen Person wie „Niemand mag mich" oder „Ich bin hässlich und doof" geflissentlich zu vermeiden.[69]

In der Regel beruhen solche Selbstablehnungen auf sozialen Vergleichen oder verzerrten Selbstwahrnehmungen, die den Blick ausschließlich auf negative persönliche Qualitäten lenken, die positiven dagegen fast gänzlich ignorieren. Selbst attraktive, intelligente und leistungsstarke Menschen halten sich mitunter für hässlich, blöd und unfähig, weil sie sich zu sehr auf die Schattenseiten ihrer Existenz konzentrieren oder zu viele Vergleiche nach oben hin anstellen. Aber nur weil man sich nutzlos, ungeliebt, dumm und hässlich findet, ist man es noch lange nicht.

Dabei setzt ein ausgewogenes Selbstwertgefühl keineswegs voraus, dass sich der Graben zwischen realem und idealem Selbstbild völlig schließt. Niemand ist ohne Fehler und Schwächen. Selbstachtung heißt zwar, sich zu akzeptieren, aber nicht, perfekt zu sein. Sie schließt eine Wahrnehmung der eigenen Unzulänglichkeiten nicht aus, die aufgeschlossene Menschen selbst beim Namen nennen und mitunter offen zugeben können. Solche Eingeständnisse widersprechen nicht von vornherein einer wohlwollenden Selbstbetrachtung. Kritische Selbstreflexionen können durchaus mit einem hohen Selbstwertgefühl einhergehen.

Überhaupt kann menschliches Leben auch dann noch glücken, wenn es sich nicht zu einer harmonischen Einheit rundet. So merkwürdig es klingt: Existenzielle Erfüllung setzt nicht voraus, dass man mit seinen Widersprüchen fertig wird, geschweige denn alle löst. Manchmal muss man die Widersprüche seines Lebens einfach nur aushalten können. Auf nachdenklich-heitere oder besinnlich-melancholische Weise nicht mit dem Leben fertig zu werden, kann bereits menschliches Gelingen bedeuten.

Auf alle Fälle sind Fehler und Schwächen so normal wie Probleme und Krisen, die im Leben nun einmal bewältigt werden müssen. Doch um die eigenen Defizite hinnehmen zu können, darf sich die eigene Selbstachtung nicht von Fehlschlägen und Frustrationen zu sehr beeindrucken lassen. Aber nicht jeder verfügt über solch eine Stabilität, obwohl natürlich jeder weiß, dass Unzulänglichkeiten normale Bestandteile des Daseins sind. Vielen fällt es schwer, sich angesichts körperlicher Mängel zu achten. Entweder halten sie sich für zu dick, zu dünn, alt oder hässlich und gebrechlich. So banal es klingt: Es gibt fast niemanden, der nicht in einigen Punkten anders sein möchte, als er ist. Entscheidend ist, ob es einem gelingt, seine Defizite in sein Selbstbild so zu integrieren, dass man sich dennoch respektieren kann.

Nun mögen entwertende Verallgemeinerungen bezüglich der eigenen Person in der Regel unangebracht sein. Doch lässt sich nicht leugnen, dass es auch schwierige Fälle gibt. Manche Menschen sind nun einmal übergewichtig, schmächtig, dumm, hässlich, deformiert und leistungsschwach. Freilich können auch sie einiges unternehmen, um ihre demütigenden Mängel zu kompensieren. Sie können die Ernährung umstellen, mehr Sport treiben, sich weiterbilden oder chirurgischen Eingriffen unterziehen. Wie die Paralympics zeigen, erbringen Körperbehinderte zuweilen Spitzenleistungen. Außerdem können Benachteiligte ihre Unzulänglichkeiten verdrängen oder ihre Aufmerksamkeit auf solche Qualitäten ihrer Existenz lenken, aus denen sich leichter ein Selbstwertgefühl ziehen lässt. Ein Versagen, das die eigene Selbstachtung beschädigt, kann durch Erfolge, die das eigene Selbstwertgefühl fördern, ausgeglichen werden: Obwohl man beispielsweise in seiner Arbeit nichts aus sich gemacht hat, herrscht dennoch kein Mangel an Selbstachtung, weil man ein attraktives Äußeres besitzt. Obgleich man eine Tätigkeit mit geringem Ansehen ausübt, kann man sich trotzdem achten, weil man seine Familie gut versorgt. Als beleidigend empfindet man vielleicht nur, dass so wenig Notiz hiervon in der Öffentlichkeit genommen wird. Dummheit kann man eventuell durch sportliche Verdienste ausgleichen und am Selbstwertgefühl nagende Hässlichkeit durch wissenschaftliche, künstlerische oder andere Leistungen. In solch prekären Lebenslagen darf man seine Selbstachtung nehmen, wie und wo man sie findet!

Der letzte dunkle Punkt

Allerdings haben alle genannten Praktiken zur Bewältigung der beschädigten Selbstachtung ihre Grenzen. Menschen, die durch einen Unfall plötzlich behindert sind, aber auch chronisch Kranke, Alte, Langzeitarbeitslose und viele andere Bürger müssen damit fertig werden, dass ihnen auf einmal Lebensperspektiven verschlossen bleiben, die für ihre Selbstachtung so wichtig wären. Auf einmal werden sie in Schwierigkeiten verstrickt, in denen sie nicht mehr weiter wissen. Obwohl man vielleicht das Zeug hat, sich nicht so schnell unterkriegen zu lassen, möchte mit einem Male nichts mehr so recht glücken. Dabei weiß man durchaus, dass man selbst einiges zur Bewältigung schwerer Lebenssituationen beitragen kann. Nur sind die letzten Anläufe hierzu regelmäßig misslungen. Plötzlich fühlt man sein Leben bloß noch vorübergleiten; tagein, tagaus Kummer, nur wenige Blüten, kein Wachsen mehr, im Gegenteil, wachsendes Schwinden. Von grausamen Widerfahrnissen niedergeschlagen, glaubt man an den Grenzen seiner Möglichkeiten angelangt zu sein.

In solchen Fällen kann das eigene Selbstwertgefühl nur bewahrt oder wieder gewonnen werden, wenn man seine Wertmaßstäbe und Zielvorstellungen ändert. Doch wie lernt man schwere Schicksalsschläge geduldig zu ertragen, ruhig die reiche Fülle des Lebens zu entbehren und gelassen den tiefverspürten Mangel hinzunehmen? Wie erlangt man die seit Jahrtausenden empfohlene Seelenruhe in aussichtslosen Lebenssituationen? Woher kommt die Energie zum nachhaltigen Scheitern, ohne gänzlich abzustürzen, die hierfür notwendige Widerstandskraft oder Resilienz?[70]

Rebellion der Selbstachtung heißt auch hier, sich nicht mit der Resignation abzufinden. Jedoch bedeutet Rebellion nicht immer, aktiv einen Missstand zu bekämpfen. Solche Vorgehensweise erscheint überall dort als unsinnig, wo sich nichts ändern lässt. Da wäre es vielmehr sinnvoll, loszulassen. Natürlich ist der wechselseitige Beistand im beschwerlichen Alltag der Welt eine unverzichtbare Kraftquelle, um mit hoffnungslosen Situationen fertigzuwerden. Zusätzlich können psychologische Betreuungen und Selbsthilfegruppen überaus hilfreich sein. Denn hier ist es fast normal, so zu sein, wie man ist, und infolgedessen wird das Selbstwertgefühl nicht so stark auf die Probe gestellt. Im Idealfall gelingt es den Teilnehmern sogar, sich gegenseitig aufzurichten. Das Leben könnte so schön sein, wenn es nicht ausgerechnet das eigene wäre.

Doch wenn man dauernd erfahren muss, dass ein Erfolg aller Anstrengungen wenig wahrscheinlich ist, dann fällt es irgendwann schwer, sich angesichts seiner schwierigen Lage weiter für das Leben zu engagieren. Obwohl schon längst der Erfolg als letzter Maßstab aufgegeben wurde, kann das Gefühl trostloser Vergeblichkeit so stark werden, dass gerade die Revolte der Selbstachtung den Betroffenen dazu bewegt, freiwillig aus dem Leben zu treten.[71] Eine unheilbare schwere Krankheit, die zu grausamem Siechtum verurteilt, ist nur das bekannteste Beispiel eines solchen Extremfalles. Freilich muss unterschieden werden zwischen einem Freitod, der auf mangelnde reifliche Überlegung und Unzurechnungsfähigkeit zurückgeht, und einem Bilanzsuizid, der nach sachlichen Erwägungen im Zustand ungetrübter Urteilsfähigkeit erfolgt. Im ersten Falle handelt der Einzelne womöglich nicht im eigenen Interesse. Bei klarem Kopf hätte er wahrscheinlich nicht den Freitod als Endstation seiner momentan hoffnungslosen Lebensreise gewählt, weshalb solchen Selbsttötungsversuchen entgegenzuwirken ist. Dagegen lässt sich ein Freitod verantworten, der auf wohlüberlegten Wunsch hin geschieht. Wenn das Dasein für den Betroffenen jeden Wert verliert, also nicht mehr als lebenswert erscheint, so dass es für ihn nicht mehr der Mühe wert ist, dann ist es auch nicht mehr die Mühen wert, die dessen Fortsetzung bereitet. Wenn man sein Leben überhaupt nicht mehr achten kann, dann ist man berechtigt, sich hieraus zu verabschieden. Diese spezielle Rebellion der Selbstachtung ist ein letzter Freiheitsakt, der dem Verlust künftiger Selbstachtung zuvorkommt. Diesem Punkt nähert sich, wem sein Leben nach und nach zur unerträglichen Last wird, weil alles, was das Dasein noch lebenswert machen könnte, allmählich wegbricht. Dann steht man mit einem Male an der Stelle, die Theodor Fontane so beschreibt: „Immer enger, leise leise / ziehen sich die Lebenskreise. / Schwindet hin, was prahlt und prunkt / Schwindet Hoffen, Hassen, Lieben. / Und ist nichts in Sicht geblieben / als der letzte dunkle Punkt."[72]

Taktlose Barmherzigkeit

Der moralische Wert aufrichtiger Anteilnahme ist höchst umstritten. Denn – so merkwürdig es klingt – Mitleid und Wohlwollen können die menschliche Selbstachtung leicht ins Wanken bringen.

Mitleid als moralischer Wert

Seitdem es Theater gibt, zieht es die Menschen in Tragödienaufführungen, in denen sie mit angehaltenem Atem den furcht- und mitleiderregenden Ereignissen auf der Bühne folgen. Nach Gotthold Ephraim Lessing ist es die Aufgabe eines Trauerspiels, Furcht und Mitleid im Zuschauer auszulösen.[73] Das Bühnengeschehen soll das Publikum gefühlsmäßig so einnehmen, dass es zu Mitleid mit den Helden gerührt wird, die unter die Räder des Schicksals gerieten. Zugleich aber soll eine Tragödie die Zuschauer das Fürchten lehren. Denn wir Menschen fühlen am meisten Erbarmen mit Personen, denen etwas zustößt, vor dem wir uns selbst fürchten. Mitgefühl setzt eine gewisse Identifikation mit den tragischen Figuren voraus. Erst wenn man sich mit anderen Menschen identifiziert, kann deren Angelegenheit, ihre Not und ihr Leid echtes Mitgefühl hervorrufen. So versetzt eine gute Tragödie selbst den kältesten und bestgelaunten Zuschauer in Furcht und Mitleid. Mit alldem verfolgen Tragödien moralische Ziele: Sie möchten die Zuschauer durch Erregung ihres Mitgefühls besser und tugendhafter machen. Je anständiger und unglücklicher die gequälten Helden, desto mehr Mitleid im Publikum! Und je stärker das Mitleid des Publikums, umso nachhaltiger dessen moralische Besserung! So Lessing.

Mit dieser Einschätzung des Mitleids als moralischen Werts stimmen David Hume, Jean-Jacques Rousseau und Arthur Schopenhauer überein:[74] Wir Menschen handelten nicht bloß aus egoistischen Motiven, um unsere Bedürfnisse und Interessen zu befriedigen, sondern wir seien auch zu zartem Mitgefühl und uneigennützigen Handlungen imstande. Der Impuls hierzu entspringe dem bloßen Anblick fremden Leids. Dieser ermögliche, einen Teil der eigennützigen Energien auf die Linderung fremder Not umzulenken. Allerdings sei es keineswegs erforderlich, völlig uneigennützig zu sein, um anderen Menschen wohlwollend zur Seite zu stehen. Horaz zitierend schreibt David Hume: „Das Antlitz des Menschen leiht sich das Lächeln und die Tränen vom Antlitz des Menschen."[75] In der Tat können Schmerz, Leid und Sorgen spontane Anteilnahme wecken. Ein fröhliches Gesicht vermag zu erheitern, ein trauriges zu betrüben, was heutzutage auf sogenannte Spiegelneurone zurückgeführt wird. Darüber hinaus kann sich die Einbildungskraft an die Stelle jedes Menschen setzen, der leidet, und hierdurch in abgeschwächter Form mitleiden.

Nach Rousseau ist dem Menschen sogar ein Widerwillen angeboren, seinesgleichen leiden zu sehen, wodurch der Egoismus des Einzelnen zwangsläufig gebrochen werde. Mitleid ist für Rousseau wie für Hume ein natürliches Gefühl, das umso heftiger aufbreche, je mehr man sich in die Lage eines Notleidenden versetze. Es halte die Menschen nicht nur davon ab, Schwachen ihr Hab und Gut zu rauben, sondern ermögliche überdies, ihnen beizustehen und zu helfen. Unterstützungen zum Wohl bedürftiger Kinder, Kranker und Alter gründeten vorrangig auf Mitleid, worin auch Schopenhauer die wahre Quelle moralischer Handlungen sah.

Hiergegen gibt Nietzsche in der *Morgenröte* zu bedenken, dass wir vielleicht deshalb Abhilfe leisten und Mitleid aufbringen, weil uns das Unglück der anderen beleidige und peinlich sei. Es führe uns die eigene Ohnmacht und Gebrechlichkeit drastisch vor Augen, an die doch niemand dauernd erinnert werden möchte.[76]

Bis heute wird darüber gestritten, ob Notleidenden zu helfen eine zwingende oder bloß eine verdienstvolle Verpflichtung ist. Für absolut zwingend halten sie all jene, die nicht zwischen selbstverschuldetem und unverschuldetem Leid unterscheiden. Die Gründe menschlichen

Elends seien gänzlich irrelevant. Es zählten allein die Qual und Bedürftigkeit des Einzelnen. Sie lieferten die entscheidenden Argumente, warum geholfen werden sollte. Aus moralischer Sicht mache sich daher jeder schuldig, der nicht Hilfe leiste, wenn er es könnte. Dagegen ist nach Auffassung der anderen Not zu lindern keine moralische Pflicht, wenn man nicht das Elend seiner Mitmenschen zu verantworten habe. Trägt man für die prekäre Situation, in der sich ein Notleidender befindet, keine Schuld, so gebe es auch keine strenge moralische Verpflichtung zu helfen. Jede Hilfeleistung sei in diesen Fällen zwar eine verdienstvolle Wohltätigkeit, die Lob verdiene, deren Unterlassung aber nicht sträflich. Die Unterstützung sei lediglich ein moralisch wertvoller Akt der Mildtätigkeit. Barmherzig und großzügig zu sein bedeutet, etwas zu tun, was zu tun gut sei, es nicht zu tun aber nicht unrecht.

In Übereinstimmung mit der ersten Position macht sich nach geltendem Recht jeder Bürger unterlassener Hilfeleistung schuldig, wenn er einen Menschen in Lebensgefahr nicht zu retten versucht, obgleich er für dessen prekäre Situation nichts kann. Übereinstimmend mit der zweiten Position besteht nach geltendem Recht keine strenge moralische Verpflichtung, bedürftige Menschen zu unterstützen, wenn man ihre Notlage nicht verursacht hat. Im bestehenden Recht gibt es also beide Positionen.

Ob streng geboten oder nur löblich, viele Hilfsmaßnahmen entspringen einem ausgeprägten Einfühlungsvermögen und Wohlwollen, auch Empathie und Sympathie genannt. In *Das Leiden anderer betrachten* macht Susan Sontag darauf aufmerksam, dass der herausfordernde Anblick sichtbaren Leids uns eher zu erschüttern vermag als abstrakte Fakten über das Ausmaß einer Katastrophe.[77] Hiermit stimmt überein, dass wir oftmals mehr mit Menschen fühlen, die sich in unserer Nähe aufhalten, als mit Personen, die uns fernstehen.

Doch so natürlich Mitleid ist, in der Regel ist es schwächer ausgeprägt als das jeweilige Eigeninteresse. Manche Menschen scheinen sogar gänzlich ohne Mitleid zu sein. Wie die einen es nicht übers Herz bringen, teilnahmslos zu bleiben, schaltet der Egoismus vieler anderer jeden mitleidigen Impuls aus. Warum aber neigen die einen mehr zu selbstlosem Handeln als die anderen und manche sogar überhaupt nicht? Nach Rousseau liegt die Antwort hierauf in der gesellschaftli-

chen Prägung, nach Schopenhauer in der natürlichen Veranlagung des
Menschen. Im vorgesellschaftlichen Naturzustand sei das Mitleid mit
den Menschen größer gewesen als heute, wo Selbstsucht und Gleichgültigkeit vorherrschten, meint Rousseau. Dagegen ist nach Schopenhauer der Unterschied eher angeboren. Zu einigen Menschen gehöre
die Bosheit wie der Giftzahn zur Schlange. Sie zeigten nur wenig Mitgefühl. Der Hang zur Selbstsucht sei ihnen so wenig abzugewöhnen
wie der Katze ihre Neigung zum Mausen. Vermutlich haben beide Positionen recht.

Würde der Unbarmherzigkeit

Der moralische Wert des Mitleids scheint unumstritten zu sein. Doch
diese Vermutung ist falsch. Mitleid kann die Selbstachtung angreifen.
Wohlwollen kann Stigmatisierte erbittern, Bedürftige kränken, Notleidende beschämen, weil es ihnen die eigene Unterlegenheit, Abhängigkeit und Hilflosigkeit drastisch vor Augen führt. Möglicherweise empfindet man es als entwürdigend, auf die Gnade barmherziger Samariter
angewiesen zu sein. Wer fällt schon gerne anderen zur Last! Niemand
möchte ein Opfer sein. Viele Hilfeempfänger empfinden es als Schande, bedürftig zu erscheinen. Manche fühlen sich als Schmarotzer oder
Parasiten. Allein schon ihre Abhängigkeit macht es für sie unmöglich,
sich noch als vollwertige Menschen wahrzunehmen. Sie fühlen sich ihrer Selbstbestimmung beraubt. Darum können sie sich kaum ertragen.
Selbst die kläglichste Kreatur hat gewöhnlich ihren Stolz.

Erst recht ist Notleidenden fremde Hilfe zuwider, wenn sie spüren,
dass sich ihre Wohltäter zum Helfen verpflichtet fühlen. Dann würden
sie am liebsten hierauf verzichten. Statt um weitere Unterstützung zu
bitten, verschließt plötzlich die Selbstachtung ihnen den Mund.

Nietzsche schreibt: „Mitleidgewähren heißt soviel wie Verachten.
[…] Mitleiden gilt als […] einer starken, furchtbaren Seele unwürdig."[78]
An anderer Stelle fragt er: „Was ist dir das Menschlichste? Jemandem
Scham ersparen!"[79] Darum kann Nichthelfen würdevoller sein als Al-
mosengeben. Im Zweiten Teil seines *Zarathustra* betont Nietzsche unter der Überschrift *Von den Mitleidigen*: „Wahrlich, ich mag sie nicht,
die Barmherzigen, die selig sind in ihrem Mitleiden; zu sehr gebricht

es ihnen an Scham. Denn dass ich den Leidenden leidend sah, dessen schämte ich mich um seiner Scham willen; und als ich ihm half, da verging ich mich hart an seinem Stolz." Weiter führt Nietzsche unter der Überschrift *Der hässlichste Mensch* aus: „Mitleiden hat keine Ehrfurcht vor großem Unglück, vor großer Hässlichkeit, vor großem Missraten. Mitleiden ist zudringlich. Mitleiden geht gegen Scham. Und Nicht-helfen-wollen kann vornehmer sein als jede Tugend, die zuspringt."[80]

In die gleiche Richtung gehen die Überlegungen von Maxim Gorki in seinem Drama *Nachtasyl*, in dem er gescheiterte Außenseiter der Gesellschaft auf die Bühne bringt: Dirnen, Diebe, Trinker, die, durch Not und Siechtum heruntergekommen, zwar jedes Mitleid ablehnen sollten, aber niemals ihren Anspruch auf Selbstachtung und Achtung aufgeben dürften: „Der Mensch muss sich [...] achten", mahnt einer der Erniedrigten und Beleidigten in dem Theaterstück. Berühmt geworden sind daraus die Sätze Satins, eines ehemaligen Sträflings, Falschspielers und Totschlägers: „Was heißt überhaupt Mensch? Das bist nicht du, und nicht ich bin's, und nicht sie sind es [...] nein! Sondern du, ich, sie, der alte Luka, Napoleon, Mohammed [...] alle miteinander sind es! Verstanden! Das ist – etwas ganz Großes: [...] Der Mensch! Einfach großartig. Wie stolz das klingt: Ein Mensch! Man soll den Menschen respektieren! Nicht bemitleiden [...], nicht durch Mitleid erniedrigen soll man ihn [...], sondern respektieren!"[81] Das Bemerkenswerte an diesen Worten ist, dass sie ein Verlierer ausspricht, der selbst für die Verkommenen der Gesellschaft noch eine Möglichkeit zur Vollkommenheit sieht.

Aber bedeutet denn jedes Mitleid tatsächlich Herablassung, einen Triumph der Macht über die Ohnmächtigen, die hierdurch automatisch als minderwertig eingestuft werden? Ist die christliche Tugend der Mildtätigkeit ein verkapptes Laster, das die bereits Verwundeten noch tiefer verletzt?

Das wäre dann der Fall, wenn sich der Mitleidige am Elend des Unglücklichen ergötzen und es genießen würde, als der Überlegene auftreten zu können. Natürlich ist es moralisch fragwürdig, sich am Unglück seiner Mitmenschen zu weiden, weil man erst im Unglück der anderen sein eigenes Glück erkennt. Allerdings beginnt das Problem bereits dort, wo dem Wohltäter seine Überlegenheit über den Bemitleideten bewusst wird. Dagegen kann doch Mitleid ohne sozialen Vergleich nur wenig beschämen. Aber sogar diese Vermutung ist falsch. Denn selbst wenn man jemandem hilft, nicht weil es diesem schlechter geht als einem selbst, sondern einfach nur, weil es ihm schlecht geht, können Verständnis und Hilfe den Bedürftigen erniedrigen. Dessen Anspruch, seiner selbst mächtig sein zu dürfen, sein Stolz und seine Eigenliebe ertragen es möglicherweise nicht, Zeugen ihrer Erbärmlichkeit zu haben.

Darum sind Misserfolge für viele noch gar nicht das Schlimmste, was ihnen passieren kann. Schlimmer ist es für sie, auf fremde Unterstützung angewiesen zu sein. Um Hilfe bitten und diese annehmen oder Schwächen offenbaren zu müssen, kann leicht als demütigend empfunden werden. Die psychischen Kosten hierfür liegen ziemlich hoch. Aber wir Menschen sind gelegentlich hilflos und damit hilfsbedürftig.

Nun ist es völlig falsch zu glauben, dass es ausschließlich Menschen mit hohem Selbstwertgefühl schwer falle, fremde Hilfe anzunehmen, während Personen mit niedrigem Selbstwertgefühl hiermit weniger Probleme hätten. Es gibt auf beiden Seiten beides.[82] So können Personen mit hoher Selbstachtung fremde Unterstützung zur Verbesserung ihrer Lebenslage ohne größeren Selbstwertverlust akzeptieren, gerade weil sie ein starkes Selbstbewusstsein besitzen. Dies versetzt sie in die glückliche Lage, Schicksalsschläge besser wegstecken zu können als Menschen mit geringer Selbstachtung. Andererseits ertragen viele Menschen mit hoher Selbstachtung es kaum, auf fremde Unterstützung angewiesen zu sein, weil sie darin ein Eingeständnis persönlichen Versagens, ein Zeichen von Schwäche und Inkompetenz erblicken, das ihrer Selbstachtung widerspricht. Das Gleiche gilt für Bürger mit niedriger Selbstachtung: Einerseits fällt es ihnen leicht, fremde Hilfe zu akzeptieren. Da sie sowieso keine hohe Meinung von sich haben, können fremde Zuwendungen ihr Selbstwertgefühl nicht weiter bedrohen. Aufgrund ihres negativen Selbstbildes können sie ohne Scham die angebotenen Hilfen in Anspruch nehmen. Andererseits fehlt es zahlreichen Menschen mit niedrigem Selbstwertgefühl am nötigen Selbstbewusstsein, fremde Wohltaten einfach anzunehmen. So gering ihre Selbstachtung ist, ganz verschwunden ist sie nicht. Auch sie haben ihren Stolz.

Reittier der Hilfsbedürftigen

Wer Notleidenden aus Mitgefühl hilft, sollte, wie Stefan Zweig in *Ungeduld des Herzens* betont, nicht bloß aus instinktivem Reflex und sentimentalem Gefühl zur Mildtätigkeit bereit sein. In diesem Falle wird sich nämlich der Wohltäter schon bald der Herausforderung nicht mehr als gewachsen erweisen, die beispielsweise ein chronischer Patient darstellt. Sein Mitleid wäre nur spontane Abwehr des fremden Leids durch Almosen. Im Grunde genommen geht es sentimentalen Wohltätern mehr darum, sich gut zu fühlen, als Gutes zu tun. Daher kann ihre Hilfsbereitschaft nicht nachhaltig sein, weshalb sie auch besser unterdrückt werden sollte. Nur sporadisch, halbherzig und aus gütiger Laune zu helfen, wo für längere Zeit ganzer Einsatz gefordert ist, richtet mehr Schaden an, als wenn hierauf völlig verzichtet würde. Denn so werden nur falsche Erwartungen geweckt.

Wer dagegen ernsthaft an fremdem Schicksal teilnimmt, wird bereit sein, einen Teil seiner Freiheit zu opfern und die Bewältigung fremder Not bis zuletzt geduldig mitzutragen. Allerdings sollte jeder Wohltäter darauf achten, dass er nicht an seiner Aufopferung für andere zugrunde geht. Hierzu ist es erforderlich, sich trotz allen Engagements sinnvoll abzugrenzen.

Denn wie mancher Notleidende aus Selbstachtung auf das Mitleid seiner Mitmenschen pfeift, genauso steigern andere Hilfsbedürftige ihr Verlangen nach Zuwendung ins Unermessliche. Sie erheben immer größere Ansprüche. Genau deshalb sollte der Wohltäter nicht aus spontaner Rührung zu hohe Versprechen machen und von vornherein Grenzen setzen. Die Gefahr ist groß, dass Wohltäter zu „Reittieren" der Hilfsbedürftigen werden, die sie dann immer rücksichtsloser vor sich hertreiben, wie Stefan Zweig betont: „Nur am Anfang ist Mitleid – genauso wie das Morphium – eine Wohltat für den Kranken, ein Heil- und Hilfsmittel. Aber wenn man es nicht richtig zu dosieren und abzustoppen weiß, wird es ein mörderisches Gift. […] Wie die Nerven immer mehr Morphium benötigt das Gefühl immer mehr Mitleid und schließlich mehr, als man geben kann."[83] Diese Gier äußert sich mal in unterwürfiger Demut, mal in passiver Aggressivität oder in unverhohlenem Fordern, womit die Hilfsbedürftigen den Mitleidigen ihren Willen aufzwingen.

Überhaupt üben Notleidende bisweilen machtvoll Druck auf ihre Wohltäter aus, indem sie ihnen auf subtile Weise ihre Gesundheit und ihr Wohlergehen vorhalten, so dass diese ein schlechtes Gewissen bekommen und sich hiervon zu mehr Hilfeleistungen anspornen lassen. Aber wer möchte es den Schlechtweggekommenen verübeln, dass sie, von ihrer Wehrlosigkeit zermürbt, zuweilen ungeduldig und gereizt sind. Unablässiges Leid macht verletzbar und ungerecht. So kann eine Feindseligkeit gegen alles Gesunde und Geglückte entstehen, die Ausdruck tiefer Verzweiflung ist. Hierbei kommt es oft auch zu Neid, der besonders hässlich wird, wenn er sich auf Menschen mit ähnlichem Schicksal bezieht, die aber aus der gleichen verzweifelten Lage wie durch ein Wunder herausgerissen wurden. Solche Missgunst kann sich bis zur Rachsucht steigern, in der Kranke, Arme, Verzweifelte ihre Not und Hilflosigkeit exhibitionistisch vor den Augen der Normalen, Erfolgreichen, Gesunden ausbreiten, damit sie sich ihres Glücks zu schämen beginnen. Gezeichnete möchten den Glücklichen zuweilen wehtun, diese peinigen, in Verlegenheit bringen, damit sie sich schlecht fühlen und mehr Mitgefühl oder Hilfsbereitschaft aufbringen.

Überdeutlich macht Nietzsche auf die Rache der Kränkelnden, Niedergeworfenen und Zerbrochenen aufmerksam, die nicht mehr die Kraft haben, gesund zu werden. Sie hätten sich so satt. Und auf dem Boden dieser Selbstverachtung wachse ihre Verschwörung gegen alles Gelingen und Vergnügen. Denn auch sie wollten mal am „Herrenrecht" teilnehmen und andere quälen dürfen. Deren Lust und Heiterkeit empfänden sie als blanken Hohn, den sie nur deshalb aushielten, weil sie Lebensfreude als verblendete Selbsttäuschung interpretierten.[84]

Wenn vom Leben verwundete Menschen ihre Bedürftigkeit so schamlos ausnutzen, ohne zu bemerken, wie sie sich hierdurch selbst den Boden zur Selbstachtung entziehen, dann wird die Geduld der Wohltäter auf eine schwere Probe gestellt. Wo Rücksichtnahme und Hilfsbereitschaft auf aggressiven Unmut stoßen und dazu schon lange Zeit gewährt werden, dort vermischt sich auf einmal tätiges Mitgefühl mit gereizter Ungeduld. Die Helfer ermüden, die Hilfsbereitschaft erlahmt. Niemand kann unbegrenzt einem anderen freundlich beistehen. Irgendwann sind die Grenzen erreicht, Geduld und Nachsicht wie ein Feuer ausgebrannt. Das Mitgefühl erschöpft. Jeder Impuls verbraucht sich einmal. Darum sei Michel de Montaigne zugestimmt, der findet: Wir dürfen uns durchaus auf andre stützen, nicht aber uns so schwer auf sie legen, dass sie darunter zusammenbrechen.""[85]

Diskretion

Wie ist echtes Mitleid ohne Beschämung möglich? Welche Art der Unterstützung wird der Selbstachtung eines gedemütigten Menschen gerecht? Die Frage, ob Mitgefühl ertragen und Hilfe angenommen werden kann, hängt hauptsächlich von der Art und Weise ab, wie beides geleistet wird. Natürlich ist es verwerflich, wenn hilfsbereite Gutmenschen die Notleidenden ihre Abhängigkeit und Unterlegenheit spüren lassen. Es ist unanständig zu helfen, um Macht über jemanden zu gewinnen. Aber selbst wenn man einer Person hilft, nur weil ihr etwas fehlt oder sie bedürftig ist, bleibt die Gefahr groß, den Empfänger zu verletzen, der auf der sozialen oder ökonomischen Stufenleiter tiefer steht. Das Wissen um die eigenen Privilegien kann Unbehagen erzeugen. „Mildtätigkeit ist die Zwillingsschwester des Hochmuts", schreibt Nathaniel Hawthorne.[86] Deshalb kann es tatsächlich sinnvoll sein, wie Nietzsche meint, einer Person Schutz und Hilfe zu verweigern, nur um nicht auf sie herabsehen zu müssen.

Stattdessen kann Wohltätigkeit aber auch diskret ausgeübt werden. Beim Geben kann noch am ehesten dadurch Respekt erwiesen werden, dass man Zurückhaltung übt. Distanz ist hier wie sonst häufig auch ein Zeichen von Achtung. Man tut Gutes und schweigt darüber, um die Hilfeempfänger nicht zu demütigen. Deren Beschämung lässt sich vermeiden, wenn man ihnen hilft, ohne ihnen das Gefühl zu geben, geholfen bekommen zu haben. Man gebe, als gäbe man nicht!

Mit dieser Forderung stimmt die Idee des Sozialstaats überein, in dem Hilfe und Unterstützung von Barmherzigkeit, Menschenliebe und Solidarität weitgehend abgekoppelt und als Rechtsanspruch institutionalisiert wurden. Wo Sozialhilfe an die Stelle von Almosen tritt, steigt nicht nur die Chance, dass Bedürftige die nötigen Unterstützungen dann erhalten, wenn sie diese am nötigsten brauchen. Wenn Hilfesuchende nicht auf Almosen angewiesen sind, sondern soziale Anspruchsrechte dem Gemeinwesen gegenüber zur Geltung bringen können, ist auch deren Selbstachtung weniger gefährdet. Anonyme Sozialhilfe demütigt weniger als persönliche Mildtätigkeit. Der Wohlfahrtsstaat wurde unter anderem darum ins Leben gerufen, um das erniedrigende Element der Armenfürsorge auszuschalten. Allerdings kann die Verrechtlichung der sozialen Absicherung leicht zu einem Schwund barmherziger Solidarität in der Gesellschaft führen. Aber mag die anonyme Fürsorge auch kalt und herzlos wirken, so ist sie doch würdevoller als jedes Almosen, weil sie den nötigen Abstand zum Bedürftigen einhält und ihn auf diese Weise nicht beschämt.

Dennoch bieten Sozialleistungen dem Empfänger nicht immer die Hilfe, die er benötigt, um seine angegriffene Selbstachtung wiedererlangen zu können. Maßregelungen und Ratschläge können sich leicht zu einer entwürdigenden Bevormundung auswachsen. Der Selbstachtung ist zwar förderlich, wenn die Hilfen als Rechtsansprüche gestaltet werden, damit sie nicht als Almosen in Empfang genommen werden müssen. Noch zuträglicher aber ist der Selbstachtung, wenn die Hilfsmaßnahmen den Einzelnen dazu befähigen, sein Leben wieder selbstständig zu führen. In diesem Zusammenhang ist zu unterscheiden zwischen passiven Hilfeempfängern, die gezielter Anleitung bedürfen, weil sie ihr Leben nicht aus eigener Kraft in den Griff bekommen, und aktiven Hilfeempfängern, die lediglich Ressourcen zur Selbsthilfe brauchen. Natürlich ist es am besten, wenn die bereitgestellten materiellen und finanziellen Mittel dazu genutzt werden, das eigene Leben wieder ohne fremde Hilfe zu führen, was für viele eine wichtige Voraussetzung ihrer Selbstachtung ist. Ohne festen Wohnsitz und feste Anstellung ist dies aber nur schwer möglich.

Zwar trifft es nicht mehr zu, dass nur dem Respekt gezollt wird, der für sich selbst sorgen kann. Genauso wenig gelten Hilfeempfänger einfach als faul, verkommen und arbeitsscheu. Trotzdem scheinen erschreckend viele Menschen ziemlich gleichgültig sich selbst gegenüber zu sein, gleichsam die Hände in den Schoß zu legen und darauf zu warten, dass der Staat ihnen zu Hilfe kommt. Obwohl sie es nicht mögen, bevormundet zu werden, und Armut als Schande empfinden, sind sie doch oft zu bequem, ihr Leben in die eigene Hand zu nehmen. Dabei ist Eigenverantwortung ein unumstrittener Höchstwert unserer Zeit. Jeder soll für sich selbst sorgen können. Hierzu bedarf es in der

Wissensgesellschaft mehr denn jemals zuvor einer soliden Ausbildung. Menschen mit fehlender Grundbildung sind von sozialer Ausgrenzung in besonderer Weise betroffen. Ohne ausreichende Qualifikationen ist ein selbstständiges Leben mittlerweile kaum noch vorstellbar. Bildung ist nicht nur ein Kulturgut, sondern überdies eine Sozialleistung.

Leider gibt es aber auch Hilfsbedürftige, die vorübergehend oder sogar endgültig ihre Selbstständigkeit verloren haben. Schwerkranke, Behinderte und Alte sind einseitig auf Betreuung, Pflege und Begleitung angewiesen. Solche Hilfsmaßnahmen sollen nicht bloß das Weiterleben gewährleisten. Sie sollen ein Dasein ermöglichen, in dem die Voraussetzungen erfüllt sind, die nach vorherrschender Meinung ein Leben in Selbstachtung ermöglichen: angemessene Unterbringung, Sauberkeit, Fürsorge.

So sehr die Verwandlung persönlicher Mildtätigkeit in anonyme Rechtsansprüche der Selbstachtung zuträglich ist, gänzlich ersetzen lässt sich jene hierdurch aber nicht. Dies ist auch gar nicht wünschenswert, weil andernfalls nur noch bürokratische Kälte im sozialen Alltag herrschen würde. Bis heute sind Scharen freiwilliger und professioneller Helfer darum bemüht, den Bedrückten ihren Lebensmut zurückzugeben und ihre Selbstzweifel oder Selbstanklagen auszureden. Tatsächlich ist die einzige Bedeutung, die den Begriff Mitleid mit Leben füllt, das soziale Engagement. Mitgefühl ohne Bereitschaft zu tätiger Hilfe bleibt verkappte Gleichgültigkeit.

Trotzdem werden Hilfen aus echtem Mitgefühl gelegentlich weiter als kränkender Übergriff und demütigender Eingriff in die Privatsphäre empfunden. Doch statt Mitleid, Wohlwollen und Unterstützung immer gleich als überheblich oder beschämende Anmaßung abzulehnen, können sie auch freundlich angenommen werden. Trotzige Verschlossenheit sollte ehrliche Sympathie nicht verhindern dürfen, mit der sich die einen in die Lage der anderen versetzen, um deren Angelegenheit zur eigenen Sache zu machen. Wenn man am Boden liegt, ist es einfach unsinnig, den aufrechten Gang vorzutäuschen! Es zeugt von falschem Stolz. Das Bemühen, ohne fremde Hilfe wieder auf die Beine zu kommen, wirkt dann eher peinlich, ja lächerlich. Wir alle sind bisweilen auf die Unterstützung unserer Mitmenschen angewiesen. Selbst das stärkste Leben unterspielen Zeichen der Gebrechlichkeit. Darum sollte sich

jeder hin und wieder fragen: „Was trägt mich, wenn die Glücksversprechen des Daseins verblassen?" An fremder Hilfe ist nichts von vornherein entwürdigend. Der springende Punkt ist, wie um Hilfe gebeten und
solche gewährt wird. Selbstachtung schließt freundliche Dankbarkeit
gegenüber aufrichtigen Wohltätern nicht von vornherein aus.

Soziale Hilfestellungen

Der vom Überlebensinteresse angetriebene Kampf um Selbstachtung vollzieht sich in verschiedenen sozialen Kontexten. Man verwirklicht sich als „Jemand" immer in gesellschaftlichen Zusammenhängen, die sich fast jeder so verfasst wünscht, dass er darin sein Leben mit Selbstachtung führen kann. Denn mag die ursprüngliche, gleichsam angeborene Selbstachtung theoretisch auch außerhalb jeder Gemeinschaft stehen, praktiziert wird sie immer in kulturellen Kontexten. Hierzu gehören solche Bereiche wie Familie, Freundeskreis, Arbeitskollegen, Öffentlichkeit, Staat, Recht und Wirtschaft.

Eine wichtige soziale Voraussetzung zur Selbstachtung, so Axel Honneth,[87] ist ein stabiles, widerstandsfähiges Selbstvertrauen, das sich Kindern und Lebenspartnern noch am besten durch liebevolle Zuwendung und fürsorgliche Unterstützung vermitteln lässt. Doch hauptsächlich hängt Selbstachtung von der Anerkennung des Menschen als einer Person mit gleichen Rechten ab. Nach John Rawls[88] ist eine Gesellschaft dann „gerecht", wenn sie ihren Bürgern die sozialen Grundlagen der Selbstachtung zur Verfügung stellt. Ähnlich bezeichnet Avishai Margalit[89] eine Gesellschaft als „anständig", deren Institutionen den Bürgern keinen berechtigten Anlass geben, sich gedemütigt zu fühlen. Hierzu gehört die Gewährleistung von Rechten. Denn das biologisch verankerte Potenzial zur Selbstachtung entfaltet sich noch am ehesten dort, wo dem Einzelnen einklagbare Rechte zuerkannt werden. Andererseits ist es gerade die Selbstachtung, welche die Menschen auf die Straße treibt, um für ihre Rechte zu kämpfen.

So sind in den letzten Jahren heftige Proteste gegen Unfreiheit und dürftige Lebensverhältnisse weltweit losgebrochen. Wenn die Zustän-

de im Land nur wenig Aussicht auf Rechtssicherheit und ein selbst-
bestimmtes Leben in Wohlstand bieten, dann kann es leicht zu einem
Aufschrei der Selbstachtung kommen. Schon Immanuel Kant schreibt
im 18. Jahrhundert: „Werdet nicht der Menschen Knechte. – Lasst euer
Recht nicht ungeahndet von anderen mit Füßen treten."[90] Noch radikaler empfiehlt Karl Marx im 19. Jahrhundert, „alle Verhältnisse um-
zuwerfen, in denen der Mensch ein erniedrigtes, ein geknechtetes, ein
verlassenes, ein verächtliches Wesen ist".[91]

Die wichtigsten Rechte, um welche seit Jahrhunderten gekämpft
wird, orientieren sich an drei Beziehungsformen: Menschen können
Abstand voneinander halten, einander am eigenen Leben aber auch
teilhaben lassen und schließlich sich gegenseitig zu Hilfe kommen.
Dementsprechend unterscheidet bereits Immanuel Kant zwischen Ach-
tungspflichten, die gebieten, Distanz zu wahren, und Liebespflichten,
die uns auffordern, sich einander anzunähern und zu unterstützen. Im
beschwerlichen Alltag sind gegenseitige Achtung und tätiges Mitgefühl
das einzige, das noch trägt, wenn alle übrigen Glücksversprechen un-
erfüllt bleiben.

Abstandsrechte

Nach Schopenhauer gleichen Menschen „frierenden Stachelschwei-
nen", die, um nicht zu frieren, eng zusammenrücken müssen, sich dabei
aber nicht zu nahe kommen dürfen, um sich nicht an ihren Stacheln zu
verletzen. Menschen brauchen Nähe und Distanz gleichermaßen.
Räumliche Distanzlosigkeit kann die Selbstachtung zutiefst gefährden,
weshalb wir körperliche Annäherungen außerhalb intimer Liebesbezie-
hungen und des engsten Freundes- oder Familienkreises aufs notwen-
digste beschränken. Versehentliche Berührungen bittet man zu ent-
schuldigen, und unbefangener Blickkontakt wird leicht als aufdringliche
Belästigung, zuweilen sogar als feindseliger Angriff missverstanden.
Ein sensibler Grenzbereich ist die Kranken- und Altenpflege, in der
sonst übliche Körperabstände nicht eingehalten werden können, weil –
wie etwa beim Waschen – intime Körperregionen gesehen und berührt
werden müssen. Deshalb ist bei solchen unvermeidlichen Annäherungen behutsames und das heißt eindeutiges Vorgehen geboten. Die Be-

rührungen dürfen nichts Spielerisches, Andeutendes, Neugieriges haben, um nicht als beschämende Bloßstellungen oder sexuelle Übergriffe gelten zu können. Man trifft die Menschen dort am stärksten, wo sie am empfindlichsten sind.

Zwar ist gegenwärtig häufiges Umarmen – „Hugs" und „Bussi-Bussis" – insbesondere unter jüngeren Menschen sehr verbreitet, auch werden körpertherapeutische Angebote wie Massagen stark nachgefragt, und selbst Kuschelpartys nehmen zu. Alles in allem jedoch sind außer förmlichem Händedruck und freundlichem Schulterklopfen nur wenige Körperkontakte in der Öffentlichkeit vorgesehen. Wie es scheint, sind Anstandsregeln vor allem Abstandsregeln, denen es um die Wahrung der Achtung vor dem anderen geht.

Hierzu gehört auch das Vermeiden von unbedachtem Duzen, der Babysprache bei Erwachsenen, deren Anrede als „Opa" oder „Oma" und des Sprechens über eine Person in deren Gegenwart, als ob sie abwesend wäre. Hier wie dort bedeutet Abstand zu halten, den Anderen als „Jemand" ernst zu nehmen – eine wichtige Bedingung für den Betroffenen, sich selbst ernst nehmen und somit achten zu können.

Insbesondere aber heißt Einhaltung des nötigen Abstands, den anderen sein Leben nach dessen eigenen Vorstellungen führen zu lassen, losgelöst von der grundsätzlichen Frage, ob es Willensfreiheit gibt oder nicht. Diese spielt hier keine Rolle, wo es vorrangig um Handlungsfreiheit geht. Die Möglichkeit, sein Leben in freier Selbstbestimmung zu gestalten, gilt als wichtige Voraussetzung menschlicher Selbstachtung. Ihr entsprechen die sogenannten liberalen Abwehrrechte, die einen Schutz der Freiheit des Einzelnen vor willkürlichen staatlichen Eingriffen fordern, um auf diesem Wege staatliche Zwangsgewalt zu begrenzen. Hiernach muss der Einzelne den Vorrang seiner Interessen nicht dem Staat gegenüber beweisen, sondern umgekehrt der Staat die Notwendigkeit seiner Eingriffe in die Freiheit seiner Bürger. Zu solchen Abstandsrechten gehören neben dem Recht auf Leben und individuelle Selbstbestimmung die Erlaubnis, nach persönlichem Glück zu streben, die Gleichheit vor dem Gesetz sowie Religions- und Weltanschauungsfreiheit. Die öffentliche Bestätigung solcher Freiheiten und die damit verbundene Anerkennung eines Menschen als liberalen Rechtssubjekts ist eine wesentliche Grundlage für seine Selbstachtung. Dazu kommt

seine Wertschätzung als gleichrangiger Rechtsperson. Der Gesichtspunkt der formalen Gleichbehandlung ist von allergrößter Bedeutung
für die menschliche Selbstachtung.

Beteiligungsrechte

Nicht nur mangelnder Abstand bedroht die Selbstachtung, fehlende Annäherung tut es ebenfalls. Wir alle sind uns trotz vielfacher Gemein-
samkeiten nur in Grenzen vertraut, bloß teilweise füreinander durch-
schaubar und einander bekannt. Wie häufig empfinden wir andere als
Fremde. Dies gilt bereits für Städter, die aufs Land ziehen, oder für
Bauern, die ihr Glück in der Großstadt versuchen. In besonderer Weise
trifft das auf Andersfarbige, Ausländer, Andersgläubige, Behinderte,
auf Minderheiten jeder Art zu. Den Neulingen wird nicht selten mit
Misstrauen begegnet, bevor sie als Gäste willkommen sind.

Alles Fremde, Neue, Andersartige erschüttert die geläufigen Vorstellungen vom Normalen, Vertrauten und Richtigen. Deshalb wird es
bisweilen als bedrohlich erlebt. Bleibt dieses Gefühl erhalten, wird aus
dem Fremden leicht ein Feind. Das Gegenteil wäre eine freundliche
Annäherung, die Fremdheit abbaut, ohne die Unterschiede aufzuheben.
Dies wird heute Inklusion genannt. Trotz aller Differenzen fühlt man
sich zusammengehörig und dadurch imstande, das Leben gemeinsam
zu gestalten.

Das Gefühl, angekommen und angenommen zu sein, ist ein Grund-
bedürfnis, dessen Erfüllung man grundsätzlich nicht allein hinbekommt.
Vieles, was man im Leben tut, zielt darauf ab, dazugehören zu können.
Hierzu zählen ein guter Job, eine schöne Wohnung und natürlich ein
guter Ruf.

Aber wir Menschen tun uns immer wieder schwer, andere am eigenen Leben teilhaben zu lassen. Insbesondere die fehlende Beteiligung
an Entscheidungs- und Handlungsprozessen vermag zu kränken, wenn
sie den Ausgeschlossenen unmittelbar betreffen. Schon Kinder und
Jugendliche empfinden Ausgrenzungen von ihresgleichen als demütigend; erst recht sehen sich Erwachsene in ihrer Selbstachtung verletzt,
wenn sie von Verfahren und Ereignissen ausgeschlossen werden, die
für ihr Leben bedeutsam sind. Das Gefühl, ausgeschlossen zu bleiben

oder gar unerwünscht zu sein, schwächt einesteils das Selbstwertgefühl, andernteils ist es gerade das Selbstwertgefühl, das sich damit nicht abfindet und hiergegen protestiert.

Damit wird die politische Dimension der Selbstachtung angesprochen. Für die eigene Selbstachtung ist es wichtig, als gleichrangiger Bürger an der Gestaltung der Zivilgesellschaft mitwirken zu dürfen. Hierzu bedarf es politischer Teilhaberechte. Diese ermöglichen dem Einzelnen eine aktive Beteiligung am politischen Geschehen. Dazu gehören neben Versammlungs-, Meinungs- und Pressefreiheit vor allem das allgemeine Wahlrecht, das Recht auf Bekleidung öffentlicher Ämter oder das Recht zu politischer Aktion und zur Bildung von Parteien. Über diese Rechte verfügen in der Regel nur die Bürger eines Landes, weshalb sie nationale Menschenrechte genannt werden. Selbstverständlich tragen solche Rechte zur Selbstachtung bei. Hierzulande gehören sie zum Selbstverständlichen, weshalb damit teilweise äußerst fahrlässig umgegangen wird, wenn beispielsweise das mühsam erkämpfte Wahlrecht ungenutzt bleibt. In anderen Teilen der Welt opfern Menschen sogar ihr Leben dafür! Wie kostbar politische Teilhaberechte sind, wird auch daran deutlich, dass etwa einige Machthaber sie den Frauen bis heute verweigern.

Anspruchsrechte

Von den politischen Mitwirkungsrechten werden als Drittes die sozialen Leistungs- und Wohlfahrtsrechte unterschieden. Sie versprechen dem Einzelnen soziale Sicherheit für den Fall, dass Existenzrisiken wie Krankheit, Unfall oder Arbeitslosigkeit eintreten. Des Weiteren garantieren sie sozialen Ausgleich, um so die wirtschaftliche Lage jener Mitbürger zu verbessern, die als sozial schwach oder benachteiligt gelten. Wir Menschen sind zur Selbstachtung fähig, wenn wir über die materiellen Bedingungen unserer Lebenserhaltung und Persönlichkeitsentfaltung verfügen und nicht in Hunger, Not und Unwissenheit darben müssen. Soziales Elend, Armut und Analphabetismus gefährden die Selbstachtung genauso wie geistige Unterdrückung und politische Unfreiheit, deren Überwindung eine Herausforderung für die gesamte

Menschheit darstellt. Hierzulande ist der Sozialstaat die Antwort darauf.

Traditionelle Aufgaben der Sozialpolitik sind die Jugend- und Al-
tenhilfe, Wohnungs-, Familien- und Bildungspolitik sowie die Durch-
setzung von Schutz- und Mitwirkungsrechten der Arbeitnehmer. Im
Laufe der Zeit bildeten sich zwei Kernbereiche der Sozialpolitik heraus: soziale Sicherung und Ordnung des Arbeitslebens. Die erste wohl-
fahrtsstaatliche Maßnahme auf dem Gebiet der sozialen Sicherung
erfolgte 1883 mit der Einführung der Krankenversicherung, der 1884
die Unfallversicherung folgte, 1889 dann die Invaliditäts- und Alters-
versicherung und 1927 die Arbeitslosenversicherung. Aus der neueren
Zeit sind stellvertretend für viele andere Leistungen die Einführung des
Kindergeldes 1954 zu nennen, ferner das Bundessozialhilfegesetz 1961,
das Gesetz über Mietbeihilfen 1963 oder das BAföG im Jahre 1971. Im
Jahre 2005 wurde die Bundessozialhilfe durch das Hartz IV-Konzept
abgelöst, in dem die bisherige Arbeitslosenhilfe und Sozialhilfe als Ar-
beitslosengeld II weitergeführt werden.

Das sozialpolitische Handeln im Arbeitsleben – die zweite Säule der
Sozialpolitik – umfasst Unfallverhütungsvorschriften, Regelungen der
Arbeitszeit, Schutzbestimmungen vor willkürlicher Entlassung sowie
Verfahrensregeln der Konfliktbeilegung in den Tarifkämpfen zwischen
Gewerkschaften und Arbeitgeberverbänden, aber auch Gesetze über
betriebliche Mitbestimmung der Arbeitnehmer durch die von ihnen
gewählten Betriebsräte, um einige Beispiele zu nennen. Der moderne
Sozialstaat unterhält zahlreiche Sicherungssysteme.

Diese sind zwar keine hinreichende Voraussetzung zur Selbstachtung, doch schaffen sie Rahmenbedingungen, unter denen jeder Bürger
leichter ein Selbstwertgefühl entwickeln kann. Allerdings misslingt es
dem Sozialstaat bisweilen, die Rechtsansprüche seiner Bürger so sicher-
zustellen, dass sich niemand als Mensch zweiter Klasse fühlen muss.

In diesem Zusammenhang wird seit einigen Jahren über die Idee
eines bedingungslosen Grundeinkommens diskutiert. Solche steuerfi-
nanzierten Sozialeinkommen würden an alle Bürger ohne Bedürftig-
keitsprüfung und Gegenleistung allein zur Befriedigung elementarer
Bedürfnisse ausgezahlt werden. Sachlich gerechtfertigt wird diese
Alternative bisheriger Staatsleistungen mit dem Argument, dass hier-

durch die sozialen Sicherungssysteme vereinfacht würden. Außerdem könnten bedingungslose Grundeinkommen den Rückgang der existenzsichernden Erwerbsarbeit auffangen, den zu einem erheblichen Teil die moderne Technik zu verantworten habe. Schließlich würden solche Einkommen dem Anspruch des Einzelnen auf die Erträge der Erde gerecht werden, die ja allen gemeinsam gehöre. Wie überzeugend diese Argumente sein mögen, Kritiker halten die Idee des bedingungslosen Grundeinkommens schon deshalb für illusionär, weil derlei öffentliche Aufwendungen nicht finanzierbar seien. Davon abgesehen sei diese Idee sogar gefährlich, weil bedingungslose Sozialeinkommen die Arbeits- und Leistungsbereitschaft vieler Bürger vermutlich untergraben würden. Eine Versorgung mit bedarfsgerechten Einkommen ohne Gegenleistung mag der Selbstachtung förderlich sein – solange die Gegenfinanzierung nicht gesichert ist, bleibt diese Idee bloß ein schöner Traum.

Ähnlich könnten Umverteilungen bestimmt einen wichtigen Beitrag zur Selbstachtung vieler Menschen leisten. Doch angesichts der krassen Unterschiede in den Einkommen, Vermögen und Lebenschancen ist auch diese Idee nur irreale Wunschvorstellung. Faktisch steht einem Heer von Geringverdienern eine Elite mit Riesenjahresgehältern in Millionenhöhe gegenüber, die tatsächlich nur schwer nachzuvollziehen sind. Jedoch sind die sozialen Milieus so weit voneinander entfernt, die Abstände zwischen Durchschnittsbürger und Multimillionär so groß, dass die Unterschiede von den meisten fast nicht mehr in Beziehung zueinander gesetzt werden können und deshalb nicht als demütigend empfunden werden.

Arm trotz Arbeit

Ganz anders verhält es sich mit Minijobs und Leiharbeit. Hierdurch ist in den letzten Jahren die Ungleichheit zwischen den Durchschnittsbürgern auf eine Weise angestiegen, die das Selbstwertgefühl vieler Geringverdiener spürbar beeinträchtigt. Heute teilen sich die Belegschaften in Festangestellte und schlechter bezahlte Leiharbeiter auf. Obwohl diese häufig genauso gut ausgebildet und qualifiziert sind wie die Stammbelegschaft, beziehen sie bei gleicher Arbeit oft deutlich geringere Einkommen als die regulär Beschäftigten. Dies ist nur schwer zu ertragen. Daher lautet die vielfach geäußerte Forderung: „Gleicher Lohn für gleiche Arbeit!" Verständlicherweise wollen die Menschen bei vergleichbarer Tätigkeit gleich entlohnt werden. Sie empfinden solche Ungleichbehandlungen als ungerecht und demütigend.

Dazu kommen die ständige Unsicherheit und Perspektivlosigkeit vieler Leiharbeiter, was ihrem Selbstwertgefühl gleichfalls abträglich sein kann.

Eigentlich soll Leiharbeit dazu dienen, Arbeitslose wieder in den Arbeitsmarkt einzugliedern oder Unternehmen mit überfüllten Auftragsbüchern kurzfristig aus der Klemme zu helfen. Diese Anliegen sind sinnvoll. Doch die Gefahr des Missbrauchs ist groß. Der beste Schutz hiergegen wäre, wenn alle Anreize für die Unternehmen entfielen, die vermittelten Arbeitskräfte möglichst lange als Leiharbeiter zu halten. Dazu wäre es dringend erforderlich, für vergleichbare Tätigkeiten gleichen Lohn zu zahlen, die Leiharbeiter hinsichtlich Arbeitsentgelt den Stammarbeitnehmern von Anbeginn oder kurzfristig gleichzustellen.

Überaus bedeutsam für die menschliche Selbstachtung scheint die Frage nach einem branchenübergreifenden gesetzlichen Mindestlohn zu sein. Lohndumping ist keineswegs eine Seltenheit. Billiglöhne können aber am Selbstwertgefühl nagen. Erst recht treffen Dumpinglöhne die Selbstachtung, wenn Vollzeit-Arbeitnehmer neben ihrem Einkommen noch staatliche Zuschüsse beziehen müssen. Wer hierauf Anspruch erhebt, weil sein Lohn niedriger ist als die staatlich garantierte Grundsicherung, wird „Aufstocker" genannt. Zusätzliche Transferzahlungen erbitten zu müssen, weil man von seinem Lohn nicht leben kann, wirkt leicht demütigend. Freilich kann der Umstand, überhaupt einer Erwerbstätigkeit nachzugehen, die Selbstachtung heben. Die Abhängigkeit von staatlichen Hilfen vermag sie aber leicht wieder zu senken.

In dieser prekären Situation soll ein flächendeckender Mindestlohn (8,50 Euro) wirksame Abhilfe schaffen. Eine feste, staatlich kontrollierte Untergrenze für Einkommen soll wesentlich dazu beitragen, dass die Arbeitnehmer ihre Existenz auch ohne staatliche Zuschüsse sichern und somit sich leichter achten können.

Kritische Stimmen befürchten aber, dass ein flächendeckender gesetzlicher Mindestlohn Hunderttausenden Geringverdienern den

Arbeitsplatz kosten könnte. Denn es werde zahlreichen Arbeitgebern schwerfallen, die gesetzlich vorgeschriebene Lohnuntergrenze nicht zu unterschreiten. Darum werden immer wieder branchenspezifische und regional gestaffelte Mindestlöhne gefordert, wie sie bereits für einzelne Wirtschaftszweige zwischen Gewerkschaften und Arbeitgeberverbänden ausgehandelt wurden. Wenn der Niedriglöhner durch den bundesweit einheitlichen Mindestlohn seine Stelle verliert, dann werde er jedenfalls zum Vollzeit-Arbeitslosen. Ein solcher sei nicht nur für den Steuerzahler teurer als ein „Aufstocker". Ohne Erwerbstätigkeit fühle er sich zudem in seiner Selbstachtung leicht getroffen. Die strittige Frage ist nur, wie viele Geringverdiener durch erhöhte Lohnkosten tatsächlich aus dem Arbeitsmarkt gedrängt werden. Obwohl kritische Stimmen vorhersagen, dass eine Menge Jobs durch die schrittweise Einführung eines Mindestlohns in allen Regionen und für alle Berufsgruppen verloren gehen, steht doch keineswegs fest, dass diese düsteren Prophezeiungen auch wirklich eintreten werden.

Noch bedrückender als die pessimistische Prognose ist die Vermutung, der vorgesehene Mindestlohn werde nicht hoch genug sein, um die meisten betroffenen Familien von staatlichen Unterstützungen zu befreien. Es gibt bereits zahlreiche Arbeitnehmer, deren Stundenlohn über der Lohnuntergrenze liegt und denen trotzdem nicht der Gang zur Behörde erspart bleibt, weil ihr Gehalt nicht die Bedarfssätze für Familien erreicht. Mit der Einführung des Mindestlohns wird sich die Zahl der „Aufstocker" möglicherweise nicht deutlich verringern, die dann auf staatliche Unterstützungen oder zusätzliche Nebenjobs weiterhin angewiesen bleiben.[92]

Es bedarf nur wenig Fantasie, um sich die Abhängigkeit von der öffentlichen Hand trotz Arbeit als peinlich und demütigend vorzustellen. Andererseits kann der Rechtsanspruch auf Grundsicherung aber auch die Selbstachtung stärken. Viele leben gut damit, nicht aus eigener Kraft den staatlichen Unterstützungen entkommen zu können. Trotzdem hätte jeder Arbeitnehmer, der Vollzeit arbeitet, einen guten Grund, sich in seiner Selbstachtung getroffen zu fühlen, wenn er mit seinem Einkommen nicht sich selbst und seine Familie versorgen kann.

Aber eine gerechte Verteilung von Lebenschancen in den Bereichen Gesundheit, Bildung, Einkommen steht auch künftig nicht zu erwarten. Gleichheit vor dem Gesetz bedeutet eben nicht Gleichheit vor dem Bankschalter!

Ganz besonders gefährdet Armut infolge von Arbeitslosigkeit die Selbstachtung. Erst recht kann Armut als besonders kränkend im Kontakt mit Menschen erlebt werden, die keine Not leiden. Aber so wichtig es ist, sich der Armen anzunehmen, grundsätzlich sollte niemand von wohlwollenden Almosen oder entwürdigender Arbeit abhängen. Oftmals bedeuten Armut und Entrechtung nicht nur existenzielle Not, sondern ebenso demütigende Ausgrenzung. Sie können Gefühle des Nichts-wert-seins oder Nicht-dazu-gehörens hervorrufen. Wie Geringverdiener benötigen Arbeitslose statt Almosen gerechtfertigte Rechtsansprüche auf ein Existenzminimum. Schon Kant stellte fest, dass die Abhängigkeit Notleidender von der Wohlfahrt ihrer Selbstachtung widerspreche. Doch können selbst Rechtsansprüche als demütigend empfunden werden, wie bereits dargelegt wurde. Verständlicherweise kränken der Gang zum Sozialamt und die dortige Behandlung als bloße Nummer manchen Arbeitslosen.

Allerdings besteht das Problem der Armut nicht allein darin, dass es Notleidenden schlechter geht als anderen, sondern dass es ihnen überhaupt schlecht geht, weshalb sie sich leicht als wertlos vorkommen.[93] Die Beobachtung ist richtig, dass Gleichbehandlung den Menschen nicht immer gerecht wird, weil sie individuelle Bedürfnisse, Leistungen und Besonderheiten missachtet, auf die ebenfalls Rücksicht genommen werden sollte. Grundsätzlich aber ist es doch eine wichtige Erleichterung für die Selbstachtung des Einzelnen, zu wissen, dass man – bei aller vertretbaren Ungleichheit – in rechtlicher, politischer und zivilgesellschaftlicher Beziehung als Gleicher unter Gleichen gilt.

Jedoch ändert die formale Gleichbehandlung nichts an der prekären Situation, dass die einen arm sind, während andere über viele Lebenschancen und gute materielle Ressourcen verfügen. Gerade angesichts des relativen Wohlstands breiter Bevölkerungsgruppen kann Armut leicht ein Gefühl der Ausgrenzung und Erniedrigung hervorrufen.

Davon abgesehen kann die wachsende ökonomische Ungleichheit zu einer Gefährdung der Demokratie werden. Ungleichbehandlung und Ungleichverteilung fördern nicht nur Gewalt und Extremismus. Sie können eine Gesellschaft insgesamt zerrütten. Im Grunde ist die gesellschaftliche Ruhe hierzulande angesichts der großen ökonomischen Ungerechtigkeiten eher verblüffend. Es gibt erstaunlich wenig Gewalt von unten. Seit Jahrzehnten regt sich nur geringer Widerstand gegen ungerechte Verteilungen. Es gibt keine nennenswerten Ausschreitungen. Die Bevölkerung regt sich kaum. Anscheinend entfällt der Aufstand der Selbstachtung hierzulande.

Vermutlich beruht der soziale Friede zum einen auf dem schlichten Umstand, dass es der breiten Bevölkerung, die sogenannten einfachen Leute eingeschlossen, noch immer verhältnismäßig gut geht und die sozialstaatlichen Leistungen bei uns vergleichsweise hoch sind. Zum anderen ergibt sich die gesellschaftliche Ruhe auch aus der einfachen Tatsache, dass der Alltag so viel Energie beansprucht, dass nicht mehr genug Kraft zur Rebellion übrig bleibt.

Nach Lage der Dinge ergänzen sich Abstands-, Beteiligungs- und Anspruchsrechte. Zugleich herrscht jedoch eine unvermeidbare Spannung zwischen diesen Rechtsansprüchen. So kann es beispielsweise die Selbstachtung verletzen, wenn der Einzelne seine Freiheit gegen einen Teller Suppe aus der „Tafel" oder Armenküche eintauschen muss. Dazu hat diese Art der Armenhilfe, sofern von wohlhabenden Damen in ihrer Freizeit geleistet, einen verächtlichen Beigeschmack. Andererseits können Armut, Krankheit und andere Benachteiligungen die Selbstachtung gefährden, wenn keine Unterstützung gegeben würde, um die Betroffenen aus ihrer akuten Notlage zu befreien.[94]

Eine stabile Selbstachtung bedarf sozialer Gewährleistungen. Es besteht ein enger Zusammenhang zwischen der Gewährleistung liberaler, politischer und sozialer Rechte auf der einen Seite und der Selbstachtung auf der anderen Seite. Doch so wichtig es ist, dass der Staat seiner Verantwortung für die soziale Sicherheit seiner Bürger gerecht wird, ein Problem bleibt: Sozialsysteme bringen leicht eine Versorgungsmentalität hervor, die bei zu starker Beanspruchung möglicher Hilfsangebote die Selbstverantwortung des Einzelnen und die Volkswirtschaft zu schwächen vermag.

Private und Öffentliche Gewährleistungen

Liberale Freiheitsrechte, politische Teilhaberechte und soziale Wohlfahrtsrechte sowie die ihnen entsprechenden staatlichen Institutionen
sind wesentliche Bedingungen für die Selbstachtung. Die Vorenthaltung solcher Rechte darf mit Recht als demütigend empfunden werden.
Darum können die zahlreichen Aufstände hiergegen, die es in der Geschichte bis heute gibt, nicht weiter verwundern.

Allerdings erfordert Selbstachtung mehr als nur die institutionelle
Anerkennung des Menschen als eines Trägers von liberalen, politischen
und sozialen Rechten. Menschen können auch unterhalb der Schwelle öffentlicher Bestätigungen als Rechtssubjekte gedemütigt werden.
Selbstachtung hängt auch von der Umgebung ab, in der man sich auf-
hält. Schon die Wohnung, die man unterhält, kann die Meinung über
sich selbst positiv oder negativ beeinflussen. Das Gleiche gilt für die
Wohnlage, die Einrichtung oder den Arbeitsplatz, der den beruflichen
Status eines Angestellten ausdrückt. Sie alle können das Selbstwertgefühl stützen oder unterminieren. In welch hohem Maße die Vorstellung, die man von sich hat, von äußeren Umständen abhängt, lernt man
spätestens dann schmerzhaft verstehen, wenn diese gewohnten Hilfsmittel der Selbstachtung wegfallen.

Doch mehr als der Schauplatz des Lebens beeinflusst vermutlich
die Einstellung der sozialen Umwelt uns gegenüber die eigene Wertschätzung: Liebe, Freundschaft, Lob oder Bewunderung für erbrachte
Leistungen und besondere Eigenschaften. Wir alle sind auf freundliche
Resonanzen angewiesen.

Die der Selbstachtung förderlichen Wertschätzungen ereignen sich
gleichsam im toten Winkel der rechtlichen Anerkennung. Manchmal
genügt bereits das eine, um Demütigungen durch das andere so ab-
federn zu können, dass man nicht jede Achtung vor sich selbst verliert. Aber auch in der außerrechtlichen Alltagskultur kann bisweilen
ein die Selbstachtung beschädigendes Versagen auf der einen Seite
durch Selbstachtung förderlichen Erfolg auf der anderen Seite ausgeglichen werden, wie bereits dargelegt wurde: berufliche Tätigkeiten
mit geringem Ansehen etwa durch sportliche Verdienste, attraktives
Erscheinungsbild oder Familienglück; am Selbstwertgefühl nagende

Hässlichkeit kann durch intellektuelle oder andere Leistungen kompensiert werden.

Manche verkürzen das menschliche Selbstwertgefühl auf das Bewusstsein eigener Überlegenheit aufgrund hoher Leistungsfähigkeit.
Es gebe nichts anderes, warum wir unser Dasein als wertvoll erfahren könnten. In einer Gesellschaft aus lauter Genies wäre eine positive
Selbstschätzung aufgrund der besonders hohen intellektuellen Leistungen aller gar nicht möglich. Alle Leistungen wären vergleichsweise
durchschnittlich. Erst überdurchschnittliche Leistungen ermöglichten
ein Selbstwertgefühl.

So plausibel solche Überlegungen klingen, grundsätzlich lässt sich
das menschliche Selbstwertgefühl nicht auf ein Bewusstsein überlege-
ner Leistungsfähigkeit vereinfachen. Wie ausgeführt ist Selbstachtung
ursprünglich weder in einer Theologie ideeller Sonderbestandteile verankert noch in einer Soziologie zwischenmenschlicher Anerkennung,
sondern vielmehr in einer Biologie der Selbsterhaltung. Allerdings ist
soziale Wertschätzung aufgrund überdurchschnittlicher Leistungen der
Selbstachtung des Betroffenen sicherlich förderlich. Nur kann soziale
Wertschätzung nicht garantiert werden.

Zweifellos trägt die Art und Weise, wie man sich anderen gegenüber
verhält, wesentlich dazu bei, in welchem Maße man geachtet wird. Die
Wertschätzung von außen hat wiederum Auswirkungen auf die eigene
Selbstbewertung. Das Eine beeinflusst das Andere. Im gesellschaftlichen Leben hängt deshalb ein Teil der Selbstachtung immer auch von
gelungener Selbstdarstellung ab. Gelingt es dem Einzelnen, sich vor
den Anderen so zu präsentieren, dass sie ihm Respekt zollen?

Allerdings empfehlen zahlreiche Ratgeber, sein Selbstwertgefühl
von allem Unverfügbaren, Veränderlichen und Vergänglichen abzukop-
peln. Man solle seinen Selbstwert nicht davon abhängig machen, wie
man von anderen gesehen werde. Es sei völlig aberwitzig, sich nur dann
positiv zu bewerten, wenn man selbst oder seine persönlichen Qualitäten und Leistungen von anderen hochgeschätzt würden. In diesem Falle
gehe die Kontrolle über das eigene Selbstwertgefühl verloren. Dieses
lasse sich noch am ehesten dadurch schützen, dass man seine Selbstbewertung von den Rückmeldungen anderer loslöse. Jedenfalls sei es
problematisch, sein Selbstwertgefühl zu steigern, indem man sich mit

Menschen umgebe, die eine hohe Meinung von einem hätten. Denn schlüge deren Urteil plötzlich um, so sinke auch die Meinung über einen selbst schlagartig in den Keller. Solche Einbrüche könnten Menschen mit sonst schwachem Selbstwertgefühl kaum verkraften. Ohne die gewohnten Bestätigungen von außen fühlten sie sich auf einmal wertlos und wüssten nicht mehr, wohin sie vor der eigenen Verachtung fliehen sollten.

Ähnlich verhält es sich mit dem äußeren Erscheinungsbild. Niemand ist dauerhaft attraktiv und erfolgreich. Wer sein Selbstwertgefühl hieran bindet, muss zwangsläufig enttäuscht werden, sobald die Schönheit nachlässt oder der Erfolg ausbleibt. So scheint es tatsächlich sinnvoll zu sein, sich von gesellschaftlichen Erwartungen weitgehend zu befreien. Niemand lebt nur, um die Wünsche seiner Mitmenschen zu erfüllen.

Dennoch sind die Anforderungen groß, die an den Einzelnen von Gesellschaft, Firma und Familie gestellt werden. Sie lassen sich nicht ohne weiteres abstreifen. Hin und wieder wird man sogar gezwungen, sich mit anderen zu messen. Aber niemand kann dauernd der Erste sein, unaufhörlich Rekorde aufstellen. Niemand ist stets ein perfekter Liebhaber, Familienvater, Vorgesetzter oder Kollege. Trotzdem bleiben die bestehenden Maßstäbe hoch, so dass auch künftig unsere Versuche, die Erwartungen unserer Umgebung zu erfüllen, immer wieder fehlschlagen werden. Erreicht man die teils selbst gewählten, teils vorgegebenen Ziele nicht, ist die Frustration groß. Plötzlich fühlt man sich unfähig, faul, wenig talentiert. Solche Gefühle der Unzulänglichkeit schmälern natürlich die Selbstachtung. Am ehesten ließen sich solche Enttäuschungen vermeiden, wenn man die Erwartungen wirklich absenken könnte. Aber die moderne Leistungsgesellschaft möchte die Verbindung zwischen Erfolg und Selbstwertgefühl, überzeugt davon, dass ein hohes Selbstwertgefühl zu höheren Leistungen wie umgekehrt ein zielstrebiges Engagement zu hohem Selbstwertgefühl führt. Erfolge können das Selbstbewusstsein der Mitarbeiter steigern, was wiederum zur Erhöhung ihrer Wettbewerbsfähigkeit beiträgt. Deshalb ist die Verankerung des Selbstwertgefühls in der beruflichen Anerkennung ausdrücklich erwünscht.

Wie die Dinge liegen, ist es unmöglich, dass uns private und öffentliche Fremdeinschätzungen gleichgültig lassen. Darum wird es auch künftig zu Demütigungen und Kränkungen kommen. Nicht zuletzt deshalb sichert der moderne Staat jedem Bürger – ohne Rücksicht auf Herkunft, Hautfarbe oder Glauben, Geschlecht, Alter, physischen wie psychischen Zustand oder sozialen Status – elementare Grundrechte zu. Sie sollen dem Einzelnen helfen, sich auch in schwierigen Situationen zumindest noch halbwegs wertschätzen zu können.

Alles in allem ist der Einzelne im Streben nach Selbstachtung nicht ganz auf sich gestellt, sondern verfügt über eine Reihe rechtlicher, gesellschaftlicher und privater Rückendeckungen. Diese können ihm die nötige Kraft geben, sich sogar bei tief empfundener Gebrechlichkeit (praktische Gefährdung) und Unerheblichkeit (theoretische Gefährdung) noch achten zu können.

Falscher Stolz und Selbsterniedrigung

Selbstachtung ist eine existenzielle Notwendigkeit. Aber ist sie deshalb bereits ein ethischer Höchstwert? Sollte das menschliche Handeln auf die Selbstachtung wie auf einen letzten Zielpunkt ausgerichtet werden? Ist sie das Eichmaß von Gut und Böse, ein letzter Maßstab, mit dessen Hilfe sich das ethisch Gebotene vom ethisch Unzulässigen abgrenzen lässt? Hieran sind Zweifel angebracht.

Schmeichler, Schurken und Sensibelchen

Wenn Selbstachtung ein ethischer Höchstwert wäre, dann müsste alles gutgeheißen werden, das Selbstachtung ermöglicht, und alles verworfen werden, das Gefühle der Demütigung hervorruft. Doch eine solche Position ist unhaltbar, wie sich leicht zeigen lässt.

Einige Menschen stützen ihre Selbstachtung auf heuchlerische Schmeicheleien oder arrogante Selbstüberschätzungen, zu denen die verlogenen Schmeicheleien einen unrühmlichen Beitrag leisten. Doch wieviel ist eine Selbstachtung wert, die sich auf heuchlerisches Lob stützt? Ist ein solches Selbstwertgefühl nicht ethisch fragwürdig, da es auf hohlen Phrasen beruht? Wirkt der Betroffene nicht lächerlich, wenn er falsches Lob zu einer wichtigen Quelle seiner Selbstachtung macht? Schmeichelei ist eine Art von Verlogenheit, die eine richtige Selbstwahrnehmung verhindern kann. Sie blendet und lässt den tatsächlich oder vermeintlich Überlegenen im Glauben, außerordentlich begabt, schön oder mächtig zu sein. Nicht selten verführen solche Fehleinschätzungen zu Selbstgefälligkeit.

Aber auch der Schmeichler verbaut sich den Weg zu einer ethisch gerechtfertigten Selbstachtung. Offenbar gibt es Menschen, die ihre Gesichtsbräune weniger vom intensiven Sonnenbaden als vom vielen Arschkriechen haben. Sie versuchen durch unterwürfige Gesten die Gunst und das Wohlwollen derer für sich zu gewinnen, die ihnen überlegen sind. In der Regel schmeicheln sie um persönlicher Vorteile, Bewunderung und Freundschaft willen. Möglicherweise lassen sie sich von den Leuten, denen sie sich anbiedern, mit finanziellen Zuwendungen aushalten oder mit Geschenken und anderen Liebenswürdigkeiten überhäufen. Dafür sind sie fast uneingeschränkt botmäßig.

Wieder anderen erleichtert das Buckeln ihr berufliches Fortkommen. Um des Erfolgs und der Beförderung willen sind sie bereit, sich zu verbiegen oder ihren Kollegen in den Rücken zu fallen. Mit Shakespeares Hamlet gesprochen, belecken ihre „Zuckerzungen blöden Pomp", und sie krümmen ihr „hinknie-geiles Kniegelenk, wo Wedeln Wohlwollen einträgt".[95]

Feige und ängstliche Mitläufer wiederum verhalten sich bisweilen wie im Zorn verprügelte Hunde, die zu ihren Herrchen auf dem Bauch herangekrochen kommen, um, mit flehenden Augen aufblickend, ihre brutale Hand zu lecken, während diese weiter die Peitsche schwingt. Sie lassen sich die Schlinge um den Hals legen, als ob sie eine Perlenkette wäre.

Natürlich widerspricht es der Selbstachtung, sich vor anderen klein zu machen, wie es umgekehrt die eigene Achtung verletzt, sich hilfsbereit und großzügig zu zeigen, nur um gemocht und bestaunt zu werden. Niemand sollte seinen Mitmenschen schmeicheln, um ihre Gunst buhlen oder sich diese erschleichen, bloß um dazuzugehören oder beruflich weiterzukommen. Aber vielleicht ermöglichen erst unterwürfige Kriecherei und Lobhudelei eine gesellschaftliche Stellung, die für das Selbstwertgefühl des Hofierten unverzichtbar ist. Womöglich erfüllt den Umschmeichelten erst seine erkämpfte soziale Position mit Selbstachtung, die jedoch durch die Botmäßigkeit und Heuchelei der Speichellecker natürlich wieder in Frage gestellt wird. Die Speichellecker selbst haben nur wenig Grund zur Achtung vor sich selbst.

Nachdenkliche Gemüter bemerken mit einem Male viel Verächtliches am eigenen Buckeln und Schönreden, mit dem sie sich Vorteile erschwindeln wollten. Gleichfalls haben sie plötzlich nur noch Verachtung für den Umschwärmten übrig, weil sie dessen Abhängigkeit von verlogenen Komplimenten spüren. Und wenn sich der Umworbene selbst eingestehen muss, dass seine Selbstachtung auf geheucheltem Lob beruht, dann kann natürlich auch dessen Stolz schnell in Selbstverachtung umschlagen. Alles in allem gibt es eine Menge ethisch fragwürdiger Formen der Selbstachtung.

Manche verstärken ihre Selbstachtung dadurch, dass sie die Nähe höhergestellter Personen regelrecht suchen. Sie werten sich nicht dadurch auf, dass sie die Menschen um sich herum abwerten, wie viele es tun, sondern indem sie sich mit Bekanntschaften schmücken, die hohes Ansehen genießen. Sie sonnen sich in deren Licht. Hat etwa ein Bekannter, Freund oder Partner einen guten Ruf, so kann dies das eigene Selbstwertgefühl heben. Ähnliches gilt für Sportfans, die sich stark mit bestimmten Athleten oder einer Mannschaft identifizieren. Hier genügt bereits das Gefühl des stellvertretenden Erfolgs zur Steigerung ihres Selbstwertgefühls: „Wir sind Meister." Der Sieg der Mannschaft lässt die Fanbrust stolz anschwellen. Solche Quellen der Selbstachtung sind zwar fragwürdig, insgesamt aber harmlos, denn sie bleiben lediglich illusionär. Die Fans entwickeln einen Stolz auf etwas, zu dem sie nichts Wesentliches beigetragen haben.

Anders verhält es sich mit der Selbstachtung von Personen, denen die Ausübung von Zwang oder das Quälen und Demütigen anderer Menschen große Freude bereitet. Beispielsweise erfüllt es die Anführer und Mitglieder aggressiver Gangs bisweilen mit Stolz, zu randalieren und unschuldige Opfer brutal zusammenzuschlagen. Zu nichts geeignet, aber zu allem fähig, blühen sie förmlich auf, wenn sie ihre Mitmenschen schikanieren können. Niederträchtige Machtausübung kann das Selbstwertgefühl steigern. Ein Despot hat möglicherweise deshalb ein starkes Selbstwertgefühl, weil er andere drangsaliert. Seine Selbstachtung beruht auf einem Machtgefühl, das sich auf grausame Unterdrückung und die Ausbeutung schwacher Menschen stützt. So gewinnen manche Menschen ihre Selbstachtung durch Umgangsformen, die den Durchschnittsbürgern jede Selbstachtung nehmen würden, wenn sie an deren Stelle wären. Diese Beispiele zeigen, wie ethisch fragwürdig Selbstachtung sein kann.

Das Gleiche gilt für das Gefühl der Demütigung. Wie es ethisch un-
gerechtfertigte Selbstachtung gibt, genauso kann es auch ethisch unge-
rechtfertigte Gefühle der Erniedrigung geben. Manche Menschen sind
bereits gekränkt, weil nicht alle Kollegen mit ihnen befreundet sein
möchten. Andere fühlen sich gedemütigt, weil ihre Nachbarn sich teu-
re Urlaube leisten können und ihnen scheinbar in fast allem überlegen
sind. Obwohl es den Neidern selbst verhältnismäßig gut geht, erniedrigt
sie der größere Erfolg ihrer Mitmenschen.

Nun hat jeder, der sich achtet oder gedemütigt fühlt, aus persönlicher Sicht einen guten Grund hierfür. Die Frage ist nur, ob dieser Grund
haltbar ist. Wie objektives Wohlergehen nicht automatisch subjektives
Wohlbefinden nach sich zieht, so kann das Gefühl der Demütigung ohne
triftigen Grund sein. Menschen geht es objektiv gut, wenn sie fast alles
haben: Gesundheit, Geld, Erfolg, Freunde. Dennoch fühlen sich einige
von ihnen todunglücklich. Umgekehrt gibt es Menschen mit freundlichem Gemüt, obwohl sie schwere Schicksalsschläge erleiden mussten.
Genauso kann aus ethischer Sicht eine Demütigung vorliegen, ohne
dass sich das Opfer persönlich gedemütigt und in seiner Selbstachtung
getroffen fühlt. Möglicherweise wurde es aller liberalen, politischen
und sozialen Rechte beraubt, öffentlich bloßgestellt und lächerlich gemacht. Trotzdem fühlt sich der Betroffene vielleicht gar nicht erniedrigt, obgleich er, ethisch betrachtet, entwürdigend behandelt wurde.

Es genügt nicht, sich achten oder gedemütigt fühlen zu können,
um sich aus ethischer Sicht achten und gedemütigt fühlen zu dürfen.
Selbstachtung ist zwar ein existenzieller Höchstwert, ein ethischer
Höchstwert ist sie aber darum noch lange nicht.

Wem gebührt Selbstachtung?

So unverzichtbar die wohlwollende Wertschätzung der eigenen Person
ist, nicht jede Unterstützung zur Selbstachtung kann deshalb gutgeheißen werden. Beruht die Selbstachtung auf ethisch anstößigen Voraussetzungen, so ist sie selbst fragwürdig. Bislang wurde das Phänomen
der Selbstachtung und Demütigung hauptsächlich deskriptiv erfasst,
die normative Frage hingegen wurde nur teilweise berührt, aber noch
nicht ausdrücklich aufgeworfen und behandelt: Wann ist der Mensch

im Alltagsleben berechtigt, sich zu achten oder sich gedemütigt zu fühlen? Gibt es unzulässige Selbstachtung? Wann soll man sich achten? Wann soll man sich besser verachten oder schämen? Wann soll man sich gedemütigt fühlen? Wann soll man sich nicht gedemütigt fühlen? Wann fühlt man sich unberechtigterweise gekränkt und erniedrigt? Wer brutal erniedrigt und gänzlich entrechtet wird, bleibt womöglich zur Selbstachtung fähig – nur, ist er dann noch dazu berechtigt? Wer grausame Verbrechen begeht, andere auf furchtbare Weise erniedrigt, misshandelt oder in schreckliches Elend stürzt, mag sich trotzdem achten – nur, hat er auch ein Erlaubnis- oder Anspruchsrecht hierauf? Aber darf jemandem das Recht auf Selbstachtung überhaupt abgesprochen werden? Der terroristische Kampf islamistischer Gotteskrieger um Anerkennung beispielsweise mag diesen zwar zur Selbstachtung verhelfen, die Mittel hierzu sind aber aus ethischer Sicht gänzlich inakzeptabel. Es ist nicht alles ethisch gerechtfertigt, bloß weil es der Selbstachtung dient.

Gefühle der Demütigung und Selbstachtung sind nur dann ethisch legitim, wenn es auch die Bedingungen sind, unter denen sie entstehen. Zur ethisch-kritischen Prüfung dieser Bedingungen sind die Selbstachtung und das Gefühl der Demütigung selbst ungeeignet. Daher drängt sich die Frage nach einem übergeordneten Maßstab auf, der über die Rechtmäßigkeit der gefühlten Demütigung und Selbstachtung zu urteilen vermag.

Hierzu eignet sich aufs vorzüglichste der Standpunkt eines unparteiischen, aufgeklärten, urteilsfähigen Beobachters mit gutem Willen, der seit Adam Smith bis John Rawls immer wieder in der Ethik empfohlen wird.[96] Demnach wären die Hilfen zur Selbstachtung dann ethisch gerechtfertigt, wenn wir triftige Gründe hätten zu glauben, dass sie in den Augen eines wohlinformierten, zurechnungsfähigen Schiedsrichters mit gutem Willen als billigens- und lobenswert erscheinen. Verlogenes Schmeicheln, unterwürfiges Kriechen, überhebliche Arroganz und grausame Unterdrückung wird ein unparteiischer, rationaler Beobachter guten Willens sicherlich als Beweggründe zur Selbstachtung verwerfen. Natürlich wird ein solcher auch die intolerante Opferbereitschaft der islamischen Gotteskrieger nicht als ethisch gerechtfertigten Beweggrund gelten lassen. Solche Verhaltensweisen wären aus seiner

Sicht eher Gründe zur Scham als zur Selbstachtung. Ganz ähnlich muss dieser Beobachter manche Gefühle der Demütigung, mögen sie noch so intensiv empfunden werden, als ethisch unbegründet zurückweisen.

Die Frage nach der Legitimität der gefühlten Demütigung und Selbstachtung ist also eine Frage nach der Legitimität der Bedingungen, aus denen sie gewonnen werden. Natürlich gibt es viele gute Gründe, weshalb sich Menschen gedemütigt fühlen dürfen. Dies ist beispielsweise dann der Fall, wenn die liberalen, politischen oder sozialen Rechte eines Bürgers verletzt wurden. Außerdem darf in bestimmten Situationen auch Mitleid als beschämend und erniedrigend empfunden werden, wie bereits ausgeführt wurde.

Der Mensch als Sache

Einen fast allgemein anerkannten Grund, sich gedemütigt zu fühlen, stellt aus ethischer Sicht die Behandlung eines Menschen als eines Objekts oder Mittels zu einem Zweck dar. Doch genauer betrachtet sticht dieses Argument nur mit drei Zusatzannahmen: Im Alltagsleben kommen wir gar nicht umhin, uns gelegentlich als Mittel zum Zweck und somit als Objekte gegenseitig zu gebrauchen. So benutzen wir etwa den Busfahrer, Verkäufer oder Arzt für unsere Ziele. Deshalb fordert Kant, dass wir uns niemals *nur* als Objekte, sondern immer auch als Subjekte behandeln sollen,[97] und das heißt als Personen, die freiwillig in ihre Instrumentalisierung eingewilligt haben und als solche geachtet werden sollen.

Gebraucht man hingegen jemanden als bloße Sache wie ein Stück Holz, hätte die Person einen guten Grund, sich gedemütigt zu fühlen. Doch trifft dies wieder nur dann zu, wenn die Behandlung zugleich Ausdruck herablassender Verachtung wäre. Denn in einigen Fällen ist es ethisch gerechtfertigt, andere Menschen sogar ohne deren Einwilligung als bloße Mittel zu gebrauchen, um solche Ziele wie etwa die Rettung fremden Lebens zu erreichen. Norbert Hoerster verweist auf einen Ertrinkenden, der nur gerettet werden kann, indem ein unwilliger Bootsbesitzer unter Androhung von Gewalt dazu gebracht wird, sein Schiff zu dem Notleidenden hinzulenken.[98] Hier wird der Bootsbesitzer zwar als bloßes Instrument gebraucht. Dennoch hat er keinen ethisch gerechtfertigten Grund, sich gedemütigt zu fühlen, weil sich hinter seiner Verwandlung in ein Werkzeug zur Rettung fremden Lebens nicht eine Geringschätzung seiner Person verbirgt.

Allerdings ist eine reine Instrumentalisierung von Menschen ohne Verachtung wiederum nur deshalb zulässig, weil der damit verfolgten Zielsetzung, fremdes Leben zu retten, eine Bedeutung zukommt, die eine solche Vorgehensweise ethisch rechtfertigt. Aus ethischer Perspektive bliebe sie ungerechtfertigt, wenn es beispielsweise nur um die sofortige Überquerung eines Flusses ginge, nachdem man die Fähre verpasst hat.

Prostitution

Besonders geeignet scheint die Objektformel zur ethischen Beurteilung der Prostitution zu sein. Denn werden Prostituierte und Escorts durch Verkauf ihres Körpers nicht ebenso auf ethisch fragwürdige Weise zum bloßen Objekt entwertet? Hätten Sexarbeiterinnen und Sexarbeiter in Bordellen, Laufhäusern, Flatrate-Puffs oder auf dem Straßenstrich nicht einen guten Grund, sich gedemütigt zu fühlen? Freilich ist Prostituierte nicht gleich Prostituierte. Zwischen schlichten Hartgeldhuren, die ihre Sexdienste für wenig Geld anbieten, und teuren Escortdamen der Extraklasse gibt es zahlreiche Abstufungen. Aber hier wie dort werden menschliche Körper an Dritte veräußert, die daraus einen Nutzen allein für sich selbst ziehen wollen. Doch gilt dies nicht auch für die Darbietungen eines Tänzers auf der Bühne und anderen Formen des Lohnerwerbs wie der Akkordarbeit am Fließband? Nicht selten fühlen sich Lohnempfänger wie ausgebeutete Sklaven und austauschbare Leibeigene.

Natürlich sind solche fremden Körpernutzungen auf Zeit weniger intim als etwa die Prostitution. Denn der fremde Körper wird beim Tanz ja lediglich betrachtet und am Fließband bloß in Dienst genommen, nicht aber berührt, geschweige denn sexuell beansprucht. Das ist ein Unterschied, bedenkt man, wie empfindlich wir sonst auf ungewollten Körperkontakt reagieren. Hierzulande wie anderswo gehört es zu den guten Sitten, unbeabsichtigt berührte Personen dafür um Entschuldigung zu bitten. Dennoch stellt sich die Frage, ob dieser Unterschied tatsächlich moralisch relevant ist.

Wenn sich ein erwachsener und zurechnungsfähiger Mensch dafür entscheidet, seinen Körper den Bedürfnissen anderer zu unterwerfen und zu deren Spielzeug zu machen, dann verfügt er über seinen Leib als Privatbesitz. Hiergegen wird zwar gerne eingewandt, dass der Einzelne nicht Eigentümer, sondern lediglich Treuhänder seines Körpers sei, der wie eine unverfügbare Gabe ihm zur Bewahrung und Pflege anvertraut wurde. Solche meist religiös begründeten Vorstellungen halten jedoch viele mittlerweile nicht mehr für überzeugend. Davon abgesehen lassen sie sich nicht verallgemeinern und schließlich stehen sie nicht notwendigerweise im Widerspruch zu der persönlichen Entscheidung, den eigenen Körper für sexuelle Dienste zu instrumentalisieren.

Solange sexuelle Dienste von erwachsenen Menschen wirklich freiwillig geleistet werden, hierbei ihre Persönlichkeit geachtet bleibt und etwas spezifisch Menschliches wie Sex miteinander in gegenseitigem Einverständnis praktiziert wird, scheint Prostitution nicht als ethisch begründeter Verstoß gegen die Selbstachtung bewertet werden zu müssen. Die Objektformel gebietet lediglich, den Einzelnen niemals nur als Objekt oder mit Verachtung als Objekt zu behandeln. Darum wird hierzulande Prostitution nicht mehr ausdrücklich als sittenwidrig abgewertet. Inzwischen wurden die zivilrechtlichen, arbeits- und sozialrechtlichen Beziehungen zwischen Prostituierten und ihren Kunden bzw. Arbeitgebern gesetzlich geregelt. Hiernach sind Bordellbetreiber dazu verpflichtet, ihre Arbeitnehmerinnen bei der Sozialversicherung anzumelden. Jede beschäftigte Prostituierte ist damit automatisch kranken-, renten-, pflege- und unfallversichert. Darüber hinaus hat sie als Angestellte einen Gehaltsanspruch gegenüber dem Betreiber eines Bordells oder Clubs; außerdem darf sie jederzeit fristlos kündigen. Schließlich kann sie oder er – wie ein Wirt gegen Zechpreller – gegen säumige Kunden klagen. Diese und ähnliche Bestimmungen versuchen dem Achtungsanspruch der Prostituierten rechtlich gerecht zu werden.

Allerdings werden diese Auflagen zumeist nicht erfüllt. Zehntausende Prostituierte arbeiten hierzulande unter illegalen, ja kriminellen Bedingungen. Sie leben oft an gefährlichen Orten, an denen gesellschaftliche Desorganisation und wenig soziale Kontrollen herrschen, welche

Ausbeutung und Gewalt besser eindämmen könnten. Das ganze Rotlichtmilieu ist untrennbar mit der kriminellen Szene verwoben. Nach den Vereinten Nationen stellen Zwangsprostituierte die größte Opfergruppe im weltweiten Menschenhandel. Die Dunkelziffer der entführten Frauen ist hoch, die Zwischenhändler an Bordelle und Zuhälter verkaufen. Die Mehrzahl der Prostituierten sind Zwangs- und Armutshuren, die ihr erwirtschaftetes Geld dringend benötigen. Selbstverständlich hätten sie einen ethisch gerechtfertigten Grund, sich gedemütigt zu fühlen.

Die Zahl der Prostituierten ist gering, die wirklich Spaß an ihrem Job haben. Dagegen ist die Zahl der Frauen um ein Vielfaches größer, die sich bewusst für diesen Beruf entschieden. Diese insistieren gewöhnlich auf die Freiwilligkeit ihrer Berufsausübung und versichern, dass sie ihre Selbstachtung durch ihre Tätigkeit nicht verletzt sehen. Doch selbst wenn es so sein sollte, könnten sie trotzdem einen guten Grund haben, sich gedemütigt zu fühlen.

Viele sind der Auffassung, dass bereits alles in bester Ordnung wäre, wenn nur alle Zwänge wegfielen, die Arbeitsbedingungen verbessert wären und die geltenden Gesetze, welche finanzielle Ausbeutung und Menschenhandel verbieten sowie eine behördliche Registrierung vorschreiben, konsequent umgesetzt würden. Allerdings benötigte die Polizei wirksamere Kontrollmöglichkeiten zur Verbesserung des sozialen Klimas in diesem kriminell belasteten Milieu. Trotzdem gibt es berechtigte Zweifel, ob eine Umwälzung des patriarchalischen Rotlichtmilieus bereits alle ethisch gerechtfertigten Bedenken gegen Prostitution aus dem Wege räumen kann. Wird sie nicht zu voreilig als normale Dienstleistung verharmlost?

Selbst wenn der Freier etwas spezifisch Menschliches gemeinsam mit der Prostituierten verrichtet, wozu er sie als Frau wahrnehmen muss, bezahlt er doch für einen Körper in Abwesenheit der dazugehörigen Person. Der Sexkonsument benutzt ihren Körper, um sich für Geld den Genuss sexueller Erregung zu verschaffen. Er gebraucht also die Prostituierte als Instrument zur eigenen Lustbefriedigung und somit wie ein Objekt. Sie hingegen vermietet ihren Körper zu diesem Zweck an den Freier. Wie er vorrangig an ihrem Körper und seinem Vergnügen so ist sie hauptsächlich an seinem Geld interessiert. Hierauf gründet der Tauschhandel zwischen beiden.

Dieser kann aber nur glücken, wenn die Prostituierte zumindest so tut, als ob sie den Sex mit dem Freier toll fände. Sie spielt ihm Lust, Leidenschaft und Interesse vor. Sie verstellt sich also, wie wir uns alle häufig verstellen. Natürlich wissen Freier und Hure hierüber Bescheid, obgleich einige Freier so naiv sind zu glauben, die Hure würde ernsthaft etwas für sie empfinden. Für gewöhnlich stört es die Sexkunden nicht, dass die Hure sich verstellt, solange sie ihre Sache gut macht. Die Freier lassen sich ihren Spaß nicht verderben, nur weil die Huren keinen haben. Dafür zahlen sie ja.

Sowohl die Vermietung des Körpers als auch die Vortäuschung der Lust berühren die Selbstachtung. Normalerweise würden die Huren mit ihren Freiern niemals Sex haben. Auf die meisten von ihnen würden sie sich niemals einlassen. Sie spielen Theater, weil sie das Geld benötigen. Nun kann es tatsächlich sein, dass sich die Huren hierdurch nicht in ihrer Selbstachtung getroffen fühlen. Allerdings gelingt dies nur, wenn sie ihre Selbstachtung zuvor bereits in Sicherheit gebracht haben. Hierzu müssen sie ihre Persönlichkeit von den Sexdiensten abspalten. Der zur bloßen Lustbefriedigung vermietete Körper wird so nicht erst durch die Freier, sondern durch die Hure selbst zur Ware, um auf diese Weise, mag es auch seltsam klingen, besser ihre Selbstachtung schützen zu können. Die Person hinter der Hure ist eine andere als der begehrte Lustkörper.

Dazu passt, dass Prostituierte oftmals Perücken tragen und sich anders nennen, als sie heißen. Denn sie arbeiten nicht bloß unter Pseudonym, um unerkannt zu bleiben, weil viele Angehörige und Bekannte nichts von ihrem Beruf ahnen. Sie legen sich Künstlernamen zu, um ihr Selbstwertgefühl zu schützen. Die Freier sind ihnen ziemlich gleichgültig. Nicht selten verachten sie diese sogar. Genauer betrachtet verteidigt die Person hinter der Hure mit ihrer Gleichgültigkeit, Verachtung und Anonymität die eigene Selbstachtung. Ihr Doppelleben dient also auch in dieser Beziehung dem Selbstschutz. Die Hure spaltet den Sexdienst, den sie nur teilweise an sich heranlässt, weitgehend von sich ab. In dieser Abspaltung und Tarnung rebelliert ihr Selbstwertgefühl, das den Sexdienst als bloße Körperarbeit abtut, die mit der eigentlichen Person nur wenig zu tun habe. Sexarbeit sei ein Beruf wie jeder andere.

Allerdings bleibt diese Konstruktion überaus brüchig. Sie funktioniert nur solange, wie die Freier höflich auf die Huren zugehen. Sie bricht jedoch zusammen, wenn die Freier den Huren despektierlich, unverschämt oder grob entgegentreten. Wenn sie zudringlich werden und die vorgezeichneten Grenzen missachten, dann explodieren die Huren meist in auffällig erregter Schärfe. Nicht selten kommt es zu verbalen Entgleisungen, gelegentlich sogar zu wütendem Handgemenge. Ihre schwache Impulshemmung, niedrige Frustrationsschwelle und ihr starkes Trotzverhalten in solchen Situationen legen den Schluss nahe, dass sich jetzt die Spur zum getarnten Selbst nicht mehr länger verwischen lässt. Mit einem Male ist die Trennung zwischen Körperdienst und Person nicht mehr aufrechtzuerhalten. Die Prostituierte fühlt sich als Person in ihrer Selbstachtung getroffen.

Bis zu diesem Zeitpunkt mag es für die Prostituierte ein Stück Normalität gewesen sein, ihren Lebensunterhalt mit Sexarbeit zu verdienen. Auf einmal aber wird grausam desavouiert, was vorgetäuschte Gegenseitigkeit, Höflichkeit und Freiwilligkeit schändlich maskierten: die Erniedrigung. Denn näher betrachtet bringt der despektierliche Ton doch nur zum Vorschein, worüber Respekt und Höflichkeit zuvor ein illusorisches Gewand warfen. Einen Menschen wie ein käufliches Objekt zu eigenen intimen Zwecken zu instrumentalisieren, ist eine Form menschlicher Erniedrigung, selbst wenn alle Beteiligten respektvoll miteinander umgehen sollten. Die Hure schützt sich vor diesem Eingeständnis durch die Abspaltung der Sexarbeit von ihrer Persönlichkeit; der Freier hingegen rechtfertigt sein prekäres Tun mit seiner zahlungsbereiten Triebnatur, die Ventile zur Verhütung von Schlimmerem benötigt. Diese Strategien können aber nicht darüber hinwegtäuschen, dass die sexuelle Verwertung eines Menschen für Geld, der sich aus eigenem Antrieb dem Freier niemals intim nähern würde, aus Sicht eines aufgeklärten, wohlinformierten Schiedsrichters mit gutem Willen ein Akt menschlicher Demütigung ist. Darum haben Prostituierte guten Grund, sich durch ihre freiwilligen Sexdienste, und das heißt durch sich selbst wie auch durch ihre Freier, gedemütigt und beleidigt zu sehen. Das älteste Gewerbe der Welt ist eine Manifestation menschlicher Erniedrigung.

Sollte darum Prostitution gänzlich verboten werden, wie es in einigen Ländern Europas der Fall ist? Ein Verbot bedeutete nicht die Abschaffung der Prostitution, sondern eine weitere Verschlechterung der Bedingungen, unter denen die Frauen arbeiten. Statt Prostituierte in den Untergrund zu treiben und durch Sanktionen zu stigmatisieren, sollten die bestehenden Rechte vielmehr konsequent exekutiert werden.

Verständlicherweise erleben Sexarbeiterinnen Verbotsforderungen als Bevormundung. Sie fühlen sich wie hilflose Kinder behandelt, als ob sie nicht erwachsen, mündig und entscheidungsfähig genug wären, um ihr Leben selbst zu führen. Hier steht plötzlich Selbstachtung gegen Selbstachtung: Denn wie Prostituierte guten Grund haben, im paternalistischen Verbot ihres Berufs einen Verstoß gegen ihre Selbstachtung zu sehen, genauso haben sie aus ethischer Sicht einen guten Grund, sich durch ihre Tätigkeit gedemütigt zu fühlen, selbst wenn sie es faktisch nicht tun.

Zwergenwerfen

Ethisch besonders heikel ist auch das Zwergenwerfen, das hierzulande zwar untersagt wird, aber in Staaten wie Australien praktiziert werden darf. Dieses sonderbare Vergnügen findet vor allem in Kneipen, Sexbars und auf Jahrmärkten statt. Dort werden regelrechte Wettkämpfe ausgetragen. Mit einem Helm auf dem Kopf und gepolsterter Kleidung am Körper lassen sich Kleinwüchsige aus Spaß oder gegen Bezahlung wie ein Handball durch eine Halle auf weiche Matten schleudern. Die Vereinigungen kleinwüchsiger Menschen laufen hiergegen Sturm. Dagegen aber wehren sich die an solchen Meisterschaften beteiligten „Zwerge", die teilweise ihren Lebensunterhalt damit verdienen und sich tatsächlich freiwillig werfen lassen. Sie seien urteilsfähig genug, selbst zu entscheiden, was mit ihnen gemacht werden dürfe oder nicht. Jedenfalls empfinden sie ihre Berufsausübung weder als besonders entwürdigend noch als demütigend.

Nach geltendem Recht laufen solche Schauspiele den guten Sitten zuwider. Zwergenweitwürfe seien so sittenwidrig, dass sie noch nicht einmal als genehmigungsfähig gelten könnten. Sie widersprächen in jeder Beziehung den sozialethischen Wertvorstellungen unserer Gesellschaft. Vom verbreiteten Moralempfinden abgesehen, das sich ja jederzeit wandeln kann, verstößt das Zwergenwerfen tatsächlich gegen die Objektformel – und zwar so, dass hierdurch die ethisch begründete Selbstachtung beschädigt wird. Die Tatsache, dass sich der geworfene „Zwerg" selbst achtet, beantwortet noch nicht die Frage, ob er hierzu auch ethisch berechtigt ist. Stattdessen sollte der Kleinwüchsige diese Art der Verdinglichung besser als Selbstbeleidigung empfinden und sich dafür schämen, so etwas freiwillig mit sich machen zu lassen. Es ist unsinnig, Zwergenwerfen mit künstlerischen oder akrobatischen Darbietungen gleichzusetzen. Zwergenweitwurf ist weder eine Sportart noch eine Theateraufführung. Während die Prostituierte lediglich wie ein Objekt zu fremder Lustbefriedigung benutzt wird, wird dagegen der Zwerg als Objekt zu gemeiner Volksbelustigung gebraucht. Der Werfer schleudert den Kleinwüchsigen nicht wie einen Ball, sondern als Ball durch eine Halle. Der Geworfene wird also nicht wie ein sportliches Gerät, sondern als Sportgerät behandelt. Hierdurch wird ihm seine Subjektqualität grundsätzlich aberkannt. Er wird zum bloßen Objekt.

Nun könnte eine solche Behandlung zwar erlaubt werden, wenn das hiermit verfolgte Ziel ethisch gerechtfertigt oder die Instrumentalisierung nicht Ausdruck menschlicher Verachtung wäre. Beides muss allerdings bestritten werden.

Die Prostituierte wird nur teilweise und lediglich wie ein Objekt behandelt, das heißt: Es wird mit ihr etwas zutiefst Menschliches auf eine fragwürdige Weise praktiziert, die bereits einen guten Grund liefert, sich gedemütigt zu fühlen. Dagegen wird der Zwerg im Weitwurf sogar radikal entmenschlicht, indem er als bloßes Objekt angesehen wird. Es wird ihm vorübergehend das Menschsein aberkannt, indem er auf die Stufe von Gebrauchsdingen gestellt wird. Eine solche Dehominisierung hat von vornherein den bitteren Beigeschmack der Verachtung und bei Einwilligung des geworfenen Zwergs den der Selbsterniedrigung, mag das Zwergenwerfen von allen Beteiligten auch nicht so empfunden werden. Doch wie man sich subjektiv gut fühlen kann, obwohl es einem objektiv schlecht geht, oder sich subjektiv schlecht fühlen kann, obwohl es einem an nichts mangelt, so kann man sich persönlich achten, obgleich man sich aus ethischer Sicht beleidigt und erniedrigt.

Das entscheidende Indiz dafür, dass es sich beim Zwergenweitwurf so verhält, liefert der damit verfolgte Zweck, der keineswegs sportlicher Art ist. Dieser heißt grobe Volksbelustigung. Jedoch sind plumpe Volksbespaßungen nicht von vornherein abzulehnen, empfinden sie viele auch als anstößig. Menschen verspüren bisweilen ein Bedürfnis nach rohen Witzen, hämischem Spott und schäbiger Niedertracht. Manchmal haben sie Lust, verbale Brandherde zu entfachen, ihre niederen Gelüste sprachlich auszuleben. Viele ergreifen sogar hin und wieder die Chance, ihre Anstandsmasken abzuwerfen, um auf gemeine Art übermütig zu sein. Das aufreizende Johlen, Feixen und Grölen ausgelassener Spaßvögel steht hierfür. Solche Temperamente sind in der zivilisierten Welt keineswegs ausgestorben. Natürlich wirken rohe Impulse auf gesittete Bürger hässlich. Dennoch sind sie überaus menschlich. Ethisch fragwürdig werden sie erst in dem Augenblick, in dem sie andere Menschen auf freche, unverfrorene Weise herabsetzen. Diese sind dann berechtigt, sich in ihrer Selbstachtung angegriffen zu fühlen.

Das Anstößige am Zwergenweitwurf liegt im prickelnden Kitzel seiner ethischen Fragwürdigkeit. Man fühlt geradezu dessen Verwerflichkeit; andernfalls hätte niemand Spaß daran. Der verlockende Reiz besteht im Gebrauch der kleinwüchsigen Menschen als Wurfbälle. Das ist der Tabubruch: die skurrile Erniedrigung eines „Zwergs" zur bloßen Sache. Es prickelt so schön, einen „Jemand" als „Niemand" lächerlich zu machen, eine Person als Sache zu verwerten. Dabei gibt der Umstand, dass es sich hierbei um Kleinwüchsige handelt, dem Ereignis eine zusätzliche Note. Denn Kleinwüchsige wurden schon früher als kurios, anormal, als witzige Launen der Natur verspottet.

Zwergenwerfen ist also nur deshalb eine reizvolle Volksbelustigung, weil es aus ethischer Sicht eine Form menschlicher Erniedrigung darstellt. Die geworfenen Zwerge mögen ihren Beruf als Wurfkugel freiwillig ausüben, sogar ihren Spaß hieran haben und die Achtung vor sich selbst behalten: Ethisch betrachtet ist die Verwandlung eines kleinwüchsigen Menschen in einen Wurfball weniger ein Argument zur Selbstachtung als vielmehr ein plausibler Grund, sich durch sich selbst ebenso wie durch andere misshandelt, beleidigt und gedemütigt zu fühlen. Seine Selbstachtung hätte guten Grund, lautstark zu rebellieren.

Slumtourismus

Ähnliches gilt für den Slumtourismus in den Entwicklungs- und Schwellenländern der Südhalbkugel. Immer mehr Touristen zieht es in die Armenviertel der Metropolen, ob in die brasilianischen Favelas, südafrikanischen Townships oder indischen Slums. Professionell organisierte Slumtouren stoßen auf ein breites Publikumsinteresse, und sie werfen Fragen auf, welche die Selbstachtung berühren. Zur Rechtfertigung solcher Expeditionen wird für gewöhnlich darauf hingewiesen, dass die ortskundigen Tourenführer meistens selbst in den Slums leben, ein Teil der Einnahmen den Armenvierteln zugute kommt und die Besucher aufgefordert werden, den Einheimischen mit Respekt zu begegnen, indem sie etwa weder angeekelt die Nase rümpfen noch ihre materielle Überlegenheit zur Schau stellen. Überdies hätten die Slumtouristen keinerlei demütigenden Absichten, sondern seien lediglich an einer fremden Kultur und Lebensweise interessiert. Dazu ließen solche neugierigen Rundfahrten die Einheimischen mehrheitlich gleichgültig.

Nun mag es zutreffen, dass das sogenannte Sluming von den Armen nicht als demütigend empfunden wird und von den Touristen nicht demütigend gemeint ist. Gleichwohl könnte es aber demütigend sein und der Slumbesucher einen guten Grund haben, sich zu schämen. Das Besucherverhalten und die Einstellung der Einheimischen entscheiden nicht allein über die ethische Vertretbarkeit des Slumtourismus.

Wenn wir sonst auf Niedergeworfene oder Zukurzgekommene treffen, halten wir es für höflich, Distanz zu wahren und Diskretion zu üben. In den Armenvierteln hingegen blicken wir nicht nur bewusst hin, sondern wir suchen diese Orte sogar gezielt auf, um uns einen schönen Tag zu machen. Statt wegzuschauen, wird Armut als Sehenswürdigkeit genossen. Solche Freizeitaktivitäten gleichen aufregenden Safaritouren im offenen Jeep. Die Slumrundfahrt wird veranstaltet, um sozialen Ausschuss zu besichtigen. Im materiellen Elend der Slumbewohner liegt der besondere Reiz dieses fragwürdigen Urlaubsabenteuers, an dem von vornherein ein bitterer Beigeschmack haftet. Dabei müssen die gesellschaftlichen Verlierer keineswegs verzweifelt und unglücklich sein. Trotzdem hätten die Slumbewohner aus ethischer Sicht einen guten Grund, sich in ihrer Selbstachtung getroffen zu fühlen. Verhältnismäßig reiche Zeugen der eigenen Ärmlichkeit zu haben, die für diese lediglich eine exotische Vergnüglichkeit darstellt, darf von den Slumbewohnern mit Recht als demütigend empfunden werden. Dementsprechend sollten die Touren durch die engen Gassen vorbei an einfachen Hütten die Slumtouristen eher beschämen als erfreuen, mögen sie auch nichts Verächtliches im Sinn haben und die Menschen am Wegesrand ihnen sogar zulächeln.

Schlimmer jedoch als diese Form der Demütigung sind die unwürdigen Verhältnisse, unter denen die Slumbewohner arbeiten. Selbst hierfür zeichnen wir teilweise verantwortlich, ohne etwas Demütigendes zu beabsichtigen. Doch indem wir unsere Warenproduktion in die Südhalbkugel verlagern, wo billige Arbeitskräfte unter unwürdigen Bedingungen für den globalisierten Markt produzieren, lassen wir entwürdigen. Unser Konsumverhalten führt zu einer Auslagerung der Demütigung in ferne Länder. Beispielhaft seien hier die Textilfabriken Bangladeschs genannt, in denen für westliche Firmen genäht wird. Man könnte von Outsourcing der Erniedrigung sprechen.

Der Verbrecher

Schwerverbrecher haben aus ethischer Sicht keinen guten Grund, sich selbst zu achten. Doch solange von einem Achtung gebietenden Sonderbestandteil ideeller Art im Menschen wie der Gottebenbildlichkeit ausgegangen werden konnte, fiel die Antwort auf die akademische Frage leicht, warum ein schrecklicher Schurke trotzdem geachtet und seiner Selbstachtung nicht gänzlich beraubt werden sollte. Freilich blieben solche Überlegungen für die gängige Strafpraxis zumeist bedeutungslos. Schwere Verbrechen wurden oft brutal bestraft.

Die Frage nach der Selbstachtung von Kriminellen, die abscheuliche Verbrechen begangen haben, ist bis heute eine ethische Herausforderung. Einerseits haben solche Straftäter, die sich besser schämen sollten, nur wenig Anlass, auf sich stolz zu sein; andererseits ist es ein Zivilisationsmaßstab, ob eine Gesellschaft selbst Kriminellen die ethisch gerechtfertigten Voraussetzungen zur Selbstachtung gewährleistet, indem sie diese human behandelt und mit ihnen anders umgeht, als diese mit ihren Opfern umgingen. Hierdurch setzt man sich nicht schon für den einzelnen Täter ein, sondern vorrangig für rechtsstaatliche Grundsätze und mehr Humanität, wovon die Straftäter natürlich profitieren.

Ohne die Annahme ideeller Sonderbestandteile lässt sich die Achtung vor einem Verbrecher lediglich auf „Menschlich-Allzumenschliches" stützen. Nichts und niemand außer uns selbst kann entscheiden, ob auch Strafgefangenen die Voraussetzungen zur ethisch gerechtfertigten Selbstachtung und damit zur Lebensbejahung zur Verfügung gestellt werden sollen. Hierfür sprechen mindestens fünf Argumente.

Erstens bedarf es hierzu der tief eindringenden Erkenntnis, dass Fehlhandlungen eines Täters auf ungünstige Genkonstellationen, gravierende Entwicklungsfehler, unglückliche Umstände, problematische Prägungen und Ähnliches zurückzuführen sind. Man muss sich vor Augen führen, dass ein Täter unter den gegebenen Bedingungen nur so handeln konnte, wie er es tat. Obwohl wir der Lebensgeschichte, Veranlagung, Erziehung und Umgebung bereits eine prägende Kraft zumessen, fällt es uns aber für gewöhnlich schwer zu glauben, dass unser Dasein dem freien Willen gänzlich entzogen sein soll. Dabei bilden Willensfreiheit und Determination doch gar keinen Widerspruch. Beide Perspektiven verschränken sich auf eigentümliche Weise. Sie sind zwei Seiten einer Medaille. Ein Wille wird frei genannt, der einerseits frei von inneren Zwängen, Phobien, Verhaltens- und Gehirndefekten, also zurechnungsfähig ist, und der andererseits über die Fähigkeit verfügt, nüchtern erwägen, überlegt vorgehen, sein Denken und Handeln nach plausiblen Gründen steuern zu können. Weit davon entfernt, ohnmächtig angetrieben zu werden, sind wir normalerweise imstande, prüfende Erwägungen anzustellen, bewusst Vorsätze zu fassen, begründete Entscheidungen zu treffen. Aber so merkwürdig es klingt, die Kehrseite dieser Freiheit ist die Unverfügbarkeit. Denn wir sind zwar frei, das zu denken, zu erwägen und zu tun, was wir wollen; wir sind aber nicht frei zu wollen, was wir wollen. In letzter Beziehung wird man hintergründig von etwas her verfügt, das man jedoch nur wieder selbst ist. Darum könnte niemand jemals unter vollständig identischen Bedingungen anders entscheiden, als man entschieden hat. Ein Verbrechen ist die Folge eines komplexen Ursachengeflechts, das mehr oder weniger unmerklich durch alles Wollen, Denken und Handeln hindurch wirkt. Allerdings entlastet dieses Ursachengeflecht niemanden von der

Aufgabe, sein Dasein eigenverantwortlich zu führen, und es entlässt den Einzelnen auch nicht aus der Pflicht, sein Leben sozialverträglich zu gestalten. Denn wir können unsere Gene, Neuronen und sonstigen Prägungen nicht um Rat im konkreten Leben fragen. Da sind wir ganz auf uns gestellt und uns letztlich doch unverfügbar. Offenbar kann ein und dieselbe Handlung aus gegensätzlichen Blickwinkeln und unter entgegengesetzten Gesichtspunkten ins Auge gefasst werden. Hat man diese schwierigen Zusammenhänge einmal durchschaut, so wird man milder und nachsichtiger gegenüber Straftätern und damit offener für deren Selbstachtung oder Würde.

Zweitens hilft ein Rollentausch, bei dem man sich in die Lage eines Verbrechers versetzt, die skizzierte Erkenntnis zu konkretisieren. Hierzu ist es lediglich erforderlich, sich die natürlichen Anlagen eines Gefangenen und seine Lebensgeschichte, die vor einem Hintergrund zahlreicher nicht gewählter Faktoren stattfindet, deutlich zu machen. Unter identischen Bedingungen wäre es auch für uns unmöglich gewesen, anders zu entscheiden. Darum sollte man niemals abschließend über einen anderen Menschen urteilen, solange man nicht dieser selbst geworden ist. Erst durch experimentelle Identifikation kann man zu einem halbwegs angemessenen Verständnis eines Verbrechers gelangen. Das Leben ist ein Hindernislauf, bei dem man leicht ins Stolpern gerät. Trotzdem hat ein zurechnungsfähiger Verbrecher seine Tat aus freien Stücken begangen. Somit bleibt er freiwilliger Urheber seiner Vergehen und wird deshalb mit Recht zur Verantwortung gezogen, aber zu Unrecht schuldig gesprochen. Diese Ambiguität kann den Sinn dafür schärfen, dass Straftätern zur ethisch qualifizierten Selbstachtung verholfen werden sollte.

Hinzu kommt – drittens – die wichtige Selbsterkenntnis, dass man sein halbwegs gelungenes Dasein teilweise natürlichen Begabungen, glücklichen Umständen und womöglich einer privilegierten Startposition ins Leben verdankt. Dies alles sind Geschenke, die niemand im Ernst verdient hat und die erst recht kein eigenes Verdienst darstellen. Wer die unverfügbaren Zufälle aus seinem Dasein herausrechnet und die freundlichen Widerfahrnisse von seinen Leistungen abzieht, muss Abstriche an seinen Verdiensten machen. Man hat einfach Glück gehabt. Auch so wird es möglich, milder über den Anspruch straffälliger Mitbürger auf Selbstachtung zu urteilen.

Natürlich gibt – viertens – auch ein starkes Wohlwollen der Meinung einen wichtigen Rückhalt, dass selbst straffällig gewordene Menschen eine Chance bekommen sollten, ihr Leben noch für der Mühe wert zu halten und ihre Selbstachtung auf ethisch verantwortbare Stützpfeiler stellen zu können. Ein solches Wohlwollen gibt einen Inhaftierten nicht auf, weil es an der Möglichkeit festhält, dass dieser jederzeit sein bisheriges Leben in Frage stellen und ihm eine neue Wendung geben könnte. Man sollte Geduld und Nachsicht mit den Menschen haben, weil sie alle auf irgendeine Weise schlimm dran sind und weil man selbst ein Mensch ist.

Hierzu kann – fünftens – eine Expedition durch die eigenen dunklen Abgründe überaus hilfreich sein. In jedem Menschen steckt ein Keim, der für die Gesellschaft gefährlich werden kann. Das Laster wohnt allen Individuen inne, und im Kern des Lasters schlummern Versuchung, Ungehorsam und Aufsässigkeit: ein Verbrechensrisiko, das uns alle zu potenziellen Kriminellen macht. Wir alle sind mit gemeinen und niedrigen Mängeln behaftet. Jeder von uns ist wurmstichig!

Aus der Distanz fällt es leicht, einen solchen Standpunkt zu vertreten, im konkreten Falle aber, wenn einem selbst übel mitgespielt wurde, fällt es den meisten schwer, noch Verständnis für einen Straftäter aufzubringen. Viele Bürger und erst recht Opfer wie auch deren Angehörige haben für Verbrecher verständlicherweise nur Verachtung übrig. Deren Taten übersteigen oft die Grenzen unserer Nachsicht und Geduld. Jeder weiß doch, dass man durch Regelverletzungen ab einem bestimmten Schweregrad des Anspruchs auf Schutzrechte, ja überhaupt auf Mitgliedschaft in der Gesellschaft verlustig gehen kann. Gerade bei schwerwiegenden Delikten, welche die Rechte anderer Personen auf Leben oder körperliche Unversehrtheit betreffen, sollte mit den Straftätern kurzen Prozess gemacht werden, meinen viele. Immerhin hätten sie sich selbst von der Gesellschaft ausgeschlossen und darum sei eine Anerkennung oder Einschränkung der ihnen ursprünglich gewährten Rechte nur eine folgerichtige Konsequenz. Zur Milde bestehe keinerlei Anlass, selbst wenn es richtig sei, dass jeder sie brauche. Man möchte die Strafe, die Genugtuung, ja die Rache nicht nur für den Fall, dass der

Täter auch anders handeln konnte. Man möchte sie, weil er schlecht ge-
handelt hat – unabhängig von der Frage, wie weit ungünstige Genkonstellationen, frühe Fehlprägungen und gravierende Entwicklungsfehler
hierbei eine Rolle spielten. Nicht einmal dessen aufrichtiges Bedauern,
seine Reue und ehrliche Bereitschaft zu Wiedergutmachung und Besserung sind imstande, die meisten von Vergeltung abzubringen.

Ab einem bestimmten Schweregrad der Straftaten gelingt es nur
noch den wenigsten, die Perspektive eines unparteiischen, wohlinformierten, urteilsfähigen Beobachters mit gutem Willen einzunehmen,
einen Rollentausch vorzunehmen, die schlechten Einflüsse zu berück-
sichtigen und die eigenen dunklen Abgründe zu reflektieren. Deshalb
wurden für solche Situationen durchsetzungsfähige Rechtsinstitutionen
geschaffen, die gleichsam den ethischen Standpunkt des unparteiischen
Beobachters vertreten und Vorsorge gegen blinde Rache, Willkür und
Machtmissbrauch treffen. Viele monieren, dass die Täter oft mehr Beachtung fänden als die Opfer, die häufig mit weniger Hilfe als diese
rechnen könnten. Den Opfern ist das Strafmaß häufig zu niedrig. Aber
auch die Täter sind mit dem Urteil nur selten zufrieden. Im Gegensatz
zu den Opfern finden sie das Strafmaß zu hoch. Der Einspruch gleich
beider Seiten verstärkt die Vermutung, dass die Richter unabhängig
blieben und ein angemessenes Urteil sprachen. Hierzulande versuchen
die Rechtsinstitutionen sowohl Opfern als auch Tätern auf eine Weise
gerecht zu werden, dass beide zur Selbstachtung fähig bleiben. Dass es
trotzdem nicht immer gelingt, bedarf keiner näheren Erläuterung.

Das Kopftuch

Seit Jahren wird hierzulande über das äußere Erscheinungsbild streng
gläubiger Muslimas in der Öffentlichkeit gestritten. Ist das Tragen des
Tschador, des Niqab, der Burka oder allein nur des Hidschab, des islamischen Kopftuchs, von Lehrerinnen oder anderen Beamtinnen mit der
Selbstachtung der Frau in einer freiheitlichen Demokratie vereinbar?
Das Kopftuch sei ein religiöses Symbol wie das christliche Kreuz, sagen die Befürworter. Jedoch gibt es einen wesentlichen Unterschied:
Die christliche Religion hat sich nach einem langen schmerzlichen Prozess weitgehend vom Staat getrennt, mit der freiheitlichen Demokratie

größtenteils ausgesöhnt. Die spezifisch muslimische Frauenbekleidung widerspricht dagegen elementaren Freiheits- und Gleichheitsrechten unserer Gesellschaft wie der persönlichen Lebensgestaltung, sexuellen Selbstbestimmung und Gleichberechtigung der Geschlechter. Diese Rechte leisten wichtige Hilfestellungen bei der Selbstachtung des Menschen. Deren Vorenthaltung kann darum selbst dann empörend sein, wenn die betroffenen Frauen sie gar nicht so empfinden, ja Gefallen an ihrer traditionellen Rolle gefunden haben.

Vielleicht wurde überhaupt kein familiärer Druck auf die Frauen ausgeübt, ein Kopftuch zu tragen. Möglicherweise wurden sie in bester Absicht ganz sanft zur gehorsamen Übernahme der islamischen Lebensweise samt Kleiderordnung erzogen. Das Kopftuch mag ihnen deshalb selbst wichtig sein und freiwillig von ihnen getragen werden. Wie der knöchellange Mantel bietet es ihnen eine willkommene Gelegenheit, ihre sittliche Reinheit äußerlich zur Schau zu tragen und ihre reizvollen Körpermerkmale zu bedecken. Solche Selbstdarstellungen halten die meisten Muslimas durchaus mit ihrer Selbstachtung vereinbar. Nur ist das gar nicht der springende Punkt.

Vor Ort geht es vorrangig um das Frauenbild, das sich hinter solchen Kleidungsstücken verbirgt. Diese stehen alle für eine Herrschaftsordnung, die ein emanzipationsfeindliches Patriarchat anzeigt. Sie symbolisieren die Fügsamkeit und Zurücksetzung der Frau, deren Ungleichbehandlung und die Unmöglichkeit, zwischen verschiedenen Lebensstilen wählen, das eigene Dasein nach persönlichen Vorstellungen führen zu können. Selbst wenn es einer Muslima also freistehen sollte, das Kopftuch zu tragen, so steht doch das Kopftuch selbst für das Gegenteil. Es symbolisiert das Gegenteil der Chance, es einfach ablegen zu dürfen! Darum ist es mit der Selbstachtung, wie sie hier entwickelt wurde, nur schwer in Einklang zu bringen.

Aus Sicht eines aufgeklärten, wohlinformierten Beobachters mit gutem Willen versinnbildlicht das Kopftuch eine archaische Männerordnung, in der die Frauen umfangreichen Demütigungen ausgesetzt sind. Selbst wenn Muslimas dieses Zeichen ihrer Einschränkung nicht als demütigend empfinden, hätten sie aus ethischer Perspektive allen Grund hierzu. Immerhin erkennt es ihnen die Fähigkeit und Erlaubnis ab, ihr Leben nach eigenen Vorstellungen zu führen. Solche Verweigerungen sind nicht nur ethisch anstößig, sondern auch triftige Gründe, sich in seiner Selbstachtung getroffen zu fühlen.

Im Leben der meisten Muslimas spielt die Frage nach dem Tiefenschwindel ihrer Kopfverhüllung keine Rolle. Sie glauben noch auf Tradition und Autorität hin, obgleich bereits mündige Selbstständigkeit walten könnte. Nur Bildung, Wissen und Reflexion können sie aus dieser Befangenheit befreien. Im Zustand besonnener Urteilsfähigkeit und aufgeklärter Informiertheit würde wohl keine Frau sich ihr Recht auf Freiheit und Gleichberechtigung von Männern nehmen lassen. Der irrationale Wunsch, die Kopfverhüllung weiterhin ergeben zu tragen, würde dem ethisch berechtigten Eigeninteresse weichen, hierauf zur Wahrung ethisch gerechtfertigter Selbstachtung zu verzichten.

Zur Vermeidung von Missverständnissen: Die säkulare Kultur steht nicht von vornherein im Widerspruch zur religiösen Sinngebung, sondern erlaubt viele Ansichten hierüber. Überlieferte Gemeinschaftswerte und Heimatbindung gehören zur kulturellen Identität eines Menschen. Freiheit und die Bewahrung traditioneller Werte und Gemeinschaftsformen stehen sich also nicht von vornherein im Wege. Das Recht auf Freiheit erzwingt aber die Bewahrung traditioneller Werte und Gemeinschaftsformen nicht, sondern überlässt die Entscheidung hierüber den Bürgern selbst. Es stellt ihre Teilnahme hieran auf die Grundlage der Freiwilligkeit und erlaubt ihnen so, ohne Angst anders sein zu dürfen, selbst in der eigenen Familie. Das Kopftuch symbolisiert bis heute das Gegenteil dieser Freiheit, deren Beraubung ethisch gesehen bereits Grund genug ist, sich gedemütigt zu fühlen und hiergegen im Namen der Selbstachtung zu rebellieren.

Unter dem Deckmantel falscher Toleranz, die eine intellektuelle Feigheit in der Kritik des Islams und seiner Dogmen an den Tag legt, werden heute mühsam errungene Gleichheits- und Freiheitsrechte geschleift. Man fürchtet den Vorwurf der Ausländerfeindlichkeit mehr als den Bruch mit den rechtlichen Grundlagen der Selbstachtung. Aber solange die spezifisch muslimische Bekleidung etwa für das angedeutete Frauenbild steht, bleibt sie in einer freiheitlichen Demokratie nicht nur auf dem Körper von Lehrerinnen und Beamtinnen problematisch. Auch Kinder und Jugendliche sollten sie nicht tragen, während sie sich in der Schule aufhalten. In Frankreich ist die kopftuchfreie Schule längst

Alltag. Das hat nichts mit Islamfeindlichkeit zu tun. Klingt banal und ist doch keineswegs trivial: Das Recht auf freie Religionsausübung und kulturelle Selbstentfaltung sollte nur an Rahmenbedingungen gebunden bleiben, die mit den Freiheitsrechten als wichtigen Voraussetzungen ethisch basierter Selbstachtung übereinstimmen.

Nun wächst schon seit Jahren hierzulande die Zahl der Muslimas mit eleganten, geradezu sinnlichen Kopftüchern. Solche sanft aufreizenden Kopfbedeckungen und die geschminkten Gesichter darunter rufen eher Assoziationen an schöne Mode als an religiöse und politische Symbole hervor. Sie weichen die ursprüngliche Bedeutung des Kopftuchs auf. Verspielte Leichtigkeit tritt an die Stelle steifer Ernsthaftigkeit. Was die weiblichen Reize verhüllen soll, verwandelt sich so selbst in einen sinnlichen Reiz. Es wäre schön, wenn dieses Zeichen als ein Anzeichen für die Entwicklung des Islams zu einer weltoffenen, transparenten, liberalen Religion gedeutet werden könnte. Denn dann wäre die Hoffnung begründet, dass sich der Islam eines Tages problemlos mit dem demokratischen Rechtsstaat vereinbaren lässt und keinen ethisch begründeten Anlass mehr liefert, sich in seiner Selbstachtung getroffen zu fühlen.

Der Gotteskrieger

Da opferbereite Islamisten sich zu unbedingtem Gehorsam gegenüber ihrem Gott, seinen Geboten und Vertretern auf Erden verpflichtet fühlen, empfinden sie es als harte Zumutung anzuerkennen, dass jedes religiöse Bekenntnis nur bedingt zulässig sein soll – bedingt zulässig insofern als Anders- und Ungläubige zu tolerieren sind. In diesen Fragen darf mit Bezug auf Immanuel Kants „Religion innerhalb der Grenzen der Vernunft" von Religion innerhalb der Grenzen allgemeiner Menschenrechte gesprochen werden.

Trotzdem sind opferbereite Islamisten nicht bereit, die Menschenrechte ihrem Glauben überzuordnen, der ihnen zu Anerkennung und Selbstachtung verhilft. Dennoch darf die Arbeit am liberalen Ideal nicht aufgegeben werden, dass jeder politisch oder religiös angstfrei glauben können soll, was er möchte, solange seine Überzeugung nicht anderen Personen das gleiche Recht abspricht. In dieser Angelegenheit wäre jede Form von Relativismus und Toleranz verhängnisvoll. Hier muss Klartext gesprochen werden: Toleranz schließt so wenig Toleranz gegen Intoleranz ein, wie Freiheit nicht zur Abschaffung der Freiheit missbraucht werden darf.

Darum bleibt es zu wünschen, dass die Weltreligionen und sonstigen Weltanschauungen – ähnlich wie die beiden christlichen Kirchen in den letzten Jahrzehnten – nach und nach die Menschenrechte zur eigenen Sache werden lassen, nachdem sie die Ursprünge solcher Grundwerte wie Freiheit, Gleichheit und Brüderlichkeit in ihren eigenen Sinnerzählungen ausfindig gemacht haben. Eine solche Entwicklung durchlief die katholische Kirche im 20. Jahrhundert, ohne sie allerdings bis heute zu einem Abschluss gebracht zu haben; die islamische Welt steht ganz am Anfang eines solchen Prozesses.

Die Menschenrechte lassen sich allgemeingültig auf ethische Überlegungen stützen. Sie bedürfen keiner religiösen Begründung.[99] Dennoch sollten die Schriftgelehrten der großen Weltreligionen zusätzlich Anhaltspunkte in ihren überlieferten Zeugnissen ausfindig machen, die mit den Menschenrechten übereinstimmen. Als die Archivare höchster Glaubenstexte und Archäologen tiefster Glaubensfundamente sind sie zugleich wichtige Architekten gelebter Glaubenspraxis. Bekanntlich geben fast alle Glaubensdokumente sowohl grausam-kriegerische als auch freundlich-friedliche Empfehlungen. Darum kann nicht darauf verzichtet werden, die Überlieferungen von der Autorität wortwörtlicher Gottesrede zu entlasten. Die alten Glaubenszeugnisse sind auch „menschlich" im doppelten Sinne des Wortes: „Menschenwerk", in dem es um „Menschlichkeit" geht. Bei allem Respekt: Menschenfeindliche Regelungen wie etwa die Unterdrückung der Frau oder die Rechtfertigung von Gewalttätigkeit sind aus ethischer Sicht inakzeptabel. Jede fundamentalistische Lesart der Überlieferung bleibt für einen aufgeklärten, wohlinformierten Schiedsrichter mit gutem Willen unannehmbar, ja unerträglich.

Allerdings ist bereits eine gut informierte, friedfertige und nachdenkliche Einstellung erforderlich, um die ethisch vertretbaren Passagen der heiligen Texte überhaupt herausarbeiten und die Dokumente allgemein vor dem Hintergrund ihrer Entstehung interpretieren zu können. Genau hierin liegt ein großes Problem: Wie bekommt man erhitzte

Gemüter wieder auf Zimmertemperatur? Wie kann aus einem politisch missbrauchten Religionsfanatiker, der gegen seine gesellschaftliche Überflüssigkeit um Anerkennung und Selbstachtung kämpft, ein Befürworter allgemeiner Menschenrechte werden? Wie lernt ein Gotteskrieger, dass es mehr darauf ankommt, sich gegenseitig zu achten, als anderen gegenüber recht zu behalten? Ließe er sich hierauf ein, würde er Andersdenkenden zugestehen, die Dinge anders zu sehen als er selbst. Dazu müsste er seine ideologische Festung verlassen, die ihn bislang gegen fremde Lebensentwürfe abschottete. Er hätte seine narzisstische Angst vor Andersartigkeit zu überwinden, die ihn gänzlich in sich verkapselt, und die Kunst zu erlernen, maßvolle Nüchternheit walten zu lassen.

Dabei fordern Toleranz und Offenheit keineswegs, die angemaßte Überlegenheit der eigenen Position aufzugeben, worauf logischerweise nicht verzichten kann, wer überhaupt eine Position vertritt. Außerdem schließt ein offener Umgang mit fremden Standpunkten keinesfalls aus, dass mit sozialverträglichen Mitteln zugleich auch für die Vorrangigkeit der eigenen Position geworben wird. Jeder hat das Recht, sich für die Verbreitung seines Glaubens einzusetzen, aber genauso die Pflicht, niemanden seiner Überzeugungen wegen gewaltsam zu bekämpfen. Deshalb wäre es wichtig, dass die verschiedenen Glaubensgemeinschaften solche Werte wie Verständigung und Hilfsbereitschaft als Teil ihres Bekenntnisses ausmachen, weil sie dann die Verletzungen hiergegen als Verstöße gegen die eigene Religion empfinden würden. Erst jetzt könnte der Spagat gelingen zwischen dem Anspruch, im alleinigen Besitz der Wahrheit zu sein, und der Achtung vor anderen religiösen Orientierungen. Niemand müsste Teile seines Bekenntnisses für Zivilwerte opfern, wozu ein Strenggläubiger ohnehin nicht bereit ist. Solche sehen sich niemals bloß als Vertreter einer Religionsrichtung, sondern immer auch als Verbündete der Wahrheit, die sie völlig in Anspruch nimmt. Darum besteht der einzige Ausweg aus dem Dilemma in Offenheit und Toleranz als ethischen Imperativen des eigenen Bekenntnisses. Nur so ist es möglich, an der Vorrangigkeit der eigenen Auffassung festzuhalten, ohne das Band zwischen den Kulturen zu zerschneiden. Im Idealfall gebietet die Selbstachtung, Andersgläubigen offen und tolerant zu

begegnen, und in der eigenen Gewaltbereitschaft eine beschämende
Selbstbeleidigung zu erblicken.

Allerdings fühlen sich selbst eingeübte Demokraten nicht immer der
Aufgabe gewachsen, am Eigenen festzuhalten und gleichzeitig offen für
das Fremde zu bleiben. Nicht selten empfinden sie das vielfältige Spek-
trum abweichender Sinn- und Lebensorientierungen als bedrohlich, das
sie am liebsten marginalisieren, wenn nicht abschaffen möchten. Wie
sollen da die fanatisierten Söhne der islamischen Welt das eine mit dem
anderen auf sozialverträgliche Weise verbinden können?

Doch wie fern diese den Menschenrechten stehen mögen: Blutige
Gewalttaten, welche die Rechte anderer Menschen auf körperliche Unversehrtheit verletzen und sich gegen freiheitliche Selbstbestimmung
richten, stellen aus ethischer Sicht keinen Grund zur Selbstachtung dar,
sondern sind Anlass zur Beschämung und Selbstverachtung.

Jedoch können solche ethischen Erwägungen den Opfermut politisch oder religiös verblendeter Fanatiker nicht stoppen, die wohl auch
künftig mit Stolz erfüllen wird, sich mit unlauteren Mitteln für eine
große Sache einzusetzen. Da sie nicht wissen, wie sie anders auffallen
und gefallen können, verheißt das für den Weltfrieden nichts Gutes, der
seit Jahrzehnten von einer Krise in die nächste taumelt. Gerade darum
ist es wichtig, dass die Weltgemeinschaft diesen Irrsinn in die Schranken zu weisen versucht. Allerdings steht zu befürchten, dass nichts und
niemand in nächster Zeit imstande sein wird, dem blutigen Kampf um
Anerkennung und Selbstachtung ein Ende zu bereiten. Es muss nicht
näher erläutert werden, wie gerne der Verfasser in diesem Punkt irren
würde.

Deportation in die Demütigung

Auf Bismarck geht der Ausspruch zurück: „Ich kann die Achtung aller Menschen entbehren, nur meine eigene nicht." Oscar Wilde ergänzt auf gewohnt snobistische Weise: „Wer mich beleidigt, entscheide ich." Ganz so einfach geht es aber leider nicht. Dennoch gibt es einige Menschen, die ihre Selbstachtung sogar in Situationen behalten, wo ihre Rechte mit Füßen getreten werden. Wenn das stimmt, und hieran zu zweifeln besteht keinerlei Anlass, dann wären alle bisher aufgeführten rechtlichen, öffentlichen und privaten Wertschätzungen des Einzelnen, ob ethisch qualifiziert oder nicht, keine notwendigen Bedingungen zur Selbstachtung. Diese ist offenbar auch ohne sie möglich. In der Tat haben alle genannten Wertschätzungen lediglich den Status von existenziellen Hilfen. Sie sind lebensweltliche Voraussetzungen, unter denen es leichter fällt, sich selbst wertzuschätzen. Allerdings ist es nahezu unmöglich, sich Entrechtung, Schändung und Entmenschlichung nicht als Demütigungen zu eigen zu machen. Allzu oft zersetzen sie die Selbstachtung. Deshalb drängt sich die bange Frage auf, wie man den Glauben an den eigenen Wert in der äußersten Erniedrigung trotzdem behalten kann.

Im Lager

Verschiedenartige Verhaltensformen und gesellschaftliche Verhältnisse können die Selbstachtung zerstören. Wer ohne Selbstvertrauen, ohne liberale, politische und soziale Rechte wie auch ohne jede private oder öffentliche Wertschätzung durch das Leben gehen muss, kann allem natürlichen Überlebensinteresse zum Trotz leicht seine Selbstachtung verlieren. Denn nun wird von allen Seiten der Wert in Abrede gestellt, den man zu haben glaubt. Allgemein werden solche Handlungen, Einstellungen und Umstände als menschenverachtend, verabscheuungswürdig und demütigend empfunden. Sie werden als erniedrigend eingestuft, weil sie dem Einzelnen den ihm zuerkannten Wert wieder aberkennen und ihm womöglich die Fähigkeit rauben, sich überhaupt noch einen Wert zuschreiben zu können, so dass für ihn nichts mehr zur Selbstachtung bleibt. In einer derartig hoffnungslosen Lage triumphiert das Gefühl persönlicher Nichtswürdigkeit über die mühsam errungene Vorstellung, seines Daseins würdig zu sein. Alle Bemühungen sind gescheitert, dem Leben eine Existenzberechtigung zu geben.

Solche Dramen spielen sich vorrangig in sozialen Räumen ab, wo der Einzelne außerhalb jeder Rechtsordnung steht. Die nationalsozialistischen Konzentrationslager und sowjetischen Straflager waren solche rechtsfreien Niemandsländer, eingeschlossen hinter Stacheldraht, in denen der Einzelne den Schutz der Gemeinschaft verloren hatte, weil archaische Willkür herrschte. Hier wütete ein unmaskiertes Grauen, das jedes Mitleid erstickte. Aus der Menschheitsfamilie ausgeschlossen, wurden die Insassen oft wie Untermenschen, Tiere oder Gegenstände behandelt. Als ob sie sich im vorgesellschaftlichen Naturzustand befänden, waren sie auf den Kampf ums nackte Leben reduziert. Sie hatten nur noch den Status von Geächteten. Aller Rechte beraubt waren sie vogelfrei geworden und somit zum Abschuss freigegeben. Sie zu töten, hieß nicht einmal, einen Mord zu begehen, der noch eine gewisse Rechtsfähigkeit des Opfers voraussetzt, welche die Lagerinsassen aber eingebüßt hatten. Der italienische Philosoph Giorgio Agamben ist diesem Phänomen näher nachgegangen.[100]

Im Lager stand das nackte ohnmächtige Leben einer nackten übermächtigen Gewalt gegenüber, die kalt und gleichgültig gegen die Leiden der Entrechteten blieb. Da man sie nicht für Menschen hielt, mit denen man sich durch irgendwelche Bande verbunden fühlte, hatte man auch keine Vorstellung von dem, was sie durchmachten. Denn für die Fähigkeit, sich in andere zu versetzen, ist es erforderlich, dass man einander als Gleiche ansieht. Echtes Mitgefühl kann man nur für seinesgleichen empfinden. Das Ausbleiben jeglichen Mitleids mit den Lagerinsassen legt daher die Vermutung nahe, dass deren Elend gar nicht wirklich wahrgenommen wurde, weil sie wie einst Schwarze, Sklaven oder Frauen nicht als vollwertige Menschen eingestuft wurden. Natürlich vermochte solche Degradierung deren Selbstachtung zu erschüttern oder zu zersetzen. Zwar kann auch Gleichmacherei erniedrigend wirken, in bestimmten Lebenslagen jedoch erfüllt es das Herz bereits mit Stolz, als Gleicher unter Gleichen gelten zu dürfen.

Nun folgte auf den staatlich verordneten Rechtsentzug im Lager aber oft nicht sofort die körperliche und geistige Vernichtung. Die Gefangenen wurden allmählich erniedrigt, langsam entmenschlicht und erst dann ausgelöscht. Das Lager war die organisierte Erniedrigung der Wehrlosen. Diese wurden einer Behandlung ausgesetzt, die ihnen jeden Anspruch auf Leben und Selbstachtung aberkannte. Ungewiss ist die Zahl derer, die ihre Selbstachtung verloren, weil sie sich genauso erbärmlich fühlten, wie die Blicke ihrer Peiniger sie sahen. Doch genügte für den Verlust der Selbstachtung häufig schon das Leben in Gestank und Schmutz, wie sie für das Lager charakteristisch waren. Überall stießen die Insassen auf Unrat und Exkremente, verdreckte Latrinen, katastrophale hygienische Verhältnisse. Es gab kaum Möglichkeiten, sich zu waschen. Wasser, Seife und Rasierzeug waren Mangelware. Saubere Kleider gab es in der Regel nicht. Solche Zustände, wie sie Terrence Des Pres in seiner *Anatomie der Todeslager* beschreibt, stellten die menschliche Selbstachtung auf eine schwere Probe.[101] Der Einzelne wurde schlimmen körperlichen und seelischen Schikanen unterworfen. Mit allen Mitteln wurde versucht, sein Selbstwertgefühl zu brechen. Man strafte mit Hunger, Schlafentzug und Durst oder mit Beleidigungen und Prügel. Man beraubte die Neuankömmlinge ihrer Kleidung und aller Habseligkeiten, trieb sie nackt umher, schor ihnen die Haare, versah sie mit Nummern und verstümmelte so ihren Anspruch auf Selbstachtung.

Man kann am eigenen Leib zu spüren bekommen, wie schwer sich die Selbstachtung aufrechterhalten lässt, wenn einem die gewohnten Hilfsmittel weggenommen werden. Der Verlust jeder persönlichen Habe und des Eigennamens, die Leibesvisitation, Anstaltskleidung, Einschränkung der Bewegungsfreiheit und unangekündigte Kontrollen, die das Ende der Selbstbestimmung ritualisierten und den Insassen ihr

Missgeschick ständig vor Augen führten, verfehlten nicht ihre demütigende Wirkung. Beschimpft und ausgelacht mussten sie ihren aufsäs-
sigen Folterknechten unterwürfigen Respekt zollen. Dazu ließ man sie
sinnlose Arbeiten verrichten, sich selbst verunglimpfen, aus Kloschüs-
seln trinken, aus Hundenäpfen essen, sich vor versammelten Kameraden ausziehen und mit eiskaltem Wasser abspritzen. Körper und Seele
wurden so lange Schmerzen zugefügt, bis die Kraft zur Selbstbehauptung schwand und einige zu Muselmännern geworden waren.

Als solche bezeichnet man völlig ausgezehrte, kaum noch ansprech-
bare Menschen mit tiefen Augenhöhlen, stumpfem Blick, triefender
Nase, langsamen Bewegungen, unerträglichem Gestank. Man nennt
sie auch lebende Leichen, Skelette zwischen Leben und Tod, weil sie
nur noch ein Schatten ihrer selbst sind. Fast ohne jede Lebenskraft ho-
cken sie gleichgültig an der Barackenwand, lungern nahezu bewusstlos
auf ihrer schmutzigen Pritsche, verrichten ihre Notdurft, wo sie gerade gehen und stehen, unfähig, noch einen klaren Gedanken zu fassen.
Teilnahmslos lassen sie hässliche Witze und grausamen Schläge über
sich ergehen, bevor sie endlich der Tod von ihren Qualen erlöst. Musel-
männer hätten nicht einmal mehr sagen können, ob ihre Selbstachtung
Schaden genommen hat, weil ihr Geist in Siechtum verdämmerte. Groß
ist die Zahl der Namenlosen, deren Tod auf die Rechnung furchtbarer
Gräueltaten geht.

Andere Lagerhäftlinge, gleichfalls mit Nummern versehen, des Na-
mens, der Kleidung und aller Habseligkeiten beraubt, blieben indes zur
Selbstachtung fähig. Obwohl sie symbolisch und höchst real ebenfalls
ihre Existenzberechtigung abgesprochen bekamen, verloren sie nicht
einmal in der schlimmsten Demütigung den Glauben an sich selbst.
Trotz aller Erniedrigung war es nicht möglich, sie an Leib und Seele
zu brechen.

Aufruhr der Selbstachtung

Das menschliche Dasein wird von einem ungeheuren Überlebenswillen
angetrieben, der auch in schwierigen Lebenslagen vielfältige Strategien
zur Selbsterhaltung entwickelt. Die einen Häftlinge vermieden den Zusammenbruch dadurch, dass sie gegen das Sterben abstumpften und so

an den zahllosen Lagerleichen ungerührt vorübergehen konnten. Sie legten sich gleichsam einen Panzer zu, der ihnen half, alle Grausamkeiten unbeteiligt zu ertragen. Niemand ist so blind wie jemand, der nichts sehen möchte. Andere hielt die innere Bindung an Familie und Heimat aufrecht. Sie erzählten Geschichten von früher, brachten sich Filme, Bücher und Lieder in Erinnerung, die sie für kurze Augenblicke das trostlose Lagerleben vergessen ließen. Es gab zahlreiche Fluchtreservate, um der erdrückenden Realität kurzfristig zu entfliehen. Allerdings konnten solche Eskapaden ebenso das Gegenteil bewirken. Darum mieden viele bewusst die Erinnerung an ihr vorheriges Leben, um nicht von Heimweh und Sehnsucht aus dem labilen Gleichgewicht gebracht zu werden. Nur so blieben sie vor totaler Niedergeschlagenheit geschützt. Ein hoffnungsfroher Blick auf eine schöne Zukunft konnte niemandem empfohlen werden. Die Wahrscheinlichkeit war einfach zu gering, dass sich ein Ausweg finden, die Entwicklung aufhalten und eine unvorhersehbare Wendung zum Guten ereignen würde. Solche Erwartungen mussten enttäuscht werden. So leicht man auf den Gedanken verfallen konnte, dass man nichts mehr zu verlieren habe, zu einer Rebellion aus Verzweiflung kam es nicht. Zu gering waren die Kräfte, zu stark die Überwachungen und zu groß die Ängste vor den Peinigern. Eine Schreckensherrschaft gründet immer auf den Ängsten der Menschen. Nicht aus verwerflicher Feigheit, sondern aus verständlichem Überlebensinteresse glaubten viele sich dadurch retten zu können, dass sie von jenen abrückten, die willkürlich herausgegriffen wurden. Solange das Unglück die anderen trifft, bleibt man selbst verschont. So konzentrierten sich die meisten auf das eigene nackte Überleben.

Dafür war es günstig, bestimmte Aufgaben im Lager zu übernehmen, wodurch man jedoch teilweise zum Mittäter wurde. Für Schuhe, Brot und ein unzuverlässiges Überlebensversprechen war man bereits gezwungen, sich zum Helfershelfer brutaler Gewalt zu machen. So gefährdete schon der bloße Überlebenswille die Selbstachtung, lief man doch Gefahr, sein Gesicht vor sich selbst zu verlieren. Aber wie konnte man in solch brutaler Ausnahmesituation noch menschlich bleiben? Woher kam überhaupt die Kraft, das von außen bekämpfte Selbsterhaltungsstreben aufrecht zu erhalten? Eine ausweglose Lage legt doch eher Verzweiflung und Selbstmitleid nahe.

Nur weil die Insassen den Glauben an sich und das Vertrauen in die eigene Stärke nicht verloren, vermochten sie der rohen Gewalt ihrer Umgebung zu trotzen. Sie hatten sich ihr Gefühl für Selbstachtung nicht nehmen lassen, obwohl ihr Dasein zumeist der Vernichtung preisgegeben war. Doch ließen sie sich von dieser schrecklichen Aussicht nicht gänzlich vereinnahmen. Viele hatten ihr Selbstwertgefühl behalten. Dabei stärkte vermutlich die Überzeugung vom eigenen Wert mehr ihren Überlebenswillen als ihr Selbsterhaltungsstreben den Lebensmut. Jedoch lassen sich beide Aspekte nicht streng voneinander unterscheiden.

Wie aber war es unter den widrigen Umständen möglich, noch Selbstachtung zu empfinden? Als erstes sei auf die innere Emigration hingewiesen. Der respektlos Behandelte durfte die ihn entwertende Außenperspektive nicht übernehmen, wenn er sich weiter achten wollte, sondern musste in seiner Innenperspektive daran festhalten, eine Berechtigung zu freier Selbstbestimmung, sozialer Anerkennung und materieller Sicherung zu haben, obwohl ihm diese verweigert wurden. Erst aus dieser Überzeugung entspringt ja jener aufrechte Gang, mit dem bisweilen die Entrechteten und Erniedrigten dieser Welt sich nicht vor ihrem Elend beugen, indem sie ihr Schicksal entweder gefasst ertragen oder sich der brutalen Willkürherrschaft im Geheimen tätig widersetzen. Solche Rebellen der Selbstachtung sind überzeugt davon, dass eine widerstandslose Duldung der Erniedrigung sie nur zu Komplizen der Folterknechte machen würde. Demgemäß ergaben sich im Lager zahllose Häftlinge auf der offiziellen Vorderbühne, um auf einer versteckten Hinterbühne mit aller Kraft dem Druck der Notlage standzuhalten und ihre Selbstachtung im Widerstand gegen unmenschliche Situationen und Willkür zu behaupten. Auf diese Weise vermochten selbst einige Spießgesellen der Macht ihr Gesicht zu retten, indem sie bei der Erfüllung ihrer Aufgaben sich zugleich den Folterknechten heimlich widersetzten. Es war die Revolte der Selbstachtung.

Um sich nicht aufzugeben und immer wieder von Neuem aufzuraffen, war es überdies wichtig, gegen die innere und äußere Verwahrlosung anzukämpfen. Im Rahmen der bescheidenen Möglichkeiten, achtete man auf Sauberkeit und legte eine gewisse Selbstdisziplin an den Tag. Obwohl es keine saubere Kleidung gab und gründliche Körperpflege ausgeschlossen blieb, gab es dennoch verschiedene Gelegenheiten, sich ein wenig zu waschen und sich um sein Äußeres zu kümmern. Solche Bemühungen zur Aufrechterhaltung der persönlichen Fassade stärkten die Selbstachtung, wie sie ihr umgekehrt entsprangen.

Hinzu kommt die Selbstbehauptung der inneren Unabhängigkeit. Die Virtuosen der Selbstachtung in den Lagern waren imstande, sich dem Unabänderlichen freiwillig zu unterwerfen, dieses somit selbst zu wählen und damit noch in ihrer Zwangslage die Freiheit zu bewahren – eine seit den antiken Stoikern über Friedrich Schiller bis in die Gegenwart immer wieder empfohlene Grundhaltung schweren Lebenssituationen gegenüber. Die äußerste Möglichkeit, welche die menschliche Freiheit uns bietet, ist seit jeher der Freitod. Sie ist ein „Privileg des Humanen", wie Jean Amery schreibt.[102]

Jedoch drängt sich die Frage auf, ob Selbstachtung und Freitod überhaupt zusammenpassen. Selbstachtung bedeutet doch, das eigene Dasein als lebenswert zu bejahen. Im Freitod aber wird das Dasein negiert, weshalb es einen Freitod aus Gründen der Selbstachtung gar nicht geben dürfte. Allerdings trügt der Schein. Im Freitod verwirft man sein Dasein, weil man in Anbetracht des Elends, in dem man sich befindet, keine Kraft mehr besitzt, dieses Leben noch zu bejahen, und das heißt: zu achten. In diesem Sinne ist es durchaus möglich und verständlich, dass sich Menschen aus Gründen der Selbstachtung – genauer wegen der Unmöglichkeit künftiger Selbstachtung – das Leben nehmen. Solche Selbsttötungen, in denen noch ein Mal eigenmächtig über das eigene Dasein verfügt wird, wären dann der letzte Ausdruck menschlicher Selbstachtung.

Nur ist mit alledem noch nicht die Frage beantwortet, wie es möglich ist, dass Menschen in der äußersten Erniedrigung den Glauben an sich nicht verlieren. Wie können sie ihr Leben noch der Mühe für wert halten, nachdem ihnen jede Art der Anerkennung, selbst das Recht auf Leben, ja sogar das Menschsein auf demütigende und gewaltsame Weise abgesprochen wurde? Woher kommt die Energie hierfür in solchen ausweglosen Situationen?

Viele setzten der Entwürdigung religiöse Überzeugungen entgegen. Ihr unbeirrter Glaube stärkte die Widerstandskraft. Mochten sie auch von den Aufsehern gedemütigt werden, so wussten sie sich doch in ihrem Gott aufgehoben. Andere hielt die innere Verbundenheit mit ihrer Familie am Leben und wieder andere der Hass gegen ihre Folterknechte sowie die Hoffnung, sich eines Tages an ihnen rächen zu können. Manche vermochten im Elend ihr Selbstwertgefühl zu bewahren, weil sie sich trotz radikaler Entrechtung weiterhin als Rechtssubjekte mit universellen Menschenrechten fühlten – gemäß den Worten von Friedrich Schillers *Wilhelm Tell*: „Wenn der Gedrückte nirgends Recht kann finden, wenn unerträglich wird die Last – greift er hinauf getrosten Mutes in den Himmel, und holt herunter seine ewgen Rechte, die droben hangen unveräußerlich und unzerbrechlich wie die Sterne selbst."[103] Doch auch ohne den Glauben an unveräußerliche Menschenrechte, einen gnädigen Gott oder die Hoffnung auf Rache bleibt die im natürlichen Überlebensinteresse verankerte Selbstachtung gleichsam als natürliche Mitgift zumindest vorstellbar. Zweifellos strömte auch hieraus jene Energie, die es ermöglichte, die Selbstwahrnehmung gegen demütigende Fremdwahrnehmungen zu verschließen. Virtuosen der Selbstachtung konnten sich weiter wertschätzen, weil sie die unmenschliche Außenperspektive nicht in ihre Innenperspektive übernahmen.

Natürlich sind nicht alle Menschen zu solchen Abgrenzungen imstande. Jean-Paul Sartre berichtet in *Die ehrbare Dirne* von Schwarzen, die sich nicht mehr anders sehen konnten als mit den Augen der Weißen, die sie unterdrückten. Im normalen Alltag können häufig schon abfällige Redensarten einem etwas anhaben. Wen kann es da verwundern, wenn in brutalen Grenzsituationen den Menschen ihre Selbstachtung abhandenkommt und ihre Selbstsicherheit gefühlter Erbärmlichkeit weicht.

Im Folterkeller

Folter ist sicherlich eine der schlimmsten Formen menschlicher Demütigung. Ob brutal und roh entfesselt oder psychologisch und technisch verfeinert, greift sie gewaltsam in Körper und Seele ein. Zahnwurzeln werden angebohrt, gebrochene Vorderzähne ausgeschlagen, Hoden an Elektroschocker angeschlossen, Körperöffnungen mit Stromknüppeln penetriert, Frauen vergewaltigt, Gliedmaßen verstümmelt, Arme in siedendes Wasser getaucht oder brennende Zigaretten in Gehörgänge gedrückt, um nur einige Scheußlichkeiten zu nennen. Bei der Erfindung abstoßender Foltermethoden kennt die Fantasie keine Grenzen.

Von der eher konventionellen Folter werden die sogenannten verschärften Verhörmethoden unterschieden, auch als „Weiße" oder „Saubere" Folter bekannt. Sie umfasst endlose Befragungen, Isolationshaft, Nahrungs- und Schlafentzug sowie die Ausschaltung jeglicher Sinnesreize. Manchmal werden die Opfer fortwährender Stille und Dunkelheit oder umgekehrt gleißendem Licht und Höllenlärm ausgesetzt. Selbst Räume, so klein und eng, dass man darin nur aufrecht stehen kann, absolut verdunkelt oder ununterbrochen mit Licht durchflutet, können zu Folterknechten werden. Verschiedentlich werden Scheinhinrichtungen wie „Water boarding" vorgenommen, bei dem der Häftling meint, ertränkt zu werden.

Zur Folter gehört seit jeher die quälende Ungewissheit der Stunde, wann die Tortur losgeht oder wann sie fortgesetzt wird. Foltergewalt öffnet einen Abgrund der Existenzangst und des Misstrauens zwischen dem Gepeinigten und der Welt. Ein solches Unsicherheitsgefühl gehört zum Triumph jeder totalitären Diktatur, in der die Bürger jederzeit der Komplizenschaft mit Saboteuren gezogen werden können, losgelöst von der Frage, ob es stimmt oder nicht. Um verdächtigt zu werden, genügt es bereits, Angst zu haben. Unschuld hängt ganz wesentlich von polizeilicher Gunst und Nachlässigkeit ab.

Schier unerträglich müssen die Qualen von Vivisektionen sein, wenn Fleisch aus dem lebenden Körper herausgeschnitten und der Körper Stück für Stück zerlegt wird. Die chinesische Strafe der „1000 Schnitte" war einst das abscheulichste Beispiel hierfür.

Sprachgeschichtlich geht das Wort Folter auf den griechischen Begriff „polos", lateinisch „pullus", zurück, was soviel wie Fohlen heißt. Nach einem Füllen wurde im 5. Jahrhundert ein scharfkantiges Foltergerät (poledrus) in Rom benannt, weil es ähnlich aussah.

Ausgesprochene Gegner der Folter waren in der Neuzeit der spanische Humanist Juan Luis Vives, der französische Moralist Michel de Montaigne, beide 16. Jahrhundert, aber auch Pierre Bayle, Montesquieu und Voltaire. Doch abgeschafft hat sie – beeinflusst von der Toleranzphilosophie Pierre Bayles – Friedrich der Große in Preußen 1754. Seinem Beispiel folgten Ende des 18. Jahrhunderts eine Reihe deutscher Territorien. Allerdings erlebte die Folter im ausgehenden 19. und 20. Jahrhundert eine Renaissance. Im Dritten Reich, in kommunistischen Straflagern, in Chile, Kongo, China, Ruanda, Kambodscha und zahlreichen anderen Ländern wurden besonders grausame Verhörmethoden angewandt. Selbst in der ehemaligen DDR scheute man „härtere" Vernehmungsmethoden nicht.

Heute verbieten Artikel 104 des *Grundgesetzes*, Artikel 3 der *Europäischen Menschenrechtskonvention*, Artikel 6 des *Internationalen Pakts über bürgerliche und politische Rechte* sowie Artikel 5 der *Allgemeinen Erklärung der Menschenrechte* ausdrücklich solche Methoden mit den Worten: „Niemand darf der Folter oder grausamer, unmenschlicher oder erniedrigender Behandlung oder Strafe unterworfen werden."

Trotz Anti-Folter-Konvention der Vereinten Nationen werden bis heute in etlichen Ländern grausame Verhörmethoden angewandt. Mit großem Entsetzen hat die zivilisierte Welt zu Beginn des dritten Jahrtausends die Nachricht von amerikanischen Folterpraktiken in Abu Ghraib, Guantanamo und einem halben Dutzend klandestiner Gefängnisse aufgenommen. Außerdem sind aus dem Militär in den letzten Jahren immer wieder Foltervorfälle publik geworden, wonach sich selbst Soldaten untereinander demütigen, indem sie etwa Kameraden an Halsbändern laufen und aus Hundenäpfen essen lassen.

Normalerweise sind Folterungen darauf gerichtet, etwas aus einem Gepeinigten herauszubekommen. Die physische Gewalt wird zur Erpressung einer Wahrheit ausgeübt. Die Folterknechte versuchen die Opfer zu zwingen, Informationen preiszugeben, Freunde zu denunzieren, eine Mittäterschaft zu gestehen und die eigene politische oder religiöse Einstellung zu verraten. Natürlich ist der praktische Wert erpresster Geständnisse zweifelhaft, weil wohl die meisten unter Folter, ja schon bei der ersten Drehung am Schraubstock oder nur der bloßen Androhung hochnotpeinlicher Befragungen aus Angst vor Schmerzen fast alles zugeben und falsches Zeugnis ablegen. Furcht, Angst und Schrecken sind fragwürdige Zeugen, die leicht unausgeführte Taten bekennen und andere Personen einer fiktiven Komplizenschaft beschuldigen. So gestehen die einen Verbrechen, die sie und die von ihnen Beschuldigten niemals begingen, während andere genug Standhaftigkeit besitzen, die gesuchte Wahrheit zu verheimlichen.

Jedoch ist es nicht der angedrohte oder zugefügte Schmerz, der eine unauslöschliche Schmach über das Folteropfer bringt. sondern die inszenierte Macht und absolute Kontrolle über das Leben des Gemarterten. Diese schließen zwar Qual, Leid und Not ein, durch die sich die absolute Macht spürbar zur Geltung bringt, die Demütigung liegt aber nicht im Schmerz, sondern im grausamen Schauspiel, in dem das Opfer wehrlos am Boden liegt, die Kontrolle über sein Verhalten und seinen Körper verliert und sein Wille gebrochen ist. Denn nun ist der Gefangene seinem Peiniger voll und ganz ausgeliefert, dessen Überlegenheitsgefühl nicht selten der Verlockung erliegt, sein Opfer zu demütigen, zu quälen oder gar zu beseitigen, nur weil es so einfach, so gefahr- und folgenlos ist. Der Folterknecht hat seine Beute ganz in seiner Gewalt, die auf eine völlige Erniedrigung des ihm unterworfenen Körpers abzielt und dabei auch über dessen Intimität durch erzwungene Entblößung bis zur Vergewaltigung verfügt. Hiernach liegt die eigentliche Erniedrigung im Verlust der Selbstkontrolle, der absoluten Machtwillkür der Peiniger, die den Gequälten der Selbstbestimmung auf beschämende Weise beraubt. Über das vorrangige, zuweilen bloß vordergründige Ziel der Informationsbeschaffung hinaus soll die Selbstachtung des Opfers durch sadistische Handlungen zerstört werden. Es soll die totale Machtüberlegenheit des souveränen Peinigers über den von ihm zu absoluter Ohnmacht Verdammten demonstriert werden.

Bei alldem steht der Gefangene vor einer schweren Zerreißprobe zwischen unerträglichen Schmerzen und Erniedrigungen auf der einen Seite und der Schande, den Narben und dem Leid, die ihm drohen, wenn er Kameraden oder Geheimnisse verrät. Gibt er wahre Geständnisse preis, wird er sich womöglich nicht mehr in die Augen schauen können. Seine Nachgiebigkeit wird sich seinem Gedächtnis vermutlich wie die Folter selbst als schmerzhafte Erinnerung unauslöschlich einbrennen. Bleibt der Gepeinigte standhaft und redet nicht, kann er sich weiter mit erhobenem Kopf achten, wird aber die Torturen vielleicht nicht überstehen.

Zweifellos sind Dulden und Schweigen noble Eigenschaften. Doch wer erträgt schon alles? Niemand steht über allem. Bloß Märtyrer und

Helden sind stark genug, inquisitorische Prozeduren über sich ergehen
zu lassen; Durchschnittsbürger gestehen hingegen alles auf der Folter-
bank. Nur die wenigsten sind in der Lage, sich für ihre Freunde und
Ideale totquälen zu lassen.

Nicht selten entscheidet der religiöse Glaube oder eine politische
Überzeugung, ob der Gefolterte beständig bleibt oder geständig wird.
Solche Bekenntnisse können verhindern, dass sich die Widerstandskraft langsam auflöst. Unter Umständen verfügt der Gepeinigte über
einen Lebenssinn, der seine Selbstachtung zu steigern vermag. Möglicherweise ist seine Selbstachtung aber auch von sich aus bereits so
stark, dass sie umgekehrt seinen Lebenssinn zu festigen vermag. Hier
sind Wechselwirkungen wahrscheinlich. Jedenfalls lassen leidensfähi-
ge und bekenntnistreue Virtuosen der Selbstachtung die absolute Macht
ins Leere laufen, indem sie ihre Selbstachtung und Überzeugung höher
bewerten als ihren Lebenswillen und ihre Todesangst. Sie sind in der
Lage, diese zeitweilig außer Kraft zu setzen. Trotz Marter schwören
Märtyrer nicht der Herrlichkeit Gottes ab. Solche unbeugsamen Helden genießen zwar mit Recht höchsten Respekt – nur bilden sie keinen
Maßstab.

Es ist überaus menschlich, wahre und falsche Geständnisse unter
erniedrigender Folter abzugeben. Mag die Scham auch nach dem Verrat
groß und die Selbstachtung hierdurch beeinträchtigt sein, ethisch bleibt
die Selbstachtung nach einem erzwungenen Geständnis gerechtfertigt,
weil niemand zum Durchhalten unter extremen Belastungen moralisch
verpflichtet werden kann. Standhaftigkeit ist zwar bewundernswert,
fehlendes Durchhaltevermögen aber nicht verwerflich.

Nun kann eine Folter, die ins Unermessliche gesteigert wird, einem
Gepeinigten ohnehin nicht mehr seine Selbstachtung nehmen oder ihm
noch Demütigungen zufügen, weil dieser bloß noch aus Schmerzen besteht. Wie oft schon hat sich bei grausamen Prozeduren die Sprache und
die Welt des Gequälten in lautes Schreien aufgelöst. Die harte Folter
nagelt gleichsam den Körper des Gemarterten und dessen Seele an den
Schmerz fest, außer dem es dann nichts anderes mehr für diesen gibt.
Der griechische *Philoktet* steht für diese entsetzlichen Qualen, die seit
Beginn der Geschichte schon so viele Menschen erleiden mussten. In
solchen Situationen sind Demütigung und Selbstachtung ebenso wenig

möglich wie Verrat und Geständnis. Die Folter ist sinnlos geworden. Denn nun gibt es nur noch die furchtbaren Schreie gequälter Körper und den wilden Blutrausch ihrer sadistischen Peiniger.

Der aufrechte Gang

Selbstachtung ist eine orthopädische Herausforderung: die Kunst, aufrecht zu gehen! Das Gegenteil hiervon ist der gekrümmte Rücken mit nach oben schielenden Augen: eine Geste der Unterwürfigkeit. In jeder Kultur gibt es Körperhaltungen, die im wörtlichen wie übertragenen Sinne als erniedrigend und erhebend empfunden werden.

Buckeln und Bücken

Vor aller Symbolik ist der aufrechte Gang eine natürliche Eigenschaft des Menschen. Der Weg zur aufrechten Körperhaltung führte von der kriechenden Fortbewegung der Reptilien über den freien Lauf der Säugetiere auf vier Beinen zur zweifüßigen Fortbewegungsweise. Mit dem Verlassen des Urwaldes, wo sich unsere Ahnen als Schwinghangler von Ast zu Ast bewegten, und dem Schritt hinaus in den weiten Raum der Steppe ging die Entwicklung unserer Vorfahren zum aufrechten Gang einher. Erst das menschliche Skelett, zusammengesetzt aus 213 Knochen, ermöglicht den aufrechten Rumpf auf zwei Beinen. Die 3,6 Millionen Jahre alten Fußspuren von Laetoli belegen die Vermutung, dass bereits bei den Vormenschen der aufrechte Gang verwirklicht war. Durch die Entwicklung des aufrechten Gangs wurden die Hände nicht mehr zur Fortbewegung gebraucht. Nun konnten sie verstärkt zur Nahrungsgewinnung, Herstellung von Werkzeugen und Ähnlichem eingesetzt werden. Nicht zuletzt darum wird der aufrechte Gang gerne als Geniestreich der Evolution gefeiert.

Allerdings lassen die weit verbreiteten Rückenprobleme große Zweifel an der Bewertung des aufrechten Gangs als eines Meisterstücks der Natur angebracht erscheinen. Rückenschmerzen gehören zu den häufigsten Erkrankungen unserer Zeit. Offenbar ist unsere Wirbelsäule nur bedingt geeignet für den aufrechten Gang. Dennoch gilt der aufrechte Gang seit mehr als zwei Jahrtausenden als ein Alleinstellungsmerkmal des Menschen, an dem sein besonderer Wert abzulesen sei.[104]

Aristoteles schreibt: „als einziges Lebewesen steht der Mensch aufrecht",[105] und auf die Frage: „Was ist der Mensch?" vermerkt der griechische Philosoph: „Lebewesen, sterblich, mit Füßen versehen, zweifüßig, ohne Flügel".[106] Die Bipedie, Zweifüßigkeit, unterscheide den Menschen von den quadrupeden, den vierfüßigen Tieren. Nur der Mensch trage seinen Kopf in die Höhe, während die Tiere ihren Blick zur Erde senkten, wie der Kirchenvater Laktanz betont. Johann Gottfried Herder steht in dieser Tadition, wenn er im 18. Jahrhundert betont: „Das Tier ist nur ein gebückter Sklave. […] Der Mensch ist der erste Freigelassene der Schöpfung: er steht aufrecht."[107]

Natürlich stimmt das alles so nicht, wie schon Georg Forster im 18. Jahrhundert moniert: „Tragen denn nicht auch alle Vögel den Kopf in die Höhe; am meisten die allerdümmsten, die Pinguine?"[108] Und selbstverständlich beherrschen zahlreiche Affenarten den aufrechten Gang. Darüber hinaus richten sich Bären im Kampf wie wir Menschen auf. Dennoch ist der aufrechte Gang die Fortbewegungsweise, die den Menschen unter allen Primaten kennzeichnet. In diese anatomische Besonderheit wurde im Laufe der Kulturgeschichte vielerlei hineingedeutet.

Von der Antike über das Mittelalter bis in die Neuzeit wurde der aufrechte Gang des Menschen meistenteils religionsphilosophisch ausgelegt. So lautet der zitierte Satz von Aristoteles vollständig: „als einziges Lebewesen steht der Mensch aufrecht, weil seine Beschaffenheit und sein Wesen göttlich sind".[109] Zuvor schon fand Platon: „Denn im Himmel, von wo der erste Ursprung der Seele ausging, hat das göttliche Wesen unser Haupt und damit auch unsere Wurzel festgemacht und dadurch gibt es dem ganzen Leib die aufrechte Haltung."[110] Ähnlich vermerkt Ovid in den *Metamorphosen*: „Der Baumeister des Alls gab dem Menschen ein hoch erhobenes Antlitz, ließ ihn den Himmel be-

trachten und sein Gesicht stolz zu den Sternen erheben."[111] Hierzu noch
einmal der Kirchenvater Laktanz: „Deshalb hat der Mensch allein vor
allen anderen Geschöpfen eine aufrechte Körperhaltung bekommmen,
durch die er zur Betrachtung seines himmlischen Vaters aufgerufen zu
sein scheint."[112]

Zum einen soll der aufrechte Gang den Menschen einen besseren
Himmelsanblick zum Ruhme Gottes ermöglichen, zum anderen den
Unterschied zwischen Mensch und Tier anzeigen, ferner auf die Gott-
ebenbildlichkeit des Menschen hinweisen und schließlich den Herr-
schaftsauftrag des Menschen über die äußere wie auch seine innere
Natur zu erkennen geben.

Im Laufe der Neuzeit wird der „aufrechte Gang" aus dem religi-
onsphilosophischen Zusammenhang herausgelöst. Der Begriff wander-
te schrittweise in die Rechts- und Moralphilosophie. Hier steht er für
Vernunft und Freiheit. So erhebt das Bürgertum vehement Einspruch
gegen die Feudalgesellschaft, indem es Anspruch auf seinen aufrechten
Gang erhebt. Der bürgerliche Mann behält seinen Kopf oben und geht
aufrecht! Höfischer Knicks und Kniefall, Buckeln und Bücken, wie sie
Friedrich Schiller in der Figur des sich ständig verbeugenden Sekretärs
„Wurm" in *Kabale und Liebe* karikiert, sind dem Bürger zuwider.[113]
Unter der Überschrift „Von der Kriecherei" schreibt Immanuel Kant
in der *Metaphysik der Sitten*: „Wer sich selbst zum Wurm macht, kann
nachher nicht klagen, dass er mit Füßen getreten wird."[114] Nach Fjo-
dor Dostojewski hat sich ein solcher Mensch bereits aufgegeben: „der
Wurm wird über die Erde kriechen, verschwinden und vergehen."[115]

Das neue Selbstbewusstsein des Bürgertums manifestiert sich in der
aufrechten Körperhaltung, geprägt von den Ideen der Freiheit, Gleichheit und Würde. Diese erteilen körperlichen Demuts- und Unterwer-
fungsgesten von der einfachen Verneigung bis zum kniefälligen Fußkuss eine klare Absage. Wer unterwürfig um die Gunst eines anderen
buhlt, beleidigt sich selbst. Das Bürgertum lehnt die gebückte Körperhaltung als Erniedrigung ab, indem es den aufrechten Gang in den Rang
eines Menschenrechts erhebt.

Ein Jahrhundert später besteht das Industrieproletariat wiederum
dem Bürgertum gegenüber auf ein Leben, in dem auch sein aufrechter Gang gewährleistet wird. Jetzt gehört der aufrechte Gang zu den

Schlagworten der Arbeiterbewegung des 19. Jahrhunderts. Darin bedeutet die Selbstaufrichtung des Menschen einesteils soviel wie Selbstachtung und Würde. Andernteils steht sie für Kampfgeist und Tapferkeit. Den Gegenbegriff hierzu bildet das von schwerer Arbeit gebeugte
Industrieproletariat. In dieser Tradition bewegt sich im 20. Jahrhundert
noch Ernst Bloch, der schreibt: „Aufrechter Gang, er zeichnet vor den
Tieren aus, und man hat ihn noch nicht. Er ist nur erst als Wunsch da,
als der, ohne Ausbeutung und Herrn zu leben."[116]

Bis heute werden mit dem Bild des aufrechten Gangs berechtigter
Stolz, Freiheit und Würde assoziiert. Diese Bedeutungen bleiben be-
deutsam, weil sie für jedermann verständlich und nachvollziehbar sind.
Insbesondere die Selbstachtung gebietet dem Einzelnen den aufrechten
Gang. Dafür steht die geläufige Forderung: „Lass mir meinen Stolz!"
oder die lakonische Feststellung: „Ich habe auch meinen Stolz!"

Zu den kulturellen Besonderheiten körperlicher Gesten gehört, dass
bisweilen ein und dieselbe Körperhaltung mal als Zeichen der Ehrerbietung, mal als Zeichen der Überheblichkeit gesehen wird. Je nachdem
soll der Gläubige sich vor Gott wie vor einem Herrscher, dem Altar
oder dem Priester verbeugen, knien, ja sogar niederwerfen oder sich
wie bei Gericht, königlichen Audienzen und hoheitlichen Anlässen erheben und eine aufrechte Haltung annehmen. Abhängig vom jeweiligen kulturellen Kontext wird bis heute die aufrechte Haltung mal als
Ausdruck unterwürfiger Ehrerbietung, mal als Zeichen überheblicher
Arroganz bewertet.

Alles in allem jedoch darf mit Kant festgehalten werden: „Das Bücken und Schmiegen vor einem Menschen scheint in jedem Falle eines Menschen unwürdig zu sein." Der protestantisch sozialisierte Aufklärungsphilosoph verwirft sogar jede Art der „Kriecherei", selbst die
religiös-liturgische: „Das Hinknien oder Hinwerfen zur Erde, selbst um
die Verehrung himmlischer Gegenstände sich dadurch zu versinnbild-
lichen, ist der Menschenwürde zuwider."[117]

Mit Voltaire gesprochen widerspricht es geradezu der menschlichen
Selbstachtung, sich auf allen vieren zu bewegen. Der aufrechte Gang
steht bis heute für das selbstbewusste Eintreten für die eigenen Interessen. Die senkrechte Körperhaltung bringt zwar mittlerweile nicht mehr
die ausgezeichnete Stellung des Menschen im Kosmos zum Ausdruck,

aber weiterhin in bildhafter Verdichtung den menschlichen Anspruch auf Selbstachtung. „Haltung bewahren!" Diese Aufforderung weckt zunächst Assoziationen an Drill, Gehorsam und Disziplin, auch an Rückgratverkrümmungen, Bandscheibenvorfälle und Rückenschulen. Zugleich aber fordert sie den Einzelnen dazu auf, die Achtung vor sich selbst nicht durch unnötiges Verbeugen, Niederknien oder gar Niederwerfen freiwillig aufzugeben.

Warum überhaupt Selbstachtung?

So unverzichtbar die Selbstachtung fürs menschliche Leben ist, nicht jede Selbstachtung ist moralisch gerechtfertigt. Wie dargelegt gibt es auf der einen Seite ethisch unvertretbare Bedingungen der Selbstachtung, die sie selbst radikal in Frage stellen; auf der anderen Seite hat aus ethischer Sicht nicht jede Behandlung, die als demütigend empfunden wird, tatsächlich etwas Demütigendes an sich. Allerdings ist mit diesen Differenzierungen zur Legitimität der Selbstachtung noch nicht die Frage beantwortet, ob der auch ohne ideelle Sonderbestandteile zur Selbstachtung fähige Mensch angesichts seiner kosmischen Unerheblichkeit und biophysischen Abhängigkeit hierzu überhaupt berechtigt ist. Der unleugbare Befund, dass der Mensch selbst als schmalnasiges Säugetier in einem unermesslichen Weltall, in dem alle religiösen Sinnansprüche ins Leere schlagen, sein Dasein als wertvoll für sich bejahen kann, beantwortet noch nicht die Frage, ob es überhaupt Selbstachtung geben soll.

Aber genauer betrachtet ist diese normative Frage völlig gegenstandslos. Denn wer außer uns sollte darüber entscheiden, ob wir uns achten dürfen? Es gibt keine Regel, die logisch ausschließt und ethisch verbietet, dass kosmisch bedeutungslose Lebewesen ihr Dasein für wertvoll halten und Rahmenbedingungen zur Ermöglichung ihres Selbstwertgefühls schaffen. Im Grunde genommen kann gar nicht sinnvoll gefragt werden, ob wir als vergängliche Stücke um sich selbst bekümmerte Natur uns überhaupt achten „dürfen", weil es nichts und niemanden gibt, der hierüber allgemeingültig richten könnte. Es kann lediglich die Frage gestellt werden, ob wir es „möchten", und vor allem, ob wir es „können".

Die Erfahrung der eigenen Unerheblichkeit bleibt stets eine Herausforderung für die menschliche Selbstachtung. Diese lässt sich nicht allein dadurch bewältigen, dass der überdehnte Sinnanspruch auf Sonderstellung in einem von göttlicher Hirtenfürsorge verwalteten Weltall durch kosmische Bescheidenheit aufgegeben wird. Hiermit allein ist es nicht getan. Der Einzelne mag alle großen Sinnansprüche an Welt und Leben abgesenkt haben, um den Sturz der religiösen Traditionen klag- und anklagelos hinnehmen zu können. Für die Selbstachtung eines nachdenklichen Menschen bleibt es trotzdem eine Provokation, im riesenhaften Universum nichtig und gleichgültig zu sein. Seine kosmische Außenansicht als „Niemand" ist ein Ärgernis für seine existenzielle Innenansicht als „Jemand". Die erstere Perspektive bedroht gleichsam den Ernst des Lebens, indem hierdurch alle Sorgen, Nöte und Mühen, die alltäglichen Hauptsachen, unser Leben selbst und damit auch die Selbstachtung als Nebensachen in Frage gestellt werden. Doch so richtig es manchmal ist, sich nicht allzu wichtig zu nehmen, wir müssen es dennoch tun, wenn wir ernsthaft weiter existieren möchten.

Nun sind wir Menschen tatsächlich imstande, unser Dasein selbst im Bewusstsein der eigenen Unerheblichkeit noch für der Mühe wert zu halten, die es für uns und für andere darstellt. Soziale Anerkennung und eine Reihe liberaler, politischer und sozialer Rechte helfen uns dabei. Unser Überlebensinteresse und die unterschiedlichen Formen gegenseitiger Wertschätzung sind üblicherweise so stark, dass wir sogar als unbedeutende und ohnmächtige Pünktchen des mittelosen Weltalls unser Dasein als wertvoll bejahen möchten und somit zur Selbstachtung fähig bleiben. Niemand hakt sein Leben einfach ab. Es ist überaus verständlich, dass wir ein Interesse an unserem Leben haben, obgleich es uns nicht nur geschenkt, sondern auch auferlegt und zugemutet wurde, und die Kultur dieses Interesses bleibt die Selbstachtung.

Allerdings achten wir uns im alltäglichen Leben meist auf unmerkliche Weise, ohne hierüber weiter nachzudenken. Wie wichtig Selbstachtung für unser Leben ist und wie viele Voraussetzungen sie hat, spüren wir oft erst dann, wenn sie bedroht oder schon beschädigt ist. Dann kann es leicht zu einer Rebellion der Selbstachtung kommen.

Die liberale und säkulare Moderne, deren Vorzüge unumstritten sind, hinterlässt eine Reihe offener Werte- und Sinnstellen. Ein Leben in Selbstachtung vermag diese Leerstellen teilweise wieder zu füllen. Darum muss eine überzeugende Antwort auf die Frage gefunden werden, wie der im Alltag überforderte Bürger, der kosmisch völlig bedeutungslos ist, sich trotzdem achten kann. Ohne Selbstachtung wäre sein Dasein wertlos und der gesellschaftliche Zusammenhalt gefährdet. Doch muss die Selbstachtung nicht bloß im praktischen Leben, sondern auch in der theoretischen Reflexion immer wieder aufs Neue gerettet werden.

Einerseits ist die Selbstachtung allezeit gefährdet. Sie steht niemals auf festem Boden. Demütigungen im häuslichen, gesellschaftlichen und politischen Bereich sind jederzeit möglich. Andererseits sind es gerade Demütigungen, die eine Revolte der Selbstachtung entfachen. Niemand findet sich ohne weiteres mit Bevormundung, Spott und sonstiger Erniedrigung ab. Stattdessen möchte jeder mit Respekt behandelt werden, schon weil seine Selbstachtung unweigerlich Anspruch hierauf erhebt oder weil sie so erst zum Aufblühen kommt. Sich selbst zu achten heißt, sein Dasein für der Mühe wert zu halten, die es einem selbst und anderen macht. Wer sich selbst achtet, nimmt sich ernst, findet sich aber deshalb nicht schon unbedingt der Rede wert; wer sich hingegen verachtet, der hat sich und das Leben einfach nur satt.

Anmerkungen

1 Denis Diderot; Rameaus Neffe, Stuttgart 1984, S. 41.
2 Slavoj Žižek, Ärger im Paradies, in: Die Zeit, 30. Juni 2013.
3 Albert Camus, Der Mensch in der Revolte, Hamburg 2013, S. 39.
4 Johann Wolfgang von Goethe, Werke in zwölf Bänden, Bd. 2, Frankfurt/M. 1998, S. 19.
5 Friedrich Schiller, Wallensteins Lager, in: Sämmtliche Werke in zwölf Bänden, Bd. 4, Stuttgart 1862, S. 58.
6 Werner Sombart, Händler und Helden, München/Leipzig 1915, S. 64.
7 Vgl. Gunnar Heinsohn, Söhne und Weltmacht. Terror im Aufstieg und Fall der Nationen, München 2011; Navid Kermani, Dynamit des Geistes, Martyrium, Islam und Nihilismus, Göttingen 2011; Slavoj Žižek, Ärger im Paradies, in: Die Zeit, 30. Juni 2013.
8 Ferdinand Lassalle, Arbeiterprogramm, in: Franz Josef Wetz (Hrsg.), Texte zur Menschenwürde, Stuttgart 2011, S. 171.
9 Vgl. Gunnar Heinsohn, Söhne und Weltmacht, München 2011.
10 Vgl. Herfried Münkler, Der Wandel des Krieges. Von der Symmetrie zur Asymmetrie, Weilerswist 2006.
11 Vgl. Hermann Lübbe, Im Zug der Zeit, Berlin/Heidelberg 1992; Hartmut von Rosa, Beschleunigung, Frankfurt/M. 2005.
12 Vgl. Ulrich Bröckling, Das unternehmerische Selbst, Frankfurt/M. 2007.
13 Vgl. Jörn Klare, Was bin ich wert? Eine Preisermittlung, Frankfurt/M. 2010.
14 Vgl. Andreas Reckwitz, Die Erfindung der Kreativität, Frankfurt/M. 2012.
15 André Gide, Der Immoralist, München 2006, S. 14.
16 Alain Ehrenberg, Das erschöpfte Selbst, Frankfurt/M. 2008, S. 67.
17 Friedrich Schiller, Über Anmut und Würde, in: Schillers Sämmtliche Werke, Bd. 11, Stuttgart 1862, S. 311.
18 Immanuel Kant, Kritik der praktischen Vernunft, 213.
19 Ebd., 140.
20 Immanuel Kant, Grundlegung zur Metaphysik der Sitten, 401.

21 Friedrich Schiller, Über Anmut und Würde.

22 Immanuel Kant, Kritik der praktischen Vernunft.

23 Immanuel Kant, Eine Vorlesung über Ethik, Frankfurt/M. 1990, 140.

24 David Hume, Ein Traktat über die menschliche Natur, Hamburg 1978, 2.2, 10.

25 Immanuel Kant, Grundlegung zur Metaphysik der Sitten, 436.

26 Friedrich Schiller, Über Anmut und Würde, S. 310.

27 René Descartes, Die Leidenschaften der Seele, Hamburg 1996, Artikel 152.

28 Samuel Pufendorf, Über die Pflicht des Menschen und des Bürgers nach dem Gesetz der Natur, Frankfurt/M. 1994, S. 78.

29 Vgl. John Rawls, Eine Theorie der Gerechtigkeit, Frankfurt/M. 1979; Michael Walzer, Sphären der Gerechtigkeit, Frankfurt/M. 1992; Avishai Margalit, Politik der Würde, Berlin 2002; Ronald Dworkin, Gerechtigkeit für Igel, Berlin 2012; Axel Honneth, Kampf um Anerkennung, Frankfurt/M. 1992.

30 Vgl. Henning Hahn, Moralische Selbstachtung, Berlin/New York 2008; Henning Hahn (Hrsg.), Selbstachtung oder Anerkennung, Weimar 2005; Peter Schaber, Instrumentalisierung und Würde, Paderborn 2010.

31 Vgl. Astrid Schütz, Psychologie des Selbstwertgefühls, Stuttgart 2003; Ina Sellin, Varianten der Selbstwertschätzung und Hilfesuche (Dissertation), Chemnitz 2003.

32 Friedrich Nietzsche, Nachgelassene Fragmente, Kritische Studienausgabe Bd. 12, Berlin/München/New York 1980, S. 211.

33 Friedrich Nietzsche, Zur Genealogie der Moral, Kritische Studienausgabe Bd. 5, Berlin/München/New York 1980, S. 404.

34 Sigmund Freud, Studienausgabe, Bd. 1 Vorlesungen zur Einführung in die Psychoanalyse, Frankfurt/M. 1989, S. 284.

35 Rudolf Carnap, Psychologie in physikalischer Sprache, in: Erkenntnis 3 (1932/33), S. 109f.

36 Friedrich Schiller, Sämtliche Werke, Bd. 1, München 1958, S. 248.

37 Friedrich Schiller, Wallenstein, Wallensteins Lager, 11. Auftritt.

38 Albert Camus, Mythos des Sisyphos, Hamburg 1975, S. 9.

39 Vgl. Alfred Adler, Menschenkenntnis, Frankfurt/M. 1995.

40 Karl Kraus, Pro domo et mundo, Leipzig 1912, VII.

41 Vgl. Jean-Jacques Rousseau, Ursprung und Grundlagen der Ungleichheit, Zweiter Teil, in: ders.: Sozialphilosophische und Politische Schriften, München o.J.

42 Immanuel Kant, Die Metaphysik der Sitten, 465.

43 Ebd., 462.

44 Immanuel Kant, Kritik der praktischen Vernunft, 129f., Metaphysik der Sitten, 465.

45 Vgl. Alfred Adler, Menschenkenntnis, Frankfurt/M. 1995; Studie über Minderwertigkeit von Organen, München 1927; Über den nervösen Charakter, München 1922.

46 Arnold Gehlen, Der Mensch, Wiesbaden 1978, S. 20, 33, 36.

47 Elias Canetti, Komödie der Eitelkeit, Stuttgart 1976.

48 Homer, Ilias, VI, 208 und XI, 784.

49 Hesiod, Werke und Tage, 23-26.

50 Laotse, Die drei Schätze, Frankfurt/M. 1955, S. 191.

51 Matthäus 20,16, vgl. auch Matthäus 19,30; Lukas 13,30; Markus 10,31.

52 Jean-Jacques Rousseau, Ursprung und Grundlage der Ungleichheit, Zweiter Teil, S. 99.

53 Hermann Sudermann, Die Ehre, II,1, in: A. Müller/ H. Schlien (Hrsg.), Dramen des Naturalismus, Emsdetten 1962, S. 285.

54 Michel de Montaigne, Essais, Bd. 3, München 1911, S. 524.

55 Theodor Fontane, Brief an Emilie Fontane, 24. Juni 1881.

56 Homer, Ilias, VI, 448f.

57 Konrad Celtis, Beim Betreten Roms, in: Nicolette Mout, Die Kultur des Humanismus, München 1998, S. 204.

58 Dante Alighieri, Göttliche Komödie, Fegefeuer, XI. Gesang.

59 Francesco Petrarca, Das einsame Leben, Stuttgart 2004, S. 33f.

60 Franz Grillparzer, Medea, V, 2366f.

61 Aristoteles, Nikomachische Ethik, IV, 1128b.

62 Vgl. Ervin Goffman, Stigma, Frankfurt 2012.

63 Vgl. Alfred Adler, Studie über Minderwertigkeit von Organen, München 1927; Über den nervösen Charakter, München 1922.

64 Friedrich Nietzsche, Genealogie der Moral, Erste Abhandlung 7.

65 Friedrich Nietzsche, Also sprach Zarathustra, Zweiter Teil, Von der Erlösung.

66 Hugo von Hofmannsthal, Buch der Freunde, Leipzig 1929, S. 44.

67 Vgl. Susan Sontag, Krankheit als Metapher, Frankfurt/M. 2005.

68 Thomas Mann, Frühe Erzählungen, Frankfurt/M. 1981, S. 305.

69 Vgl. Nathaniel Branden, Die 6 Säulen des Selbstwertgefühls. München 2005; Matthew McKay / Patrick Fanning, Selbstachtung, Paderborn 2010.

70 Vgl. das Kapitel: Deportation in die Demütigung, S. 167-179.

71 Vgl. Jean Amery, Hand an sich legen, Stuttgart 1981; Wilhelm Kamlah, Meditation Mortis, Stuttgart 1967.

72 Theodor Fontane, Ausgang.

73 Vgl. Gotthold Ephraim Lessing, Hamburgische Dramaturgie, Leipzig 1972, S. 411-422.

74 Vgl. David Hume, Eine Untersuchung über die Prinzipien der Moral; Jean-Jacques Rousseau, Über Ursprung und Grundlagen der Ungleichheit unter den Menschen; Arthur Schopenhauer, Die Welt als Wille und Vorstellung.

75 David Hume, Eine Untersuchung über die Prinzipien der Moral, Stuttgart 1996, S. 142.

76 Vgl. Friedrich Nietzsche, Morgenröte, 133.

77 Vgl. Susan Sontag, Das Leiden anderer betrachten, Frankfurt/M. 2005.

78 Friedrich Nietzsche, Morgenröte 18, 134-136.

79 Friedrich Nietzsche, Die fröhliche Wissenschaft, 274.

80 Friedrich Nietzsche, Also sprach Zarathustra.

81 Maxim Gorki, Nachtasyl, Stuttgart 1992, S. 65, 90.

82 Vgl. Astrid Schütz, Psychologie des Selbstwertgefühls, Stuttgart 2003.

83 Stefan Zweig, Ungeduld des Herzens, Frankfurt/M. 2011, S. 244, 233f.

84 Vgl. Friedrich Nietzsche, Genealogie der Moral, Erster Teil.

85 Michel de Montaigne, Essais, Bd. 3, München 2011, S. 311.

86 Vgl. Richard Sennett, Respekt im Zeitalter der Ungleichheit, Berlin 2002, S. 158.

87 Vgl. Axel Honneth, Kampf um Anerkennung, Frankfurt/M. 1992.

88 Vgl. John Rawls, Theorie der Gerechtigkeit, Frankfurt/M. 1976.

89 Vgl. Avishai Margalit, Politik der Würde, Berlin 1997.

90 Immanuel Kant, Metaphysik der Sitten, 436.

91 Karl Marx, Zur Kritik der Hegelschen Rechtsphilosophie. Einleitung, MEW 1, S. 385.

92 Vgl. hierzu etwa Dietrich Creutzburg, Brauchen wir einen Mindestlohn?, in: FAZ, 18. Oktober 2013; Kolja Rudzio, Gut gemeint, schlecht gemacht, in: Die Zeit, 14. November 2013, Sven Astheimer, Warum 8,50 Euro Mindestlohn kaum helfen, in: FAZ, 18. November 2013.

93 Vgl. Angelika Krebs (Hrsg.), Gleichheit oder Gerechtigkeit, Frankfurt/M. 2000.

94 Vgl. Thomas Steinforth, Selbstachtung im Wohlfahrtsstaat, München 2001.

95 William Shakespeare, Hamlet, Dritter Akt, 2. Szene.

96 Vgl. Adam Smith, Theorie der ethischen Gefühle, Hamburg 2010; John Rawls, Theorie der Gerechtigkeit, Frankfurt/M. 1979.

97 Vgl. Immanuel Kant, Grundlegung zur Metaphysik der Sitten.

98 Vgl. Norbert Hoerster, Ethik des Embryonenschutzes, Stuttgart 2002, S. 11ff.

99 Vgl. Franz Josef Wetz, Illusion Menschenwürde, Stuttgart 2005.

100 Vgl. Giorgio Agamben, Homo sacer, Frankfurt/M. 2002.

101 Vgl. Terence des Pres, Der Überlebende, Stuttgart 2008; Tzvetan Todorov, Angesichts des Äußersten, München 1993.

102 Vgl. Jean Amery, Hand an sich legen, Stuttgart 1981.

103 Friedrich Schiller, Wilhelm Tell, Zweiter Aufzug, 2. Szene.

104 Vgl. Franz Josef Wetz (Hrsg.), Texte zur Menschenwürde, Stuttgart 2011; Bernd Jürgen Warneken (Hrsg.), Der aufrechte Gang, Tübingen 1990; Kurt Bayertz, Der aufrechte Gang, München 2012.

105 Aristoteles, Über die Teile der Lebewesen, VI, 10, S. 686ff.

106 Aristoteles, Analytica posteriora II, 6, 91b.

107 Johann Gottfried Herder, Ideen zur Philosophie der Geschichte der Mensch-
     heit, München 2002, S. 215.

108 Georg Forster, Brief an Samuel Thomas Sommering von 22. Mai 1785.

109 Aristoteles, Über die Teile der Lebewesen, VI, 10, S. 686ff.

110 Platon, Timaios 90a.

111 Ovid, Metamorphosen, I, 76ff.

112 Laktanz, De ira Dei 14.

113 Vgl. Friedrich Schiller, Kabale und Liebe, Erster Akt.

114 Immanuel Kant, Metaphysik der Sitten, 437.

115 Fjodor Dostojewski, Die Brüder Karamasoff, Hamburg 2008, S. 679.

116 Ernst Bloch, Das Prinzip Hoffnung, Frankfurt/M. 1959, S. 1618.

117 Immanuel Kant, Metaphysik der Sitten, 436f.

Hermann Josef Schmidt
„dem gilt es den Tod, der das gethan"
Nietzsches frühe Entwicklung und einige ihrer Folgen
ISBN 978-3-86569-118-7, 250 Seiten, kartoniert, Euro 20.-

Erstmals wird Nietzsches schon durch frühe Erfahrungen stimulierte, in vielen Anläufen bis in die Tage seines Zusammenbruchs vorangetriebene Entwicklung zu einem unerbittlichen Gegner des Christentums und lebensfeindlicher Werte aufgezeigt. So erhalten kritische Leser einen Schlüssel zu Nietzsche, der ein Verständnis von dessen religions- und kirchenkritischen Sichtweisen eröffnet.

Hermann Josef Schmidt, bis 2004 Professor für Philosophie an der Universität Dortmund, gilt als einer der besten Kenner der Entwicklung Nietzsches. Er belegt, dass trotz mancherlei Ausweichmanöver Nietzsches Entwicklung über *Also sprach Zarathustra* bis zu seinen Spätschriften von einer großen, zunehmend deutlicher artikulierten Leidenschaft geprägt ist: „ich will das Christentum vernichten".

Theodor Ebert
Der rätselhafte Tod des René Descartes
ISBN 978-3-86569-048-7, 236 Seiten, Abbildungen, kartoniert, Euro 16.-

René Descartes hat einen festen Platz in der Philosophiegeschichte, sein Rationalismus hat die europäische Aufklärung geprägt. Zu Lebzeiten hingegen erfährt er nicht nur Wertschätzung, insbesondere unter den Theologen hat er entschiedene Gegner. Im Herbst 1649 folgt er einer Einladung der schwedischen Königin Christine nach Stockholm. Wenige Monate später stirbt der französische Philosoph dort – wie es heißt, an einer Lungenentzündung.

So jedenfalls die „offizielle" Version, wie sie sich bis heute in Descartes-Biographien findet. Doch bereits kurz nach Descartes Tod kursierten Gerüchte, es sei Gift im Spiel gewesen. Theodor Ebert geht diesem Verdacht nach und rollt den „Fall Descartes" noch einmal auf. Anhand bislang wenig beachteter Dokumente rekonstruiert er zunächst den Krankheitsverlauf. Dabei ergeben sich erhebliche Zweifel an der Diagnose „Lungenentzündung". In einem zweiten Schritt erörtert er, wer Motiv und Möglichkeit für einen Mord an Descartes gehabt haben könnte. Am Ende der akribischen Untersuchung erscheint der rätselhafte Tod des René Descartes in einem neuen Licht.

Der Anhang enthält zahlreiche Dokumente in Übersetzung, die es ermöglichen, die Argumentation des Autors nachzuvollziehen und sich ein eigenes Urteil zu bilden.

Gerhard Vollmer
Gretchenfragen an den Naturalisten
Schriftenreihe der Giordano Bruno Stiftung, Bd. 5
ISBN 978-3-86569-204-7, 90 Seiten, geheftet, Euro 5.-

Gerhard Vollmer, Physiker, Philosoph und selbst Naturalist, beantwortet 46 Kernfragen über Gott, Welt und Mensch im Sinne des philosophischen Naturalismus. Anders als Goethes Faust hat er es nicht nötig, seine Meinung wortreich zu verbergen. Vielmehr geht es ihm darum, auf klare Fragen – manchmal auch auf unklare Fragen – klare Antworten zu geben.

Alibri Verlag, Postfach 100 361, 63703 Aschaffenburg
Fon (06021) 581 734, www.alibri.de

Rolf Bergmeier

Christlich-abendländische Kultur. Eine Legende

Über die antiken Wurzeln, den unterschätzten arabischen Beitrag und die
Überbewertung der „Klosterkultur"
ISBN 978-3-86569-164-4, 240 Seiten, Abbildungen, kartoniert, Euro 18.-

In vielen politischen Debatten spielt das Schlagwort vom „Christlichen Abendland"
eine Rolle. Insbesondere wenn einer konservativen Begründung der europäischen
Kultur und Identität das Wort geredet werden soll, wird der Begriff ins Feld geführt.
Der Historiker Rolf Bergmeier nimmt sich der Frage nach dem geschichtlichen Kern
der Vorstellung eines christlichen Europas an. Dazu betrachtet Bergmeier den Über-
gang von der paganen antiken zur christlich geprägten mittelalterlichen Kultur sowie die gleichzeitig stattfindende Entwicklung des islamischen Kulturraumes. Im
Vergleich der mitteleuropäischen Klosterkultur mit dem Kalifat auf der iberischen
Halbinsel zeigt sich, dass das „Abendland" keineswegs nur christliche Wurzeln hat
und der Beitrag des Christentums zu heute noch akzeptierten Werten eher gering
anzusetzen ist.

Bernulf Kanitscheider

Die Materie und ihre Schatten

Naturalistische Wissenschaftsphilosophie
ISBN 978-3-86569-015-9, 298 Seiten, kartoniert, Euro 20.-

Im Laufe der Jahrmillionen hat die Natur eigenständige Strukturen und Gebilde hervorgebracht, die den Eindruck erwecken, als habe sie sich ihrer eigenen Stofflich-
keit entfremdet. Sind diese Schatten der Materie ein Zeichen für die Grenzen einer
naturalistischen Verfassung alles Seienden oder nur Ausdruck des schöpferischen
Potentials der Natur? Bernulf Kanitscheiders Antwort ist klar: Unser Universum ist
eine Welt der Materie und der Stoff, aus dem diese Welt besteht, ist lebendig und
kreativ. Deshalb braucht es auch keine übernatürlichen Kräfte, um das Geschehen
zu erklären; mit der Idee der „Selbstorganisation" lässt sich ein schlüssiges Bild von
der Welt zeichnen.
Bernulf Kanitscheider bringt die naturalistische Sicht der Dinge näher, erläutert ihre
Varianten und stellt uns die Tradition vor. In einem eigenen Kapitel wendet er sich der
Praktischen Philosophie zu und erörtert, was eine naturalistische Philosophie auf die
Frage „Wie sollen wir leben" antworten könnte.

Joachim Wehler

Grundriss eines rationalen Weltbildes

ISBN 978-3-86569-029-6, 268 Seiten, kartoniert, Euro 18.-

In kurzen Kapiteln werden Begriffe erklärt, Fragen erörtert, Gedankengänge entwickelt – jeweils im Hinblick auf ein rationales Weltbild. Dabei geht es um naturwis-
senschaftliche Erklärungen ebenso wie um grundlegende Fragen der Möglichkeit von
Erkenntnis und „praktische Philosophie". Auf Grundlage der Vernunft wird die Zuver-
lässigkeit unseres Wissens erörtert, das Wesen der Wissenschaft bestimmt und über
die Stellung des Menschen in der Welt nachgedacht.

Alibri Verlag, Postfach 100 361, 63703 Aschaffenburg
Fon (06021) 581 734, www.alibri.de

Peter Kropotkin
Ethik
Ursprung und Entwicklung der Sitten
Vorwort von Michael Schmidt-Salomon
ISBN 978-3-86569-160-6, 334 Seiten, kartoniert, Euro 18.-

Der Anarchist und Evolutionstheoretiker Peter Kropotkin (1842-1921) zeigt in seinem Spätwerk auf, wie eine Ethik zu begründen ist, die auf einer naturalistischen Basis beruht und ohne metaphysische, transzendente bzw. religiöse Fundierung auskommt. Ausgehend von seinen Untersuchungen zur gegenseitigen Hilfe bei Tieren und Menschen, welche die Bedeutung kooperativen Verhaltens für die Evolution in den Blick rückt, beschreibt Kropotkin, dass „sittliches" Verhalten selbst in der Natur angelegt ist bzw. zu ihr nicht im Widerspruch steht.
In einer großen historischen Perspektive, die auch die Naturgeschichte des Lebens nicht ausschließt, geht Kropotkin dem Ursprung der Sittlichkeit nach und untersucht, wie durch die Jahrhunderte und Jahrtausende ethisches Denken von den Naturvölkern über die Antike bis in unsere Zeit sich entfaltet.

Franz M. Wuketits
Darwins Kosmos
Sinnvolles Leben in einer sinnlosen Welt
ISBN 978-3-86569-052-4, 159 Seiten, kartoniert, Euro 14.-

Was lässt sich in einer Welt, deren Lauf von Anpassungserfolg und Zufall bestimmt wird, auf die „Sinnfrage" antworten? Franz Wuketits zeigt, dass der Evolution selbst kein Sinn innewohnt, dass sie nicht zielgerichtet verläuft. Doch das bedeutet nicht, dass es in Darwins Kosmos unmöglich wäre, sich und seinem Leben einen Sinn zu geben. Dies ist freilich kein „höherer Sinn", sondern ein selbstbestimmter: Wuketits plädiert für einen moralischen Individualismus.

Jürgen Beetz
Eine phantastische Reise durch Wissenschaft und Philosophie
Don Quijote und Sancho Pansa im Gespräch
ISBN 978-3-86569-083-8, 326 Seiten, kartoniert, Euro 19.-

Don Quijote lebt. Der Philosoph ist seit Jahrhunderten mit seinem Gesellen Sancho Pansa, dem Vertreter der Wissenschaft, unterwegs. Don Quijote kann gut reden und die Leute überzeugen, Sancho Pansa vermehrt das Wissen der Menschheit. So ziehen beide durch die Welt und führen Gespräche über das Leben – Gespräche, die wir belauschen dürfen. Sie diskutieren über die Kerngebiete der Philosophie: die Logik (das folgerichtige Denken), die Ethik (das rechte Handeln) und die Metaphysik (die ersten Gründe des Seins und der Wirklichkeit). Sie reden über die Dinge und ihre Ordnung, über Wahrheit und Erkenntnis, über den Sinn des Lebens und den freien Willen, über die seltsamen Schleifen des Seins. Sie streiten über Ethik in der Wissenschaft und über das Woher und Wohin des Menschen.
Eine phantastische Reise durch Wissenschaft und Philosophie ist eine vergnügliche Einführung in die Grundlagen unseres Denkens über Sein und Sollen.

Alibri Verlag, Postfach 100 361, 63703 Aschaffenburg
Fon (06021) 581 734, www.alibri.de